es 1901
edition suhrkamp
Neue Folge Band 901

Die Wiedervereinigung erzeugt in Deutschland einen neuen Zeitgeist. Ein gerade zur Formel erstarrender Gedanke lautet: Deutschland müsse jetzt, nachdem es seine volle Souveränität zurückerhalten habe, eine Rückkehr zur Normalität der deutschen und europäischen Üblichkeiten vollziehen. Die zweite Hälfte dieser Denkfigur benutzt den Begriff des »Sonderwegs«: Eine Abweichung von der »Norm« des europäischen Nationalstaats sei eine neue Variante des verderblichen Sonderwegs der Vergangenheit. Ist es nicht ein »Sonderweg«, wenn wir entschieden aus dem Korsett des Nationalstaats ausbrechen wollen und uns für einen europäischen Bundesstaat einsetzen? Ist es nicht ein »Sonderweg«, wenn wir uns weigern, Soldaten zur Befriedung aller möglichen Konflikte in die Welt zu schicken? Müssen die Deutschen nicht »erwachsen« werden, ein »normales Nationalgefühl« entwickeln?
Peter Glotz wehrt sich gegen eine solche Philosophie der Normalisierung. Er fragt, ob die Deutschen aus ihrer nationalen Katastrophe nicht etwas Besonderes gelernt haben könnten. Er widerspricht der Sehnsucht, so zu werden wie die Franzosen oder Engländer, und setzt sein Konzept einer Zivil- und Technologiemacht Deutschland gegen die Rehabilitierung von Nationalstaat, Ethnizität und Machtstaat. Seine These lautet: Es gibt eine unmerkliche Verwandlung der Deutschen seit 1989.
Peter Glotz, geboren 1939, lebt in München als Publizist und ist Mitglied der SPD-Bundestagsfraktion und des SPD-Parteivorstands. Er war Staatssekretär in Bonn, Senator in Berlin und Bundesgeschäftsführer der SPD. Glotz lehrt als Honorar-Professor Kommunikationswissenschaft an der Universität München.

Peter Glotz
Die falsche Normalisierung

*Die unmerkliche Verwandlung
der Deutschen 1989 bis 1994*

Essays

Suhrkamp

edition suhrkamp 1901
Neue Folge Band 901
Erste Auflage 1994
© Suhrkamp Verlag Frankfurt am Main 1994
Erstausgabe
Alle Rechte vorbehalten, insbesondere das der Übersetzung,
des öffentlichen Vortrags
sowie der Übertragung durch Rundfunk und Fernsehen,
auch einzelner Teile.
Satz: Hümmer, Waldbüttelbrunn
Druck: Nomos Verlagsgesellschaft, Baden-Baden
Printed in Germany
Umschlagentwurf: Willy Fleckhaus

1 2 3 4 5 6 – 99 98 97 96 95 94

Inhalt

Vorbemerkung 9

Deutsche Gefahren
Statt eines Vorworts 11

Normalisierungstheorie – Die ideologische Debatte

Deutscher Sonderweg?
Aus dem Wörterbuch des wiedervereinigten Deutschland 33

Die Bewaffnung mit Identität
Eine ethnologische Analyse des deutschen Normalisierungs-
Nationalismus am Beispiel Hans-Jürgen Syberbergs 42

Freunde, es wird ernst
Botho Strauß als Symptom der nationalen Wiedergeburt oder
Wird eine neue Rechte salonfähig? 51

Der Kroate als Kunstprodukt
Eine Polemik gegen Alain Finkielkraut 55

Kohls Kulturkampf 60

Deutschland mutiert im Kern oder Abschied von der
Bonner Republik 66

Nationalismus und Bellizismus

Nationen sind Kopfgeburten 77

Wider den Feuilleton-Nationalismus
Deutschlands intellektuelle Rechte beschwört eine
gefährliche Normalität 83

Der Mannbarkeits-Test
Deutschland als Zivil- oder Militärmacht 94

Die Schlachtbank Europas
Über die Notwendigkeit einer neuen Südosteuropapolitik
der Europäischen Gemeinschaft 102

Demnächst im Kosovo
Über den Mechanismus ethnisch-nationalistischer Kriege ... 112

Die deutsche Lesart
Vorläufige Bemerkungen über Krieg und Medien
am Beispiel der bosnischen Tragödie 117

Der Wahrheit eine Waffe
Plädoyer für eine Medienintervention in den jugoslawischen
Kriegen 124

Im Zangengriff der Krieger
Eine Koalition aus Gesinnungsethikern und Normalisierern
ruft nach Interventionen der Bundeswehr im Ausland 133

Rokokosaalpolitik
Notizen zur deutschen Außenpolitik nach 1989 137

Die Krise der europäischen Integration

Gesamteuropa – Skizze für einen schwierigen Weg 151

Achtung Europa!
Deutschland und Europa nach der mitteleuropäischen
Revolution 170

Europa der Regionen
Über große und kleine Vaterländer. Ein offener Brief
an Ralf Dahrendorf 184

Europa am Scheideweg
Maastricht: Mehr Ende als Anfang 190

Integration und Eigensinn
Kommunikationsraum Europa – eine Chimäre? 212

Die Lateinamerikanisierung Europas
Melancholische Notiz nach Maastricht 226

Deutsche Fragen

Der Geist von Potsdam
Sehnsucht nach der Staatsidee? 233

Ein Nachruf auf Bonn
Aufstieg und Fall eines Regierungssitzes 243

Wir Komplizen
Über die Prozesse gegen Erich Honecker und die Ostpolitik . 252

Game over
Fünf Indizien für eine Staatskrise 265

Quellenhinweise 270

Vorbemerkung

Dieser Band faßt publizistische Arbeiten zusammen, die zwischen 1990 und 1994 entstanden sind und sich mit der »unmerklichen Veränderung der Deutschen« seit der zweiten deutschen Vereinigung befassen. Dabei kann die Feststellung jener Veränderung nicht als Vorwurf gemeint sein: Daß ein Strukturbruch wie die mitteleuropäische Revolution von 1989 eine betroffene Gesellschaft und ihre Menschen verändert, ist schlicht selbstverständlich. Die Frage ist: Wohin geht der Weg? Davon handelt ausführlich der Einführungs-Essay »Deutsche Gefahren«.

Das Buch bemüht sich um die Analyse eines neuen Schlüsselbegriffs der Deutschen, der zuerst im Golfkrieg auftrat: der »Normalisierung«. Warum können wir nicht sein wie Engländer und Franzosen? Die These vom deutschen »Sonderweg«, gemünzt auf die bewußte Absonderung der tiefen Deutschen vom rationalistischen Westen, wird umgedreht: Ist nicht auch der Anspruch, aus den deutschen Katastrophen der ersten Hälfte des 20. Jahrhunderts etwas Besonderes gelernt zu haben, der Aufbruch zu einem »Sonderweg«? Die »Normalisierungstheorie« wird zum Instrument der »Nationalisierung«. Dem wird in vier Abteilungen nachgegangen – analysiert wird die ideologische Debatte seit 1989, die außenpolitische Neuorientierung Deutschlands, die Krise der europäischen Einigung und die schmerzhafte Berührung zweier »Kulturen«, der west- und der ostdeutschen.

Dabei sind manche der erhobenen Forderungen durch »die Geschichte« überholt. Dies gilt vor allem für die Debatte um Europa (Abteilung 3). Die hinweggefegten Ideen wurden trotzdem nicht getilgt; sie zeigen eine Entwicklung. Der Erkennbarkeit halber wurden die Europa-Essays mit Jahreszahlen (der Entstehung) versehen. Der Autor kann nicht verstekken, daß er den Versuchen eines Teils unserer Intelligenzija, das weder besonders erhobene noch besonders aufgestörte deutsche Volk zu »normalisieren«, mit Skepsis gegenübersteht. Daher der Titel: *Die falsche Normalisierung*. Er rechnet sich aber ausdrücklich nicht zur selbstquälerischen Fraktion der deutschen Linken. Weder war die erste Vereinigung, die von 1871, einfach nur Vorgeschichte des Jahres 1933; noch muß der Mechanismus der Nationalisierung, der zwischen 1890 und 1914 griff, nach der zweiten Vereinigung erneut einrasten. Es gibt sichtbare Gefahren; aber auch greifbare Chancen. Von uns hängt ab, was sich realisiert.

Für das Aufstöbern unterschiedlichster, auch schwer erreichbarer Materialien und einen regelmäßigen Informationsservice danke ich Peter Munkelt, dem Leiter des Archivs des SPD-Parteivorstands in Bonn.

Schönau, 10. Januar 1994   *Peter Glotz*

Deutsche Gefahren
Statt eines Vorworts

»Mir kommt vor, man könne dem, was die deutsche Nation von 1870 bis 1945 getan hat, nicht durch Austritt, Verabschiedung oder Negation entkommen.«

Martin Walser, Deutsche Sorgen, 28. 6. 1993

Werden die Deutschen wieder eine Gefahr für Europa? Auf diese Frage gibt es in Deutschland zwei schnelle, typische Antworten. Die eine ist schmetternd: Nach vierzig Jahren gelungener Demokratie ist der Zweifel schon eine Frechheit. Die andere kommt selbstquälerisch daher: Die ganze deutsche Geschichte, jedenfalls die seit 1866 und der Reichsgründung von 1871, wird als Vorgeschichte des Jahres 1933 mißdeutet, als mehr oder weniger unausweichlicher Marsch in die faschistische Brutalität. Es ist fahrlässig, eine für die politische Stabilität eines ganzen Kontinents so unabweisbare Recherche mit derart primitiven Reflexen abzufertigen.

Denn erstens sind die Sorgen der Nachbarn, selbst wenn sie unberechtigt wären, ein Faktum, das selbst wieder Politik in Gang setzt. Engländer und Franzosen sind sich nicht grün: aber einig in dem Entsetzen über die zwischen Kraftakten und Subalternität schwankende Jugoslawien-Politik Deutschlands. Bei den Serben sind wir inzwischen wieder das bestgehaßte Volk der Welt, mit Rückwirkungen in der ganzen orthodoxen Gemeinschaft, vor allem bei Griechen und Russen. Das bedenklichste Symptom aber sind die neuen Verstimmungen bei den kleinen Völkern in nächster Nachbarschaft. Bei den Polen geht die Angst um, wir könnten es wieder einmal mit den Russen halten. Die Tschechen sind erbittert über Entschädigungs-Debatten, die sudetendeutsche Verbände anfangen – und versteigen sich zu fragwürdigen Rechtfertigungen des »Odzun«, des »Abschubs«. Und die Holländer sind starr vor Entsetzen über die Morde von Rostock, Solingen, Mölln – und halten die Reaktionen der deutschen Demokraten für halbgar, schwächlich. Wir Deutschen sollten uns klarmachen, daß jedenfalls die politischen Klassen unserer Verbündeten so ähnlich denken, wie Margret Thatcher spricht. Sie sind nur nicht so impertinent und schrill wie die legendäre Dame aus der englischen Mittelschicht.

Zweitens treten – jenseits von Einschätzungen – alte, objektive Konstellationen wieder hervor: die machtgeographisch gefährliche, ja vertrackte Mittellage Deutschlands. Wir sind der größte Brocken auf diesem Kontinent, der Westen des Ostens und der Osten des Westens. Europa sollte sich nicht mit der fragwürdigen Behauptung aufhalten, daß die Deutschen aufgrund irgendeines ominösen Volkscharakters machtbesessener seien als andere, sondern fragen, wie zu verhindern ist, daß die Deutschen wieder in ihr altes Dilemma rutschen: zu schwach zu sein, um Europa zu führen, und zu ungefüge, um in Europa eingepaßt zu werden. Die Teilung Deutschlands und die nahtlose Verklammerung der Teilstücke in zwei rivalisierende – und nuklear in Schach gehaltene – Machtblöcke ist unwiederbringlich dahin. Eine neue Installation kann nicht von den Deutschen konstruiert werden, sondern ist ein europäisches Problem.

Der Mechanismus der Nationalisierung

Nun ist die deutsche Vereinigung die zweite im Lauf von 120 Jahren. Was kann Europa aus der ersten für die zweite lernen? Warum analysieren wir den Mechanismus der Nationalisierung nicht mit aller Schärfe? Die Abkoppelung der nationalen Einheits- und Machtideale von den liberalen Freiheitsidealen vollzog sich ja nicht sprunghaft, sondern in einem vierzigjährigen, durchaus schrittweise vorrückenden Prozeß. Der Reichsnationalismus setzte sich bei den bürgerlichen, bäuerlichen Massen, die zuerst einmal unpolitisch oder regional und dynastisch loyal gewesen waren, nicht von heute auf morgen durch. Der Historiker Thomas Nipperdey hat diese Bewegung eines »langsam sich nach rechts verschiebenden Nationalismus« akribisch geschildert. Das, was wir heute in einem meist oberflächlich-kulturkritischen Impuls »Wilhelminimus« nennen, ein modern-cäsaristisches Imperial-Kaisertum, setzte sich erst nach 1890 durch. Erst dann wurden die siebenhundert Bismarcktürme und -säulen auf die Bergrücken des protestantischen Deutschlands gestellt. Erst dann begann der große Einfluß der Alldeutschen, der Fichte-Bünde, des Flotten- und Ostmarkenvereins. Wann, so müßte man zum Beispiel – im Interesse der CDU/CSU, der großen liberal-konservativen Partei des heutigen Deutschlands fragen – reichte der Liberalismus der National-Liberalen nicht mehr aus, Wähler und soziale Gruppen zu integrieren? Wann gewann die nationale Programmatik die integrative Funktion? Wann spürten das die Schäubles und Stoibers von damals und warfen das Ruder herum? Wann – und wie? – entwickelte sich aus dem »Mitte-Auftrag«, den die Deutschen bekommen zu haben glaubten, die aggressive Verdrängungspolitik zwischen Deutschen und Polen (der obligatorische polnische Sprachunterricht, in Preußen selbstverständlich, fiel 1887, also 16 Jahre nach der Einigung), also jener typische Klapp-Mechanismus, den wir heute aus den serbisch-kroatischen oder israelisch-palästinensischen Konflikten kennen, wo die Konzessionen der einen Seite immer zu gering sind, um von der anderen akzeptiert zu werden, weil die zu Hause unter massivem, nationalistisch-populistischem Druck steht? Warum versuchen wir nicht, den Prozeß der »Nationalisierung« – der als Drohung unter dem Stichwort »Renationalisierung Europas« längst in allen europäischen Kanzleien bewispert wird – solide und nüchtern zu studieren?

Vergeßt zuerst einmal – möchte man den Freunden in Frankreich, Italien, Holland oder anderswo zurufen – Hitler; so unvergeßlich er und seine Gangstertruppe ist. Die näherliegende Gefahr ist eine Konstellation wie 1914/18, vielleicht kein europäischer Krieg, wohl aber die Zerbröselung der bisher funktionierenden westlichen Strukturen unter dem Einfluß der betörenden Dämpfe, die der Pandorabüchse von 1989 entsteigen. Der deutsche Nationalismus mußte, was immer die selbstquälerische Fraktion der deutschen Linken sagt, nicht zum Faschismus führen; der französische Nationalismus hat am Entstehen der Nazis übrigens auch ein gerüttelt Maß Schuld. Aber schon der Nationalismus von 1914 selbst – in Deutschland und in Frankreich und anderswo – war ja bestialisch, auch ohne Arturo Ui und seine Gang. Wer nie mehr gezwungen sein will, über (neuen) Faschismus zu reden, der muß über die Nationalisierung als Prozeß reden, über die allmähliche Steigerung von Patriotismus über einen Normaltyp des Nationalismus zum Radikal-Nationalismus, zur Raserei.

Die Gefahr einer Selbstzerstörung des Westens

Die wichtigste Weichenstellung, die außenpolitische, muß europäisch, sogar europäisch-atlantisch bewerkstelligt werden, da liegt die Verantwortung keineswegs bei den Deutschen allein. In dem komplizierten Gefüge, das wir vereinfachend als »Westen« bezeichnen, war Deutschland relativ fugenlos integriert. Die mächtigste Institution, die NATO, war amerikanisch dominiert; die Deutschen als wichtiger europäischer Partner hatten einerseits einen ausreichenden Einfluß, waren andererseits durch integrierte Stäbe an Alleingängen vollständig gehindert. In der EG hing vieles an einer deutsch-französischen Achse, die Giscard und Schmidt genauso pflegten wie Mitterand und Kohl; die Deutschen hatten als stärkster Exporteur gewaltige Vorteile, als größte Nettozahler aber auch erhebliche Pflichten. Unterprivilegiert blieb die große ökonomische Macht Deutschland in der UNO mit ihrer Jalta-Struktur; da die Erfolgsdeutschen bis 1989 aber keine weltpolitischen Interessen entwickelten, fiel ihnen dies kaum auf. Das deutsche Problem war ruhiggestellt.

Seit der Eiserne Vorhang hochgerumpelt ist, geraten die Strukturen ins Schwimmen. Es ist eine objektive Notwendigkeit, das alte Zwischeneuropa mit dem Westen zu verbinden; aber wie? Bei den jeweiligen Geschäftsführern des Zeitgeistes dominiert gutwillige Konzeptionslosigkeit statt politischer Kalkulation. Die KSZE, anderthalb Jahrzehnte ein nützliches Instrument für Kommunikation, Abrüstung, sogar Volksgruppenprobleme, wurde nach 1989 blitzschnell zerstört – durch Aufblähung. Die EG, die ihre Süderweiterung (Griechenland!) noch keineswegs verdaut hatte, versprach verschiedenen ost-mitteleuropäischen Staaten voll feierlichen Leichtsinns die Vollmitgliedschaft. Das Motiv war ethisch; man wollte die polnische oder slowakische Demokratie so sichern wie die spanische oder portugiesische. Die Rechnungen waren allerdings dilettantisch; wollte man auch nur die Hilfsprogramme für Osteuropa (PHARE) auf die Kriterien bringen, mit denen die ärmeren Regionen der Gemeinschaft gestützt werden, müßte man sie verzehnfachen. Der Agrarmarkt einer nach Osten erweiterten EG verlangte im Jahr 2000 zusätzliche zweiundvierzig Milliarden ECU, aufgestockt auf die heute notwendigen fünfunddreißig. Die Regierbarkeit einer Gemeinschaft von fünfundzwanzig ganz verschiedenen Nationalstaaten steht in den Sternen. Inzwischen redet man auch von der Osterweiterung der NATO, aus der sich die Amerikaner aus höchst eigenen Gründen immer stärker herausziehen werden. Wie wirksam eingebunden würde das vergrößerte Deutschland in einer neuen, notwendigerweise lockerer gefügten, nach Mitteleuropa ausgreifenden NATO sein?

In Deutschland trifft der euphorische 89er-Dilettantismus der europäischen Kanzleien – das Elysee und der vereinsamende Delors ausgenommen – auf gedüngten Boden. Auf der Rechten entwickelt sich erneut, wenn auch auf Taubenfüßen, der »Mitte-Auftrag«, die Idee einer Mission Deutschlands im Osten, aus der in kommenden Jahrzehnten der ostorientierte Nationalismus eines Ostmarkenvereins – vielleicht geformt aus Vertriebenenverbänden? – werden könnte – nicht werden muß. Auf der Linken tritt die Ostorientierung paneuropäisch-pazifistisch auf, als Bündnis mit der antikommunistischen Dissidenz von Prag, Warschau oder Budapest, als höchst sinnvolles Demokratisierungsprojekt, allerdings in ganz utopischen Dimensionen. Noch ist nichts verloren. Wenn sich die harten Institutionen des Westens – NATO, EU – aber nicht rasch fangen, wird das neue Deutschland entschient. Dieser Lockerungsprozeß, zum Beispiel die Entwicklung der Europäischen Union zu einer besseren Freihandelszone, wäre kein deutscher Befreiungsschlag, sondern eine gemeineuropäische Sklerose. Am Ende könnte (könnte, nicht muß!) die Selbstzerstörung jener Struktur stehen, die wir bisher den »Westen« genannt haben.

Kleiner Bericht zur Lage der deutschen Nation

Die Behauptung, daß das deutsche Volk heute nationalistisch sei, wäre böswillig. Viele Westdeutsche sind schnell aggressiv und ein wenig egoistisch, viele Ostdeutsche neigen zur Wehleidigkeit, allen gemeinsam ist, daß sie sehr über ihr Privatleben gebeugt sind. Im Vergleich zum nationalen Bürgertum von vor hundert oder achtzig Jahren haben die Deutschen aber eine ordentliche Portion von dem entwickelt, was die Vorfahren als »Krämergeist« verachteten. Eine Verschärfung von Identitäts-, Homogenitäts- und Konsensforderungen wird propagiert, trifft bisher im Volk aber auf wenig Resonanz. Die großen Nationalisierungsinstanzen, Schule und Militär, sind vergleichsweise zivil, noch wirkt die Kulturrevolution von 1968 nach, wenn auch verdünnt und bestritten. Die kleine, harte Rechte ist eher böse mit dem hedonistischen Pack: »Von einer Nation von Tatterichen und von Einzelkindern«, hat ein nationalistischer Professor wütend gesagt, »ist jedenfalls kein Überfall mehr zu befürchten. Eher ist damit zu rechnen, daß dieses Lebensabendland die leichte Beute eines vitaleren Nachbarn wird«. Dieser Zorn geht den Verkäuferinnen, Software-Spezialisten oder Nachrichtentechnikern am Arsch vorbei (Sprache der Nachkriegsgeneration). So weit, so gut.

Ein Problem ist die Zerstörung der gewachsenen Führungsschichten durch die Nazis. Die hat den Vorteil, daß die antidemokratischen Industriellen-, Offiziers- und Honoratiorencliquen drastisch reduziert wurden; aber den Nachteil, daß die politischen, wirtschaftlichen und kulturellen Eliten kooperationsunfähig, planlos, relativistisch und zerfahren sind. Die Gründergeneration der Westrepublik hatte mit Ludwig Erhard und Karl Schiller immerhin über zwei schöpferische Ökonomen an der Spitze des Wirtschaftsministeriums verfügt. Helmut Kohl, der Kanzler einer Achsenzeit, war zur ökonomischen Steuerung eines radikal neuen politischen Prozesses – auch mangels eines Teams von geschulter Fachintelligenz – außerstande. Die tiefe Krise, die sich so entwickelte, ist zwar sicher überwindbar. Aber fünf oder sechs Millionen Arbeitslose können zum Resonanzboden von politischem Radikalismus werden. Alarmzeichen ziehen auf.

Einem irgendwie lodernden, gefährlichen Linksradikalismus ist durch die Diskreditierung der Kommunisten derzeit der Boden entzogen; die Nachfolgepartei der SED, PDS, versucht sich als eine Art Bund der Entrechteten im Osten, agiert ökonomisch unverantwortlich, ist aber eher ledern und bieder, von revolutionär keine Spur. Der Rechtsextremismus ist ungleich gefährlicher: 43 000 Aktivisten, darunter 8000 Neonazis in 26 Vereinigungen, 2200 Gewalttaten 1993, acht Tote, 599 Verletzte, dreiundfünfzig Prozent der Schläger unter einundzwanzig Jahren. Polizeitechnisch ist es kein Problem, diese Szene einigermaßen unter Kontrolle zu halten – die Verbindungen zwischen Organisatoren mit einigermaßen scharfen Freund-Feindbildern und einer proletarischen Protestkultur von Skins sind (noch) vage. Wirksame Verknüpfungen in Arbeitslosenquartiere, zu absteigenden Mittelschichten sind nicht erkennbar, die »Führer« sind obskur, lumpenproletarisch, verstiegen. Aber da ist eine verdeckte Kraft, eine Tretmine, die explodieren könnte. Wenn die Armut allzustark wächst – jeder fünfzigste Deutsche bezieht inzwischen vom Sozialamt »Hilfe zum Lebensunterhalt« – sind die Armen schwerer verstreut zu halten, zu isolieren. In manchen Gelenken der immer noch blitzenden deutschen Infrastruktur sitzen Obdachlose, Illegale, Ausgespuckte, umkreist von kleinen, noch unschlüssigen Schlägergruppen aus den Satellitenstädten. Im reichsten Haus Europas klappern zerschlagene, offene Kellerfenster.

Gefährlicher als die aus der Armut möglicherweise gelegentlich aufsteigende Gewalt aber sind moralische Zerfallserscheinungen in der die Gesellschaft der Bundesrepublik tragenden Schicht, dem Bürgertum. Die katastrophale Niederlage von 1945 war noch, sicherlich nur halb freiwillig, aber immerhin, kompromißhaft, durch Zusammenrücken und Zusammenstehen, bewältigt worden: Eingliederung von Millionen von Flüchtlingen, Lastenausgleich, Wiedergutmachung, Vermögensabgabe, soziale Marktwirtschaft. Bei der Wiedervereinigung dagegen erweisen sich blindwütiger Besitzindividualismus und Rachsucht als so mächtig, daß die Führungsgruppen klein beigeben. Eine vergleichsweise kleine, aber einflußreiche Alteigentümer-Lobby erzwingt nicht nur das Prinzip »Rückgabe vor Entschädigung« – und produziert damit 2,5 Millionen ungelöster Eigentumsfragen, die die wirtschaftliche Belebung Ostdeutschlands ernsthaft gefährden –, sondern setzt auch noch einen Entschädigungsfonds durch, in den die schwer belasteten Steuerzahler mindestens elf Milliarden Mark legen sollen. Der Bauer aus Oberfranken oder der Facharbeiter aus Schweinfurt sollen bluten, damit der märkische Adel für seine Herrenhäuser oder ein Fabrikbesitzer aus Spechtenhausen bei Eberswalde für seinen vor Jahrzehnten von den Russen oder den deutschen Kommunisten enteigneten Besitz entschädigt werden kann. Den ostdeutschen Bauern, die heute auf solchen Gütern sitzen, wird von einem (allerdings besonders provokanten) Leitartikler der mächtigsten Zeitung Westdeutschlands gesagt, sie hätten die »Beute« herauszugeben. Vermutlich seien sie »der freiheitlichen Gesellschaftsordnung mit deren Vorstellungen von Eigentumsrechten entwöhnt«. Und dann in blankem Haß: »Das werden sie lernen müssen. Mein und Dein betrifft nicht nur die Schaufel im Sandkasten und worum Kinderstreit sonst zu gehen pflegt.« Besitztümer, die im besten Fall von den Vätern, meist weit früher erarbeitet wurden und mit denen diese (fast alle seit Jahrzehnten warm im Westen sitzenden) »Alteigentümer« nie mehr rechneten und rechnen konnten, werden kompromißlos, eifernd und ohne eine Spur von Scham als »Recht« eingefordert, in der Vorstellung, »der Staat« als große Umverteilungsmaschine habe eben auch die Vorkommnisse einer von den eigenen Eltern loyal ertragenen blutigen Diktatur, eines Weltkriegs und jahrzehntelanger Besetzung »zu regeln«. Dazu kommt: Das Kapitalvermögen an rentablen Industrieunternehmen in Ostdeutschland befindet sich inzwischen weitgehend in westlicher Hand. Auch Immobilien werden, gefördert durch massive Steuersubventionen, von gut verdienenden Personen aus dem Westen, die mit Steuersubventionen etwas anfangen können, übernommen. Und während der Chef des westdeutschen Geheimdienstes (zu Recht) zum Außenminister aufsteigen kann, wird sein ostdeutsches Pendant zu sechs Jahren Zuchthaus verurteilt, weil die verantwortlichen Inhaber der zuständigen Staatsämter die richtige Idee einer Amnestie oder Teilamnestie unter populistischem Druck zurückziehen mußten. Diese krampfartigen Rechtshändel, in der Sprache der Zeit mit dem unübersetzbaren Wort »Vergangenheitsbewältigung« belegt, erzeugen Haß, nicht Handlungsfähigkeit. Die Sprach- und die Verhaltenscodes der bürgerlichen Schicht, die eigentlich »zusammenhalten« müßte, geraten durcheinander – West gegen Ost, weiter oben gegen weiter unten. Politik, vor allem Politik rechts der Mitte, wird schwieriger.

Die Folge sind Abbröckelungsprozesse. In den siebziger und achtziger Jahren hatte es in der politischen Klasse ernste Korruptionsfälle gegeben; auch sorgt eine, auf Grund der Erfahrungen der chaotisch kontroversen Weimarer Republik in den vierziger Jahren geschaffene, sehr »indirekte« »repräsentative«, dem Volk gegenüber mißtrauische Verfassung für eine gewisse Austrocknung der großen politischen Familien, der Parteien. Deutschland ist durch die Wiedervereinigung östlicher und protestantischer geworden. Die deutsche protestantische Tradition der Innerlichkeit, in der es nicht zuerst auf Institutionen und Macht, sondern auf Gesinnungen und Werte ankommt, drängt die obere Mittelschicht von der Politik weg, teils zurück in die Kultur (wohin sie sich im neunzehnten Jahrhundert schon einmal gerettet hatte), teils in eine vielfältige, raffiniert dargebotene und perfekt kommerzialisierte Welt der Muße. Die jungen Leute, die die erfahrenen, aber verholzten Großparteien aufmischen müßten, stecken ihre Energien in Entwicklungsprojekte in Brasilien, Greenpeace-Demonstrationen gegen Ölverklapper oder Abenteuerurlaube im Norden Kanadas. Ein anderer Typ konzentriert sich aufs Geschäftliche, auf neue Mehrwertdienste in der Telekommunikation, auf Warentermingeschäfte oder Immobilien. Rasch gegründete Protestparteien (»Statt-Parteien«) blühen auf und vergehen wieder, die Regierbarkeit des Landes, durch Machtverlagerungen vom politischen zum wirtschaftlichen System sowieso schon gemindert, wird schwächer. Irgendwann, in einer nicht allzu fernen Zeit, dürfte das Volk, der bloß symbolischen Politik überdrüssig, dreinschlagen. Aber in welchem bayerischen oder märkischen Colombey les deux Eglises sitzt ein mit allen Wassern des Machiavellismus gewaschener Charismatiker und wartet auf seine Stunde? Die Tegernseer Holzhäuser, elegant an irgendwelche Hänge geschmiegt, sind voller Pensionisten. Aber Charismatiker?

Das Land ist keineswegs in einem unaufhaltsamen Abstieg. Seine wirtschaftlichen Eliten sind politisch timide, aber tüchtig. Seine Wissenschaftler sind auf vielen Feldern erstklassig, seine Facharbeiter, einschließlich der produktionsorientierten Dienstleister, suchen ihresgleichen in der Welt. Deutschland ist immer noch reich und voller Ideen, es kann im Jahr 2010 der stärkste europäische Nationalstaat sein. Aber es steckt wieder einmal in einer Sinnkrise, einer Schwächung des Systems seiner Institutionen, einer Umstellungs-Periode, einer Inkubationszeit. Cleverer Geschäftspatriotismus hat den Deutschen nie genügt. Was kommt diesmal raus?

Die Dynamisierung des Nationalismus

Das geteilte Land wiedervereinigt, der Nationalstaat halb und halb rehabilitiert, die europäische Idee am Boden, die Amerikaner von der notdürftigen Reparatur ihrer Infrastruktur in Anspruch genommen, die Russen in der großen Krise – da liegt es nahe, daß die Sinnvermittler auf das Nationale zurückkommen. Nationalismus ist, wie der fabelhafte Tscheche Miroslav Hroch gezeigt hat, in den Entstehungsphasen immer ein Produkt kleinbürgerlicher Intellektueller. Werden sie die in der alten Westrepublik nie ganz durchgesetzten, aufklärerischen Leitideen (Verfassungspatriotismus, zivile Gesellschaft) durch eine nationale Kulturidee ersetzen?

Dieser Versuch ist, natürlich, seit 1989 im Gange. Man kann, wie Thomas Nipperdey bei seiner Analyse des Nationalismus nach der ersten deutschen Vereinigung gezeigt hat, speziell seit 1890, drei Haupttypen unterscheiden: durchschnittlicher Normal-Patriotismus, Normal-Nationalismus, Radikal-Nationalismus.

– Der »Normal-Patriotismus« setzt auf Wir-Gefühle, Zusammengehörigkeitsstrukturen: »Die Nation ist Heimat, man liebt sie, man bangt um sie«. Wenn der Chefredakteur der liberalen »Zeit« eine Patriotismus-Serie beginnt, ist er diesem Denkmuster genauso verpflichtet wie, sagen wir, der ostdeutsche Sozialdemokrat Wolfgang Thierse, der davor warnt, das Stadium des Nationalstaats zu »überspringen« und Helmut Kohl, der ein Zwischenglied zwischen seinem pfälzischen Föderalismus und seiner europäischen Vision sucht, um den rechten Teil seiner Klientel ruhig zu stellen. Der National-Patriotismus verwischt Partikular-Geschichten (wie zum Beispiel die bayrische), ist in der Gefahr, in einen gemäßigten (Berliner) Zentralismus zu verfallen und schwelgt gelegentlich ein wenig zu opulent in Schwarz-Rot-Gold, zum Beispiel bei geschichtspolitischen Projekten (Geschichts-Museen). Gefährlich aber – oder auch nur vermeidbar – ist eine solche Haltung nicht. Wie es zur Zeit des aufklärerischen Publizisten Justus Möser einen osnabrückischen Patriotismus gegeben hat, muß es auch einen deutschen geben, solange ein politisches Grundstück namens Deutschland existiert.

– Den »Normal-Nationalismus« des wilhelminischen Reiches muß man heute als »Normalisierungs-Nationalismus« kennzeichnen; die These unserer Zeitgenossen ist ja, daß Deutschland die »Normalität« des Nationalen verloren habe und zurückgewinnen müsse; hier liegt eine unerfüllte Sehnsucht, ein ehrgeiziger Zug, eine Wunsch-Projektion. In der ersten Vereinigung gehörten zum Normal-Nationalismus nationale Feste, Rituale, Mythen und Symbole, ein gesteigerter Anspruch der Unterwerfung gegenüber Minderheiten (vor allem den Polen) und das Anti-Parteien-Pathos »das Vaterland über die Partei«. Wir stehen noch nicht im Jahr 1890, die Wiedervereinigung wurde erst vor fünf Jahren vollzogen. Aber erste Elemente dieser geistigen Strömungen sind erkennbar, so im theatralischen Machtpathos des bedeutendsten deutschen Zeithistorikers, Arnulf Baring, in der vorsichtigen, aber höchst wirksamen Rehabilitierung Carl Schmitts durch den langjährigen Chef des mächtigsten deutschen Feuilletons, Joachim Fest, aber auch in den Ideen jüngerer Leute, so der »Deutschland zuerst«-Rhetorik Brigitte Seebacher-Brandts oder der deutschen Mitte-Ideologie der Truppe um den Chef der Sonntags-Beilage der »Welt«, Zitelmann. In der Asyldebatte sind rigorose Assimilationsforderungen laut geworden, die moralisierende Parteienkritik erinnert oft an die eingewurzelten Antiparteienaffekte des ersten Reichs und der Weimarer Republik.

– Der »Radikal-Nationalismus«, nach der ersten Vereinigung stark ab 1894, abenteuerlich und dominierend ab 1909, ist im Deutschland von heute noch ein dünnes Rinnsal. Massenorganisationen wie den Alldeutschen Verband oder die imperialistischen Vereine, zum Beispiel den Flotten-Verein, gibt es nicht; ob sich einzelne Vertriebenenverbände zu Kernen solcher Machtgruppen entwickeln, ist offen. Die Kulturkritiker, die damals das Bildungsbürgertum aufrührten, sind zwar längst wirksam: zum Beispiel Botho Strauß, Hans Jürgen Syberberg, Karl-Heinz Bohrer. Aber sie sind weder so verstiegen noch so erfolgreich wie Paul de Lagarde oder Julin Langbehn. Eine völkische Bewegung von Rassegläubigen (Chamberlain) ist nach dem Massenmord Hitlers an den Juden denn doch nicht denkbar. Aber es gibt einen harten, wenn auch nur auf Minderheiten wirkenden Staats-Nationalismus (Armin Mohler, Hans Dietrich Sander, Robert Hepp, Günther Maschke) und sogar einen grün schillernden Volksnationalismus, zum Beispiel bei dem nach Dänemark ausgewichenen Henning Eichberg oder dem lange Zeit höchst prominenten Friedensforscher (und Grünen-Abgeordneten) Alfred Mechtersheimer. Ob diese Tendenzen – die inzwischen ein erfolgreiches, wenngleich elitäres Publikationssystem aufgebaut haben – eine Episode bleiben oder ob sie einmal zuerst die Zuträger der Macht und später die Mächtigen beeinflussen, ist offen. Es hängt von den Gegenkräften ab, dem liberalen Konservativismus und der Linken.

Der liberale Konservativismus verliert Integrationskraft

Angesichts dieser Lage ist es alarmierend, daß die CDU/CSU heute erkennbar in der Situation der National-Liberalen um 1879 ist; der wirtschaftsliberale und christlich-soziale Impuls hält die Wählerschaft dieser Partei nicht mehr zusammen, man muß national zulegen. Es wäre abwegig, den badischen Föderalisten Schäuble oder den bayrischen Föderalisten Stoiber als »Nationalisten« abzukanzeln; sie sind schlicht die beamteten Strategen, denen die Aufgabe zufällt, ihre Parteien zusammenzuhalten. Sie meinen zu spüren, daß das nur noch mit nationalkonservativem Geraune (Schäuble) oder antieuropäischem Populismus (Stoiber) ginge. Ob das Ziel, ihre Partei bei den gewohnten Ergebnissen zu halten, allerdings das Spiel mit dem Feuer rechtfertigt, darf man bezweifeln.

Aber ihr Problem muß man sehen, auch wenn man ihre Politik kritisiert. Die SPD hat Ballast abgeworfen und ist als antimarktwirtschaftliche, »sozialistische« Kraft nicht mehr glaubhaft zu attackieren. Also gerät die erfahrene, erfolgreiche liberal-konservative Partei der Deutschen in das berühmte Kontrastdilemma, das man heute bei Milocevic in Serbien, Tudjman in Kroatien oder Meciar in der Slowakei unter radikaleren Bedingungen studieren kann. Parteien brauchen einerseits Kontrastfarben und dürfen andererseits einen einmal hergestellten breiten Volkswillen nicht zerstören. Zoran Djindjic, der erfolgreichste serbische Oppositionspolitiker, wäre in Deutschland ein rechter Sozialdemokrat. In seiner Heimat sagt er, muß er sagen, daß das Kosovo serbisch bleiben müsse. Genauso ist Savka Dabcevic-Kucar an Tudjmans Thesen, Jan Cernogursky an die anti-ungarischen Phrasen Vladimir Meciars gebunden. Der demokratische Mechanismus erlaubt es nicht, die Stimmungen des eigenen Volkes links liegen zu lassen, weshalb es von entscheidender Bedeutung ist, welchen Stimmungen man Nahrung gibt. Die Lektion der deutschen Geschichte lautet, daß man ins Verhängnis stolpern kann, wenn man den Zeitpunkt verpaßt, zu dem man diesen Regelkreis sprengen muß. Schäuble und Stoiber stehen am Bruchpunkt.

Die Linke als Gegenkraft

Und die Linke? Ihr fehlt der Kontrapunkt und Gegenhalt im Kommunismus. Die Konjunktur des Marktradikalismus, freundlicher ausgedrückt: ein neuer Schwung wirtschaftsliberaler Ideen berunruhigt sie, die Politik der »dritten Wege« ist ohne Resonanz, und manche von ihnen haben sich aus schwer erklärlichen Gründen eine Art Kontaktschuld für den zusammengebrochenen Kommunismus aufreden lassen, wurden nervös und defensiv. Also entsteht gelegentlich der Eindruck peinlichen Schweigens, obwohl die meisten weiterreden; die nach 1989 ganz unausweichliche Diversifizierung der Linken, das Verschwinden der neomarxistischen Euphoriker und der Absprung der gesinnungsethisch-antikapitalistischen Kulturkritik nach rechts – und zwar mit dem Aufschrei, daß links und rechts keine sinnvollen Begriffe mehr seien – verwirrt die Gemüter.

Die letzten fünfzig Jahre waren in Deutschland vielleicht keine Epoche großer, wirkungsmächtiger Kunst, vergleichbar dem Abschnitt zwischen 1780 und 1830 oder dem frühen zwanzigsten Jahrhundert. Aber was es gab, und was ein größeres, natürlich bürgerliches Publikum erreichte, stand eher in der aufklärerischen als der romantischen Tradition. Daran hat sich durch den Epochenbruch von 1989 bisher nichts geändert. Die wirklich einflußreichen Großintellektuellen (Habermas, Grass, Kluge, auch Enzensberger) waren und sind nationalkritisch. Die Mehrzahl der Texte, die »die Nation« (wer immer das dann auch sei) kennt, kommen aus einer sozialrealistischen Schule (Brecht, Böll, Grass, Andersch und natürlich auch Walser, den man wegen ein paar normalpatriotischer Essays nicht plötzlich zur Rechten schlagen kann). Es gibt sogar eine Art national-kritischer Antisystemkunst mit einiger untergründiger Resonanz (vor allem Thomas Bernhard, aber auch Rolf-Dieter Brinkmann und Hubert

Fichte) und ein paar, wenn auch versprengte, Linke in der Populär-Kultur – Johannes Mario Simmel, Hans W. Geißendörfer, Marius Müller-Westernhagen. Die Lage mag sich ändern: Unter dem Druck der Internationalisierung und Privatisierung des Mediensystems schreitet die Konzentration von Pressekonzernen, Filmhandel und privaten Fernsehstationen voran und die Moguln (Leo Kirch, Berlusconi, Murdock) sind natürlich konservativ. Ob sie ihre Programme allerdings der Nationalisierung – im Sinne einer modernisierten Hugenberg-Tradition – öffnen oder nicht doch der gewinnträchtigen, grenzüberschreitenden, postnationalen amerikanischen Popularkultur verpflichtet bleiben, muß man abwarten. Hier liegt eine Chance für die Linke, wenn sie sie denn kapiert.

Viel wird auf die Standfestigkeit der Sozialdemokratie ankommen, die natürlich nicht nur über ein neues nationales Flügelchen (à la Tilman Fichter) verfügt, sondern eine alte und immer wieder mächtige nationale Strömung in sich trug. Der bedeutendste sozialdemokratische Führer nach 1945, Willy Brandt, hat sich in seinen allerletzten Lebensjahren zu dieser Tradition bekannt: Sie führt von Theodor Haubach über Julius Leber bis zu Kurt Schumacher. In ihrer internationalen Politik hat die SPD seit 1989 schon bedenklich genug taktiert; sie unterstützte von Ungarn über den Balkan bis ins Baltikum »sozialdemokratische« Kräfte, die tief im nationalistischen Lager steckten. Alles wird darauf ankommen, ob die durchaus europäisch orientierte Mehrheit dieser Partei den Mut faßt, eine Art »liberale Revolution« anzuzetteln, das heißt, ob sie den Kampf im Volk aufnimmt und eine europäische Bewegung aufbaut – oder ob sie beim Parlamenteln bleibt, beim verbalen Widerspruch gegen den neuen National-Konservativismus. Eine Resolution ist eine Resolution ist eine Resolution. Eine bilinguale Schule, eine europäische Studentenverbindung, ein funktionierender Ausländerbeirat dagegen sind Biotope, Machtzentren, Handlungskerne. Die deutsche Sozialdemokratie ist heute stark genug, um dafür zu sorgen, daß die Radikalisierung und Dynamisierung des Nationalismus, wie sie nach der ersten Vereinigung stattfand, aufgehalten oder wenigstens kanalisiert wird. Dann muß sie aber dem in Massenparteien weit verbreiteten (und nicht unverständlichen) Harmoniestreben, den Abwiegelungstendenzen, dem »Normalisierungs-Druck« widerstehen und scheinheilige Friedensangebote (wir alle haben das Nationale unterbewertet) in den Wind schlagen. Mit dem Nationalismus ist es wie mit manchen Drogen; wer die erste Dosis intus hat, braucht bald eine stärkere, wer in die Drift gerät, segelt hinab. Und diesmal liegt auf der guten alten Sozialdemokratie die ganze Last; die katholischen und christlich-sozialen Kräfte, die nach 1870 dem offiziösen nationalen Kult tapfer widerstanden, sind aus den unterschiedlichsten Gründen lebensgefährlich geschwächt.

Der weiche Bauch Europas

Wird Deutschland also von einem Neu-Wilhelminismus ergriffen? Der Begriff wäre falsch – er war ganz auf den Kaiser gemünzt, eine problematische Natur in verfassungspolitischer Sonderstellung, das ist vorbei. Das Schneidige, das Militärisch-Unzivile wird der Mehrheit der Einzelkinder aus den bürgerlichen Kleinfamilien von heute nicht mehr aufzuprägen sein. Das Hektische, Parvenuhafte der »verspäteten Nation« schlug in den Golfkriegs- und Blauhelm-Debatten allerdings schon wieder durch. Und daß die Nation als Ort der Moralität den Egoismus bündeln könnte, das fällt den deutschen Konservativen gerade auf; sie spüren ja auch, daß alles um sie herum wackelt. Also testen sie das süße Gift der Normalisierung. Der liebe Himmel bewahre uns bloß vor einem bedenkenlos-charismatischen Yuppy im national-konservativen Flügel der Union. Der würde Deutschland aufmischen.

Trotzdem wären vordergründige Parallelen zwischen der ersten und zweiten Vereinigung fragwürdig. Eine gewisse Skepsis gegenüber dem eigenen Charakter ist sympathisch, eine übertriebene Angst vor der Wiederholung der Geschichte neurotisch. Die Mörder betreten die Bahnhofsgaststätte nicht immer durch die gleiche Tür. Die Durchnationalisierung Deutschlands, wie sie sich zwischen 1890 und 1914 vollzogen hat, ist diesmal zu verhindern. Umgekehrt gilt allerdings: Es gibt keine Garantie, daß sie verhindert wird – und Deutschland ist der weiche Bauch Europas. Wenn sich hier Koliken entwickeln, windet sich der ganze Kontinent. Die Europäer sollten sich der deutschen Frage annehmen, aber sensibler als Andreotti (»Pan-Germanismus«) oder Pangalos (»Kraft eines Monstrums, Hirn eines Kindes«). Weltläufig sind wir immer noch nicht, lernfähiger schon.

Normalisierungstheorie –
Die ideologische Debatte

Deutscher Sonderweg?

Aus dem Wörterbuch des wiedervereinigten Deutschland

1.

Die Wiedervereinigung erzeugt in Deutschland, das ist sozusagen »natürlich«, neue Grundstellungen des Zeitgeists, neue oder neu drapierte Ideologiebildungen. Ein gerade zur Formel erstarrender Gedanke lautet: Deutschland müsse jetzt, nachdem es seine volle Souveränität Schritt für Schritt zurückerhalte, eine Rückkehr zur Normalität der deutschen und europäischen Üblichkeiten vollziehen. Die zweite Hälfte dieser Denkfigur benutzt den Topos des »Sonderwegs«: eine allzu erkennbare Abweichung von der »Norm« des europäischen Nationalstaats sei eine neue Variante eben jenes verderblichen »Sonderwegs«, den die verspätete Nation der Deutschen im neunzehnten und frühen zwanzigsten Jahrhundert gegenüber dem Westen kultiviert hatte. Das Normalisierungs-Paradigma wurde erstmals mit besonderer Wirkung im Golfkrieg verwendet, als Deutschland eine Beteiligung an den militärischen Aktionen der Anti-Saddam-Koalition unter Hinweis auf das Grundgesetz von 1949 verweigerte. Seitdem sickert die Normalisierungs-These scheinbar unaufhaltsam in unsere Sprache ein. Der Grundgedanke der Normalisierung ist natürlich nicht neu. Auch vor der mitteleuropäischen Revolution waren die besonderen Sensibilisierungen, die zwei Weltkriege und der Holocaust bei einem Teil der Deutschen ausgelöst hatten, manchen Leuten auf die Nerven gegangen. Die deftigsten Beispiele bieten Franz Josef Strauß und Alfred Dregger, die gelegentlich die Formel benutzt hatten, man müsse »aus dem Schatten Hitlers treten«. Aber zum einen hatten solche Äußerungen jeweils Stürme des Protests ausgelöst; und zum anderen war diesen großen Kristallisationsfiguren der deutschen Rechten noch nicht der glückliche Einfall gekommen, die Linke mit den eigenen Waffen (Begriffen) zu schlagen: Die Kritik am Sonderbewußtsein des deutschen Kaiserreichs, mit dem sich seine traditionellen, vormodernen Führungsgruppen vom »Westen« abschotteten, war seit je linker Stoff. Wenn der Vorwurf, einen arroganten »Sonderweg« (des »negativen« Nationalismus) gehen zu wollen, plötzlich umgedreht und von rechts gegen links verwendet wird, entstehen neue Berührungsflächen, neue Spaltungen, kurz: politische Wanderbewegungen.

2.

Halten wir uns nicht mit dem (durchaus legitimen) Neuerungen im Diskurs der politischen Rechten auf; konzentrieren wir uns auf die Wirkungen, die er in der Linken – und zwar bei intellektuellen Wortführern von Gewicht – auslöst. Aus Hunderten Fundstellen drei: von Dan Diner, Historiker in Deutschland und Tel Aviv, Jürgen Manthey, Komparatist in Essen, Wolfgang Thierse, Abgeordneter aus Berlin und Stellvertretender Vorsitzender der SPD.

Dan Diners These geht dahin, daß der Krieg am Golf »in Deutschland die politische Kultur des Sonderwegs in Differenz zum westlichen Westen aufs neue« stärke. Schon die Wortschöpfung vom »westlichen Westen« (gemeint sind wohl die USA, England und Frankreich) verrät umsichtige Sprachpolitik. Dieser »westliche Westen« habe den Krieg gegen den Irak wegen des »universellen Prinzips der Existenzerhaltung aller Staaten« geführt. Die Deutschen, befangen von ihren Erfahrungen im Bombenkrieg 1944/45 (Dresden), zögen sich jetzt auf eine »hochmodisch besetzte pazifistische Ablehnung eines jeden Krieges« zurück. Es entstehe eine »späte psychische Parteinahme« gegen die Alliierten des Zweiten Weltkriegs, ein »affektiver Distanzierungsstau dem Westen gegenüber«.

Jürgen Manthey, der auch die deutsche Haltung im Golfkrieg analysiert, vergleicht die Deutschen mit Hamlet. Hamlet hat es nicht geschafft, erwachsen zu werden; emotional sei er ein Kind geblieben. So die Deutschen. »Wie wäre es, wenn man sagte: Unter den erwachsenen Nationen der westlichen Allianz verhielt (verhält?) die deutsche sich wie ein Kind?« Die Folgerung (die bei Manthey nicht einfach mit einem Expeditionskorps endet, sondern bei einer »hochdotierten Einsatzgruppe von Friedenberatern«) lautet: Deutschland muß normal (»erwachsen«) werden. Der Versuch, aus der nationalen Katastrophe der ersten Hälfte des zwanzigsten Jahrhunderts etwas »Besonderes« zu lernen, wird auch hier als »Sonderweg« eher kritisch beurteilt.

Wolfgang Thierse nimmt das Modernisierungs-Paradigma unabhängig von der Golfkrieg-Debatte auf. Sein Ansatzpunkt ist die »ideologisch falsche Verabschiedung des Nationalstaats«. Die »Realität« sei: »Wir sind umringt von Nationalstaaten. Und es hieße, ... wieder von Deutschland einen Sonderweg zu verlangen, den genau dieselben Linken immer für etwas höchst Gefährliches halten. Deswegen sage ich: Wir müssen es fertig bringen, ein relativ gelassener, entspannter und insofern relativ normaler europäischer Nationalstaat zu werden. Wir sollten dieses Durchgangsstadium nicht überspringen, nur weil manche schon vom Europa der Regionen reden.«

Wie kommt diese neu-alte Faszination der »Normalität« zustande? Wohin führt sie uns? Anders gefragt: Muß die Zerbröselung des Marxismus wirklich zu einer relativistischen Kapitulation der Idee eines möglichen moralischen Fortschritts in der Geschichte führen?

3.

Nun kann man einigen der vorgebrachten Argumente ganz ohne Rückgriff auf eine universalistische Prinzipienethik begegnen. Sowohl Diner als auch Manthey adressieren ihre Argumente an einen »absoluten Pazifismus«, den es in Teilen der – zerfallenden – deutschen Friedensbewegung natürlich gibt, der aber nicht einmal dort – geschweige in Deutschland – eine Mehrheit hat. In der Tat wäre die Maxime »nie wieder Krieg« ein zu dürftiges Lernergebnis aus der deutschen Geschichte. Der Krieg gegen Hitler war gerechtfertigt; und niemand kann ausschließen, daß in der Zukunft eine vergleichbare Konstellation entsteht. Gegen den Golfkrieg konnte man aber nicht nur aufgrund von »absolutem Pazifismus« sein, sondern aufgrund einer ganz konventionellen Abwägung der Risiken. Dieser Krieg hat rund 200 000 Menschen das Leben gekostet; aber kein Problem gelöst. Die Lage der Kurden im Norden und der Schiiten im Süden des Irak ist ebenso wie die der Palästinenser weit miserabler als vorher. Die Sicherheit Israels hat sich keineswegs vergrößert, einer sinnvollen und friedlichen Nutzung der Ölressourcen der Golfstaaten ist man keinen Schritt nähergekommen. Und das »liberalistische Prinzip der Existenzerhaltung von Staaten«, in diesem Fall Kuweits, hätte man ja wohl mit anderen universalistischen Prinzipien – zum Beispiel dem der Menschenrechte der Bevölkerung Kuweits, unter anderem der dort lebenden Palästinenser – abwägen müssen. Jedenfalls läßt sich im Licht der heute bekannten Tatsachen keinesfalls beweisen, daß die Linie der Bush-Administration – und eines Großteils der mitziehenden europäischen Nationalstaaten – wichtiger war als die der SPD, des italienischen PARTITO DEMOCRATICO DE LA SINISTRA (PDS) oder jener Teile des amerikanischen Generalstabs um Colin L. Powell, die die Fortführung von Sanktionen einem Krieg vorgezogen hätten.

Interessanter als diese akzidentiellen – auf die gegebenen Randbedingungen zielenden – Argumente sind aber die prinzipiellen. Was signalisiert eigentlich die generelle Verdammung von »Sonderwegen« und die diskussionslose Festlegung auf Üblichkeiten, *Common sense* und gelebtes Ethos? Es signalisiert einmal eine überaus kluge Sprachstrategie; denn der »Sonderweg« deutscher Tiefe und deutscher Gemeinschaft, der gegen die Oberflächlichkeit westlicher Zivilisation und westlicher Gesellschaft gesetzt worden war, war zweifellos ein Irrweg. Bedeutet das aber, daß unter keinen Umständen ein Partner der idealen oder auch faktischen Kommunikationsgemeinschaft »Menschheit« durch »Vorleistungen« aus der Reihe tanzen darf? Ist Lernen möglich, wenn man postuliert, daß alle Partner jede Einsicht gemeinsam, im gleichen historischen Moment entwickeln müssen? Oder soll die Polemik gegen den deutschen Sonderweg nur heißen: »Ihr Deutschen habt zwischen 1914 und 1945 soviel Elend über die Welt gebracht, daß Ihr jetzt schön unauffällig alle unsere Handlungen, einschließlich aller unserer Fehler, mitzumachen habt?« Das wäre ja für einige Zeit ein noch zu rechtfertigendes, allerdings nicht mehr zukunftsträchtiges Argument. Auf die Dauer können Bündnisse freier, gleichberechtigter Partner nach solchen Prinzipien nicht funktionieren.

4.

In Wirklichkeit zeigt die Suggestion einer »Rückkehr zur Normalität«, daß in Deutschland der Historismus und der Relativismus des neunzehnten Jahrhunderts in einer neoaristotelischen oder neokonservativen Fassung erneut zur Hegemonie gekommen ist. Üblichkeiten entscheiden von vornherein über den möglichen Sinn moralischer Normen und

Prinzipien; alles was darüber hinausgeht, wird zu gefährlichem Utopismus gestempelt. Die Idee einer universalen, intersubjektiven Konsensfähigkeit von Gültigkeitsansprüchen gilt als überspannt, unpraktisch, verführerisch. Einen »Fortschritt« im Sinne einer kosmopolitischen Einheit der menschlichen Geschichte kann es nicht geben. Wo diese Philosophie enden kann, hat Karl-Otto Apel in seinem großen Essay »Zurück zur Normalität? Oder könnten wir aus der nationalen Katastrophe etwas Besonderes gelernt haben?« eindringlich beschrieben: Bei der Rückkehr zur Binnenmoral der europäischen Nationalstaaten, beim trotzigen Ethnozentrismus des Spruches: »I am just a German«. Sagen die Amerikaner denn nicht auch ganz unbefangen: »I am just an American«?

Aber was sind denn die Üblichkeiten europäischer Nationalstaaten? Bestanden sie bisher nicht darin, daß wirtschaftlich starke Staaten in der Regel auch militärisch starke Staaten waren? Daß militärische Stärke gelegentlich auch politisch ausgemünzt wurde? Daß waffenproduzierende gleichzeitig waffenexportierende Staaten waren? Daß Selbstbegrenzungen der Bewaffnung immer nur für eine gewisse Zeit galten? Sind wir jetzt, wenige Jahre nach der mitteleuropäischen Revolution, an jener Zeitgrenze angekommen, an der die besonderen Verpflichtungen der deutschen und japanischen Verfassungen aufgekündigt werden müssen, weil beide Staaten wieder in das Gesetz der »Normalität« eingehen?

Wie die Hoffnungen 1945 aussahen, hat Thomas Mann formuliert. In seiner Rede »Deutschland und die Deutschen«, gehalten am Tag seines siebzigsten Geburtstags, am 6. Juni 1945, in der Library of Congress in Washington, heißt es: »Es könnte ja sein, daß die Liquidierung des Nazismus den Weg freigemacht hat zu einer sozialen Weltreform, die gerade Deutschlands innersten Anlagen und Bedürfnissen die größten Glücksmöglichkeiten bietet. Weltökonomie, die Bedeutungsminderung politischer Grenzen, eine gewisse Entpolitisierung des Staatenlebens überhaupt, das Erwachen der Menschlichkeit zum Bewußtsein ihrer praktischen Einheit, ihr erstes Ins-Auge-Fassen des Weltstaates – wie sollte all dieser über die bürgerliche Demokratie hinausgehender sozialer Humanismus, um den das große Ringen geht, dem deutschen Wesen fremd und zuwider sein?«

Weitausgreifende Perspektiven – formuliert im Angesicht eines Zivilisationsbruchs ohnegleichen. »Die Geschichte« hatte gerade 50 Millionen verstümmelter Leichen produziert. Wohin gerät Politik, die sich ein halbes Jahrhundert später schon der Spannung zwischen Perspektiven und der Realität der Üblichkeiten entzieht? Linke Politik?

5.

Wolfgang Thierse will sich solcher Spannung sicherlich nicht entziehen. Er bemüht sich, die Interessen seiner ostdeutschen Landsleute zu vertreten; sie haben die ersehnte Veränderung ihrer politischen Existenz in der Form »Wiederherstellung des Nationalstaats« erlebt. *Muß* man da beim »normalen Nationalstaat«, wenn auch als »Durchgangsstadium« landen?

Die erste Frage wäre: Wieso Durchgangsstadium? Welche Logik der Geschichte garantiert uns, daß der Nationalstaat überwunden wird? Die reale Lage ist so: Die Gründerväter Europas nach dem Zweiten Weltkrieg, Adenauer, Monnet, de Gasperi, wollten ein *supra-nationales* Europa, kein Europa der Nationalstaaten. Diese Linie verficht Jacques Delors mit einem Teil des EG-Ministerrats auch heute. Man muß inzwischen aber der Tatsache ins Auge sehen, daß die europäische Rechte dieses Ziel zu torpedieren sucht. Der erste Deutsche, der das konzeptionell formuliert hat, ist Herbert Kremp. Eine Vertiefung der EG sei eine »Zernierung«, eine »Kontrolle Deutschlands«. So würde das – noch – kein Politiker sagen. In einem Jahr wird diese Diskretion überwunden sein. Wenn die EG nicht *rasch* einige Strukturmuster des Nationalstaats überwindet, wird sie sie nie mehr überwinden.

Die zweite Frage könnte lauten: Muß die Linke eigentlich in die semantische Falle tappen, besondere Lernschritte, die die Deutschen aus ihrer Geschichte folgern, mit dem zu Recht verabscheuten Begriff »Sonderweg« zu belegen? Ist der Gedanke, daß die Erfahrung der jahrzehntelangen Teilung uns einen Erkenntnis*vorsprung* (statt einer – Behinderung) gebracht haben könnte, wirklich so abwegig? Muß Teilung (wie in der polnischen Geschichte) zu gesteigertem Nationalismus führen? Könnte sie – unter den besonderen deutschen Bedingungen – nicht auch zum Durchschauen nationaler Alibis und Idolbildungen geführt haben? Könnte sie uns bereit gemacht haben zu freiwilligen Souveränitätsverzichten zugunsten einer übernationalen europäischen Staatlichkeit?

Die wichtigste Frage allerdings lautet: Wieso müssen wir Deutschen die Ordnungsform, mit der wir so blutig gescheitert sind, noch einmal »annehmen«? Gerade *weil* wir gescheitert sind? Was spricht dafür, daß Europa diesmal einen deutschen Nationalstaat – als mächtigsten Partner einer ungefestigten Gemeinschaft – erträgt? Sicher – allein können die Deutschen die Ordnungsform »Nationalstaat« nicht überwinden. Aber heutzutage gibt es – noch – Partner für dieses Projekt; in der Europäischen Kommission, in der politischen Klasse Frankreichs, Belgiens, Italiens, Luxemburgs, auch bei einigen anderen Partnern. Der berüchtigte Mantel der Geschichte rauscht wieder einmal, aber er rauscht, weil er hin und her schlägt wie ein nasses Segel beim schlecht bewältigten Landemanöver. Es muß offenbleiben, ob die Deutschen diesen Mantel zu fassen bekommen.

6.

Die »Normalisierung« ist eine Philosophie der Abwiegelung. Der Schock von 1945 soll überwunden werden: durch Rückgriff auf hergebrachte Institutionen und gelebtes Ethos. Die Rechte – gerade die demokratische – kann damit gut leben. Sie kann den ganzen Hokuspokus der Begründungen – ob Heidegger oder Gadamer, Richard Rorty oder J. F. Lyotard – ignorieren; das »gesunde«, »gewachsene« Vertrauen auf konventionelle, erwartbare Verhaltensweisen genügt ihr. Aber die Linke? Überlebt sie als irgendwie »sozialere« Fraktion der europäischen Postmoderne? Oder verliert sie ihren Halt, wenn sie in die groben Gesänge einstimmt, die derzeit das Scheitern der Idee einer Universalgeschichte der menschlichen Emanzipation besiegeln sollen?

Literatur

Karl-Otto Apel: Zurück zur Normalität? Oder können wir aus der nationalen Katastrophe etwas Besonderes gelernt haben? In: K.-O. Apel: *Diskurs und Verantwortung. Das Problem des Übergangs zur postkonventionellen Moral.* Frankfurt a. M. 1990.

Dan Diner: Den Westen verstehen. Der Golfkrieg als deutsches Lehrstück. KURSBUCH 104.

Herbert Kremp: Europas Doppelleben. DIE WELT, 20. 6. 1991.

Thomas Mann: *Deutschland und die Deutschen.* Berlin 1947.

Jürgen Manthey: Glossar continua X. MERKUR 508.

Thomas Nipperdey: *Deutsche Geschichte 1866-1918.* 2 Bde., München 1990 u. 1993.

Wolfgang Thierse: KÖLNER POLITISCHE INFORMATIONEN, Juli/August 1991.

Die Bewaffnung mit Identität

*Eine ethnologische Analyse des deutschen
Normalisierungs-Nationalismus am Beispiel
Hans-Jürgen Syberbergs*

1.

Die Gefahr steckt schon in den scheinbar harmlosen Sätzen, wie sie von demokratisch ausgewiesenen Damen aus dem Präsidium des Evangelischen Kirchentages ausgesprochen werden können oder vom arglosen ostdeutschen Bildungsbürgertum, Oberärzten aus Rostock oder Dresdner Rechtsanwälten mit Hausmusikerfahrung: »Wir können vor unserer Identität nicht davonlaufen«, sagen sie verständig, oder: »Nach der Wiedervereinigung Deutschlands brauchen wir wieder eine gesamtdeutsche Identität.« Oder schon so aggressiv, daß besonnene Nationalisten mit Bundesrepublikerfahrung abwiegeln: »Fünfundvierzig Jahre Umerziehung haben Ost- und Westdeutschen ihre Identität ausgetrieben.« Aus dieser »kleinen« Identitätsphilosophie (die mit Hegels großer wenig zu tun hat) entsteht derzeit in der konzentrierten Anstrengung einer noch halb verdeckt agierenden, reputierlichen, nicht nazistischen Rechten der Normalisierungs-Nationalismus der Deutschen, eine Rekonstruktion. Man greift hinter Hitler zurück, grenzt sich gegen den vulgären antisemitischen und antidemokratischen Terror der Nazis mit klaren, ernstgemeinten Worten ab. Aber kann man bei solch einem Sprung anderswo landen als im Wilhelminismus, in der Tradition von 1871, im hochindustrialisierten, technisch avancierten, ehrgeizigen, tüchtigen Machtstaat mit dem Mitte-Auftrag? Und endete der nicht auch, und zwar noch ohne faschistische Halbidioten, in der europäischen Schlangengrube von 1918, der giftigen, hochgerüsteten Konkurrenz rivalisierender Bestialstaaten?

Dabei ist die Lage unbestreitbar verworren. Von der »Vernachlässigung des Nationalen durch uns alle« reden auch ziemlich unverdächtige Leute, zum Beispiel Mitglieder der Führung der SPD: Identitätsphilosophie. Der Kampf der französischen und deutschen Filmregisseure gegen die Hollywoodisierung – Kampf um Identität. Haben die Kroaten nicht ein ursprüngliches Recht auf ihre für viele Jahrzehnte unterdrückte Nation? Selbst die linken baskischen Nationalisten schicken freundliche Telegramme nach Zagreb. Ist die Dominanz amerikanischer Massenkultur nicht wirklich ein Problem? Inzwischen fragen wir uns, ob wir die Widerstandsenergien des Black Nationalism weiter feiern können, wenn wir die Gewaltverherrlichung und den Sexismus im Punk der deutschen Ost-Skins zum Teufel wünschen? Andererseits – kann man wirklich die ganze Rock-Emotionalität abwürgen, nur weil sie auch von faschistischen Gefühlen – Vergewaltigungsphantasien, Schwulenfeindlichkeit, Springerstiefel-Brutalität – in Dienst genommen werden kann? Die bewußte Separation von Feministinnen hielten wir doch bisher für politically correct? Was läßt sich also gegen deutsche Identität sagen, wo doch Franzosen (Augstein schreibt es jede Woche) und Polen (der Freiheitsheld Walesa!) viel nationaler sind als die Deutschen?

Einerseits gilt: Selbstzuschreibungen, politische Subjektivitäten, Zusammengehörigkeitsgefühle, miteinander verkettete Kommunikationsmethoden sind unvermeidbar, legitim. Nationen sind empirisch, nicht ideologisch. Andererseits steckt in der Mythisierung von gemeinsamer Geschichte, Sprache, Landnahme und Kultur der Keim von Xenophobie und Nationalismus. Auch eine geringfügige Unschärfe im Blick kann uns Deutsche wieder zu Verbrechern machen. Gegen die achselzuckende Unbekümmertheit der Normalisierer gilt Alexander Kluges raffiniert-einfache Formel: »In Gefahr und großer Not bringt der Mittelweg den Tod.« Der Mittelweg unserer neuerdings wieder forcierten Arglosigkeit, klug »Pragmatismus« genannt.

2.

Ich präpariere den Normalisierungs-Nationalismus am Beispiel des Regisseurs Hans-Jürgen Syberberg heraus, einer zugegebenermaßen ein wenig exzentrischen Species. Arnulf Baring, Jochen Thies, Reiner Zitelmann, Brigitte Seebacher-Brandt oder Christian Meier, die middle-of-the-road-Leute dieser Richtung, würden sich schütteln. Wozu der pathetische Protest gegen »Siegerästhetik« und »Umerziehung«? Warum die verschmockte, hochkulturelle, neoklassische Attitüde? Wozu gar (um Himmels willen) der antisemitische Unterton (wer mit den Juden ging wie mit den Linken machte Karriere...)? Alles Unsinn, würden sie sagen – wir treiben den Deutschen jetzt erstmal die Idee aus, etwas Besonderes gelernt zu haben, den »Sonderweg«, das unnatürlich gespreizte Schuldbewußtsein, wir pragmatisieren sie zu Franzosen und Engländern. Am Rand dieses Wegs mag man dann noch das Berliner Stadtschloß wieder aufbauen und ein paar preußische Tugenden rehabilitieren, aber bitte keine Übertreibungen, sonst plärren gleich die Holländer, Habermas schreibt einen Essay und im »Spiegel« bekommen die linksliberalen Mainstreamer von gestern erneut das Übergewicht.

Aber Syberberg ist kein Solitär, sondern ein Symptom, der hochsensible, untaktisch offenherzige Repräsentant der Identitätsphilosophie einer nach der Vereinigung wiedererstarkenden deutschen Bildungsbourgeoisie. Er steckt mit einem Bein im feinen nationalrevolutionären Lager, der Mathesund Seitz-Kultur, bei den Rechts-Foucaultianern, mit dem anderen aber tief in der hergebrachten Innerlichkeit jener Deutschlehrertruppe, die das berühmte Lied »Die Amis haben uns unseren Hölderlin/Bratwurst weggenommen und durch Negermusik und Hamburger ersetzt« intonieren. Syberbergs wagnerianischer Antisemitismus (ein hochmütiges Ressentiment gegen die Ästhetik von Adorno, Bloch, Benjamin, Marcuse, Kracauer) mag man abziehen, dazu schwingen sich Steffen Heitmanns Verehrer noch nicht auf, vielleicht nie wieder auf. Ansonsten bot Syberberg schon an der Jahreswende 89/90 das, was Botho Strauß und Alain Finkielkraut erst 1993 rausließen und was die schwächeren der von Arbeitslosigkeit, Aids und polnischen Autoknackern geängstigten Absolventen integrierter Oberstufen frühestens 1995 denken werden. Der Normalisierungs-Nationalismus, dargestellt am Beispiel des verstiegenen, aber keineswegs untypischen (und keineswegs gleichgültigen) Künstlers Syberberg enthält sechs Ingredienzen, sechs Diskurse.

(1) Das ist erstens die ganz gewöhnliche Mythisierung von Geschichte, also die Herauspräparierung der Helden- und Leidensstories, der »Epen«, der großen symbolischen Erzählungen, in denen die nationalen Ikonen modelliert werden. »Die großen Leidensgeschichten eines Volkes«, schreibt Syberberg, »ruhten zu gewissen Zeiten in den Generationen, im Blut der Müttergeschichten, in den Gräbern der Väter, latent und als Geheimnis.« Sie werden dann vom Künstler zur Poesie erweckt, weil die Völker »Heldentaten« brauchen, zu ihrer patriotischen Gründung und Erhaltung – von Homer bis Moses. Aus Millionen von Geschichten und Geschicken wird »Geschichte« destilliert.

(2) Der zweite Lernschritt ist die Landnahme, auch eine bekannte Konstruktion. Syberberg hat da einen Preußen-Tick, den nicht jeder Normalisierungs-Nationalist mitmachen mag, »Preußen als das Rückgrat Europas«, Preußen als Kleistland (»Kleist brachte sich um, als er sein Land im Elend sah und keinen Ausweg für sich«). Wirksam und plausibel ist aber die Behauptung einer unlöslichen Verbindung zwischen Land und »Menschenkulturen«. Entscheidend ist das »Ge-

dächtnis« – »ganz gleich wer da noch wohnt«. Um nicht dem deklarierten Revisionismus zu verfallen, propagiert Syberberg eine unklare Symbiose von Deutschen, Polen und Russen, eine »Vereinigung der Herzensgründe europäischer Gemeinsamkeiten«, was immer das sei. Aber er sagt gleichzeitig hart und klar: »Es geht uns nicht um die Menschen, die zufälligen, sondern um das Land« – und will dann »Partnerschaften« mit Böhmen oder »polnischen Erben ehemaliger deutscher Provinzen« errichten, allerdings in der Vaterrolle, wie mit »bevorzugten Verwandten an Kindesstatt«.

(3) Das dritte Motiv ist Authentizität und Ethnizität, das Plädoyer für »Natur« und gegen die »Plastikwelt«, gegen die »billigen, bequemen, schnellen Wegwerfwaren wie Punk, Pop und Junk«, also das in nationalen Kreisen auf der ganzen Welt beliebte Verdammungsurteil gegen Massen- und gegen kulturelle Phänomene. Auch hier ist Syberberg sehr steil; er polemisiert sogar gegen Computer: »Der Boden ist bereitet; nun beginnt der Angriff aufs Blut.« Unter dem Verdammungsurteil »multikulturelles Wischi-Waschi« wird die Richard Wagnersche Götterdämmerung einem »Video-Clip für Fast-Food-Pornos« gegenübergestellt. Mit Begriffen wie »Seelentod« oder »Umweltverschmutzung der Seele« wird die völkische Dimension des Ökologischen beschworen.

(4) Zur Feier der »Echtheit« und »Ursprünglichkeit« gesellt sich der Klassikdiskurs, nichts Neues natürlich, im deutschen Sprachraum zuletzt von Hans Sedlmeier (Verlust der Mitte), Emil Staiger und Dutzenden anderen immer wieder aufgewärmt, aber fürs nationale Biotop doch von konstitutiver Bedeutung. »Das auffälligste Kriterium der heutigen Kunst ist die Bevorzugung des Kleinen, Niedrigen, der Verkrüppelung, des Kranken, des Schmutzes vor dem Glanz...« National und gesund als Synonyme – diese Melodie haben die Nazis nicht komponiert, nur nachgesungen. Heute schrammelt sie kroatisch, serbisch, lettisch, slowakisch usf.

(5) Typisch deutsch, von anderen Nationalbewegungen also nur teilweise nachvollziehbar, ist die Ostromantik, verbunden mit der Theorie vom Mitte-Auftrag der Deutschen. »Schwer der Gang, härter die Winde«, dichtet Syberberg – »und wer nach dem Osten ging, wußte, was ihn erwartete.« Die Westbindung wird abgetan, propagiert wird Äquidistanz: »Und wenn wir sie nicht wollten, nicht die Amerikaner und nicht die Russen?« Die Zukunft Deutschlands: »Eins sein in der Mitte.« In Anknüpfung an alte geopolitische Konzepte wird die große europäische Macht Deutschland auf den Osten und den Südosten orientiert: »Ob die ausgeweideten und gelähmten Ostländer, zuerst durch Hitler, dann durch Stalin zum neuen Geist erwachen, und ob Deutschland, das vernutzte und ausgelaugte des Westens ohne Authentizität, in der Lage ist zu halten, verbinden und den Impuls zu leiten, der nötig ist, damit das alte Leben wieder neu entsteht, das ist die Frage, die Europas ist...« Die Zuschreibungen »ausgelaugt«, »vernutzt«, »ohne Authentizität« sind Klagen über die verlorene deutsche Identität. Wo wäre sie zu finden? In einer *eigenen* Rolle, abgehoben vom amerikanisch dominierten Westen, bei einer Mission im Osten Europas. Dieser Diskurs irrlichtert längst links wie rechts, paneuropäisch-pazifistisch wie mitteleuropäisch-machtpolitisch.

(6) Bleibt der älteste und gleichzeitig utopischste Diskurs, der, dem bei uns noch die härtesten Widerstände entgegengesetzt werden, auch von hartgesottenen Normalisierern: die Kritik des totalen Friedens, umgekehrt: die Enttabuisierung des Kriegs. »Der Krieg im alten Sinn«, schreibt Syberberg »war auch ein kulturelles Phänomen. Er entsprach dem naturgemäßen Sein der seßhaften Menschen.« Es gibt Tugenden, die im Krieg besonders leuchten: »Nach dem letzten Krieg, in dem mit dem Leben eingestanden wurde, und sei es das falsche, kamen Ehre, Tapferkeit, Mut, Treue gleich mit auf den Markt des Ausverkaufs.« Syberberg verlangt nicht

nach Krieg, aber er bedauert die Veränderung der Menschen: »Die Menschen der nicht kriegsgewohnten Generationen Europas werden anders sein als diejenigen der vorigen Jahrhunderte.« Bei Syberberg ist dieses Bedauern ästhetisch: »Die Kunst, früher wie Balsam auf die Wunden des Ich, das mit dem Land der Geburt identisch war, ist wie ohne Notwendigkeit.« Botho Strauß wird diese ästhetische Trauer zwei Jahre später schon ethisch wenden, mit dem berüchtigten Satz vom »Blutopfer«, das ein Volk bei der Behauptung seines »Sittengesetzes« erbringen muß. In Deutschland klingt's noch exzentrisch, in Zagreb, Belgrad, Riga, Kiew oder Tbilissi ist es längst gängige Münze.

3.

Die Rede von der »Identität«, heißt das, ist gefährlich. Die Deutschen stecken nach der Vereinigung mitten im Prozeß einer nationalen Identitätskonstruktion, aber im Sinn einer (Hitler aussparenden) Rückwärtsrevidierung. Wo das enden dürfte, ist mit Händen zu greifen: Beim trotzigen Ethnozentrismus der Maxime: Deutschland zuerst. Beim Rückgriff auf die sozialkonservative Binnenmoral eines fehlkonstruierten Nationalstaates. Bei Normalisierung im Sinn von robuster Reduktion von Komplexität, kurz bei Tonio Krögers Sehnsucht nach der blonden Inge, nach den »Wonnen der Gewöhnlichkeit«. Am Ende des zwanzigsten Jahrhunderts eine Rückkehr an seinen Anfang, eine lakonische Kreiselbewegung der Geschichte über fünfzig Millionen Toten – unprätentiös ausgedrückt wäre das entweder zum Speien oder zum Fürchten.

Natürlich heißt das nicht, daß der Terminus »Identität« vergiftet sein *muß*. Das insinuiert der Satz von Diederich Diederichsen: »Wer ohne primäre Not Identität verlangt, stiftet oder verehrt, ist ein Faschist.« Dieser Gedanke transportiert zwar die richtige Erkenntnis, daß der Überlebenskampf bedrängter »Nationen«, seien es Völker, Rassen, Jugendkulturen oder sexuelle und religiöse Minderheiten, legitimer ist als die Separation dominierender Kulturen zwecks Entfaltung und Durchsetzung ihrer Eigenheiten. Mit der empörten Replik eines aufgebrachten Normalisierers – ihr wollt der Gay Comunity zugestehen, was ihr den Deutschen verweigern wollt – könnte man noch fertig werden. Aber es ist nun einmal unvermeidbar, daß Gruppen (also »nations«, »communities«, »Bewegungen«) Subjektivitäten, soziale Konstruktionen, Formen der Kohäsion entwickeln. Nicht die »Nation« und ihr »Patriotismus« ist das Problem, sondern das Zuschleifen des Patriotismus zu einer *Waffe*.

Deswegen wäre es nicht deutsch-national, wenn sich die Deutschen wie die Franzosen auf einen Kanon, auf ein Kern-Curriculum einigten, falls Heine, Börne, Glassbrenner und Tucholsky genauso dazugehörten wie die Weimarer Klassik. Deswegen wäre es kein Kulturchauvinismus, wenn sich die deutsche und französische Filmindustrie Abspielstätten für ihre Produkte erhielte; falls dieser Protektionismus nicht den elitären Hochmut gegen Pop, Massenkultur und amerikanische Kunst transportierte. Deswegen ist die sorgsame Förderung der rätoromanischen Sprache für einige Tausend Schweizer Bürger keine nationalistische Marotte, sondern eine Rettung von Vielfalt.

Worum es geht, ist, den Gedanken Herders festzuhalten: Jede Sprache, jede Kultur, jeder Code ist ein Gedanke Gottes. Worum es gleichzeitig geht: den Gedanken Fichtes abzuweisen: Deutsch gegen Welsch, Reinheit gegen Vermischung. Die aufklärerische Utopie, die Welt wäre am schönsten, wenn alle Menschen dieselbe »Weltsprache« sprächen, ist arm. Die nationalistische Utopie, die Welt müsse am jeweils eigenen Wesen genesen, ist obskur, terroristisch. Europa, diese Völkermischzone par excellence, muß ohne solche Abziehbilder leben.

Bleibt die bange Frage nach den wiedervereinigten Deutschen. Hans-Jürgen Syberberg, so steht zu befürchten, ist kein Spinner, kein Outcast, sondern ein eitel-unvorsichtiger Avantgardist. Er hat politischen Rohstoff aufgegriffen, der vierzig Jahre unbeachtet auf der Straße lag – und er versteht sich auf Verknüpfungen. Teilen die Ökologen nicht seine Verachtung der Plastikwelt? Kann man die Affekte gegen Jazz und amerikanische Populärkultur nicht geschickt an die linke Kritik der Kulturindustrie anhängen? Läßt sich die Auflösung der Westbindung nicht fabelhaft als gesamteuropäischer Idealismus nach dem Motto »wir lieben Vaclav Havel und Lech Walesa« verkaufen? Deutschland bewegt sich, Deutschland muß sich bewegen. Aber wohin?

Literatur

Diedrich Diederichsen: *Freiheit macht arm. Das Leben nach Rock'n Roll 1990-1993.* Köln 1993.
Hans Jürgen Syberberg: *Vom Glück und Unglück der Kunst in Deutschland nach dem letzten Kriege.* München 1990.

Freunde, es wird ernst

Botho Strauß als Symptom der nationalen Wiedergeburt oder Wird eine neue Rechte salonfähig?

> Der Zeitmagen ist verdorben und stößt in tausend Mischungen immer wieder Brocken der gleichen Speisen auf, ohne sie zu verdauen.
>
> *Robert Musil*

Nun bitte Aufmerksamkeit und intellektuelle Disziplin; aber keine Aufplusterung, kein Haltet-den-Nazi-Geschrei, keinen zeternden Dichter-Streit. Man muß die Kampfansage ernst nehmen: »Zwischen den Kräften des Hergebrachten und denen des ständigen Fortbringens, Abservierens und Auslöschens wird es Krieg geben.« Im Krieg empfiehlt es sich, präzis zu bleiben – feierlich wird bekanntlich, bei wem's zur Genauigkeit nicht langt. Bitte kein Gerede vom neuen Faschismus, keine Auftritte der wunderbaren Vanessa Redgrave, keine Symbole der Versöhnung. Die neue Rechte, die es auch in Deutschland längst gibt und die nur von Schönhubers plebejischer Räuberhauptmannsfigur verdeckt wird, bekommt wieder Zuzug aus dem »hortus conclusus« des deutschen Geistes. Notiert euch den Tag, Freunde, es war die SPIEGEL-Ausgabe vom 8. Februar 1993. Es wird ernst.

Die Attraktion des Botho Strauß ist seine Einsamkeit. Zwar ist der Gestus der Abwendung vom banalen Gewusele der Welt alles andere als neu. Große Beispiele wären Todtnauberg oder Colombey le deux Eglises, bei unserem Dramatiker kommt es wohl eher auf Berndt von Heiseler und Ernst Wiechert raus. So jemand hebt am Abend wie betäubt den Kopf aus den Manuskripten und blickt träumerisch und nachdenklich auf die Zwiebel, die auf dem Küchentisch liegt. Aber man sollte nicht zu leichtsinnig mit den Achseln zucken. Zwar ist die gravitätische Verurteilung der Talk-Shows »Wer sich bei einer privaten Unterhaltung von Millionen Unbeteiligten begaffen läßt, verletzt die Würde und das Wunder des Zwiegesprächs« verstiegen und stieselig. Aber das Verdikt gegen die »verschwätzten Zeiten«, den »Mangel an Passion«, die »frevelhafte Selbstbezogenheit« kann Menschen, die sensibel, intelligent und unerfahren sind, verführen. Ein paar Tausend davon könnten genügen, um die verschwitzte Durchschnittlichkeit einer Demokratie ins Wackeln zu bringen. Was für ein Zauberstab der Absonderung: der TV-Kanal als »Kloake«. Nichts gegen einen »Garten der Befreundeten«, in dem Strauß, Handke, Syberberg und ihre Jünger »wunderbare Dichter« lesen. Aber wie – zum Teufel – sorgt man dafür, daß die »Versprengten« auch wirklich versprengt bleiben? Daß sie nicht Proselyten machen?

Man muß dafür sorgen. Botho Strauß ist ein gefährlicher Wirrkopf:

Gefährlich ist seine leichtfertige Toleranz gegenüber dem Nationalismus. »Daß jemand in Tadschikistan« – schreibt er – »es als politischen Auftrag begreift, seine Sprache zu erhalten wie wir unsere Gewässer, das verstehen wir nicht mehr. Daß ein Volk sein Sittengesetz gegen andere behaupten will und dafür bereit ist, Blutopfer zu bringen, das verstehen wir nicht mehr und halten es in unserer liberal-libertären Selbstbezogenheit für falsch und verwerflich.« Da paaren sich Unkenntnis und Romantizismus. Bei der Erhaltung der Sprache und Kultur verdienen die Tadschiken (und alle Völker, einschließlich der kleinsten) jede Unterstützung. Die eigene Sprache erzeugt aber nicht immer und überall das Recht auf einen eigenen Staat (über den die Tadschiken verfügen). Daß das kroatische oder serbische »Sittengesetz« »Blutopfer« rechtfertigt, finden die Herrn Tudjman und Milosevic auch. Wollen wir ihre Kriege aus Deutschland noch anfeuern?

Gefährlich ist seine kurzgeschlossene, elegant-zeitgeistschnittige Denunziation der antiautoritären Erziehung. Wieso sind die rechten Skins – dreitausend in Ostdeutschland, fünfzehnhundert in Westdeutschland – Produkte der »Schamverletzungen, die die fidele Erstjugend um 1968 beging«? Reichte der zeitaufwendige, argumentative Umgang mit Kindern, den die Achtundsechziger verlangten, jemals in jene sozialen Schichten hinab, aus denen sich Skins rekrutieren? Sind die ostdeutschen Jugendlichen, die heute »Fidschis aufklatschen«, nicht in den Sekundär-Tugenden Fleiß, Disziplin und Ordnung erzogen worden? Der Dichter urteilt schroff und souverän über Prozesse, die er nicht überschaut.

Gefährlich ist schließlich seine mythische Interpretation von Fremdenhaß als »gefallener« Kultleidenschaft mit »sakralem«, »ordnungsstiftendem« Sinn. Wer vom spontanen Lynchmord, »in dessen Folgen in der Gemeinschaft wieder Ordnung herrscht«, erzählt, rechtfertigt (vermutlich ungewollt) die Kraftanstrengungen, mit der Angolaner aus Dresdner Straßenbahnen geschmissen werden. Der Haß auf einen »devotionsfeindlichen Kulturbegriff« und die knabenhafte Sehnsucht nach den »Prinzipien der Entbehrung und des Dienstes« ist fast hundert Jahre alt. Wir hatten gehofft, daß diese Stimmungsmixtur spätestens 1945 im Blut ersoffen sei. Botho Strauß belehrt uns 1993 eines Schlechteren.

O. k., keine Hysterie. Theodor Lessing, ein jüdischer Vorfahr der Grünen, ein Mann mit prophetischen Einsichten in die ökologische Zerstörung der Welt, benutzte im März 1921 vor dem Verein der Freunde Indischer Weisheit noch viel emphatischere Formulierungen als Botho Strauß: »Die Sintflut wächst. Lasset die Toten ihre Toten begraben. Wir sehen den Gipfel. Die Taube kommt über das Meer mit dem Ölzweig. Der Friedensbogen brennt still über der Feste. Errettete knien nieder und küssen dankbar die entsühnte uns wieder gefreundete Erde.«

Man kann ja sagen, daß solche Gesänge unvermeidlich sind – Bocksgesänge. Die Frage ist nur, ob es etwas bedeutet, wenn der Bocksgesang anschwillt. Dafür spricht manches.

Der Kroate als Kunstprodukt
Eine Polemik gegen Alain Finkielkraut

Ich habe geglaubt, es sei vorbei; ein für allemal, abgetan zum Beispiel durch den schmerzhaften Lernprozeß, den Thomas Mann von den romantisch tiefen »Betrachtungen eines Unpolitischen« von 1918 bis zu seiner wunderbar flachen, einfach nur vernünftigen Geburtstagsrede von 1945 durchmachen mußte. Es war der Weg von deutscher Besonderheit zu europäischer Gesittung, der Weg von der Mitte in den Westen, metaphorisch gesprochen der Weg von den Müttern und den Wurzeln ins Freie. Aber die Idee, daß man aus der Geschichte etwas Besonderes lernen könnte, ist offensichtlich abwegig. Ein paar mutige Expeditionen sind längst auf dem Rückweg; der Troß wird folgen. Und wie schön – es sind nicht nur Deutsche auf dem Marsch, sondern auch Franzosen, nicht nur sensible Talk-Show-Verächter aus angenehm leeren Berliner Altbauwohnungen und protestantische Pfarrer vom Prenzelberg, sondern auch jüdische Intellektuelle aus Paris. Wer darf da seinen Argwohn noch ins Kraut schießen lassen?

Alain Finkielkraut, von dessen Essay »Wer will denn schon Kroate sein?« hier die Rede ist, unterzieht sich alten Exerzitien – er unterscheidet guten von schlechtem Nationalismus. Das hat schon Lenin versucht, allerdings gleichzeitig platter und einleuchtender; für Lenin, der die Großreiche auseinanderjagen wollte, war der Nationalismus der unterdrückten, »jungen« Völker fortschrittlicher als der Nationalismus (oder die Reichsidee) der Österreicher, Engländer oder Franzosen. Das war zwar weder historisch gerecht noch weise, aber es hatte die Logik des historischen Augenblicks für sich. Finkielkraut dagegen greift auf die Welt der mythischen Ursprungsmächte zurück, sozusagen auf die Romanzen, auf die Legende von der Volksgemeinschaft, auf pathetische Kollektivgefühle, kurz: auf das ganze Arsenal der Kulturkritik gegen die technisch-industrielle Rationalisierung. Scheinbar feiert er die Identität der Kroaten. In Wirklichkeit benutzt er in einem Anfall von Selbsthaß, der nur mit Gottfried Benns berühmten Essay »Der neue Staat und die Intellektuellen« oder seiner »Antwort an die literarischen Emigranten« von 1933 vergleichbar ist, dieses alte Kulturvolk als Vorlage für einen höchst künstlichen Begriff vom edlen Wilden. An die Stelle einer politischen Analyse setzt er die dunkle Metaphysik des »Am-Ort-verwurzelt-Seins«.

Ich sagte: Selbsthaß. Finkielkrauts Kroate ist ein Kunstprodukt – das Gegenbild zu den verachteten Eliten der Industriegesellschaft, zu den Leuten »in Politik, Medien oder Intellektuellenkreisen«. Die leben in der »planetaren Telecity«, in der »Videosphäre«. Die sind verkabelt, nicht verwurzelt. Die verstehen nicht, daß sich »Eingeborene« einer »Geschichte, einem Boden, einer Gemeinschaft verbunden fühlen«. Für die ist »Homogenität eine Todsünde«. So schrumpft die europäische Großstadt Zagreb auf das Maß, das der kleine Diktator Tudjman ihr geben will. Was noch fehlt, ist Hölderlins »Dir ist, Liebes, keiner zuviel gefallen« oder der berühmt gewordene Satz des Botho Strauß', des Bruders im Kampf gegen die verblödenden Massenmedien: »Daß ein Volk sein Sittengesetz gegen andere behaupten will und dafür bereit ist, Blutopfer zu bringen, verstehen wir nicht mehr.«

Finkielkraut kämpft nicht gegen die kleinen, gemeinen Kriege auf dem Balkan, er kämpft gegen die große Wurzellosigkeit in sich selbst. Deswegen macht es wenig Sinn, sich mit ihm politisch zu streiten. Denn was besagte es, wenn man ihm nachwiese, daß seine politische Analyse von den allergewöhnlichsten Vorurteilen nur so strotzt? Daß er das Selbstbestimmungsrecht der Völker mit einem Recht auf Sezession verwechselt, daß er die nationalistische Ideologie der Serbischen Akademie der Wissenschaften brandmarkt, die nationalistische Ideologie der westherzegowinischen Mafia dagegen verschweigt, daß er zwar (richtigerweise) den Ursprung der Gewalt bei den Serben sieht, die Provokation der serbischen Bevölkerungsmehrheit zum Beispiel in der kroatischen Kraina (inzwischen zehntausend gesprengte Häuser von Serben in Kroatien) aber vergißt, daß er die Idee des Jugoslawismus als Panslawismus verkennt, ja, daß er sogar die ökonomischen und ökologischen Zusammenhänge des Balkans als »habsburgischen Kosmopolitismus« karikiert, wo dieser »Kosmopolitismus« doch nichts anderes war als der Versuch von acht Völkern, ohne Mord und Totschlag zusammenzuleben? Nichts würde es besagen gegen das Pathos der Besonderheit und das feierliche Einverständnis mit der »wirklich geschehenden Geschichte«. Die Antwort auf alles und jedes wäre der philosophisch gemeinte Satz »sie wollen mit Grenzen leben«. Und gegen diesen Wunsch darf man die Abertausenden von verstümmelten Leichen, die totgeschlagenen Bauern, die verhungerten Arbeiterfrauen und die von Granaten zerfetzten Kinder nicht ins Feld führen. Der Wunsch nach Grenzen, Homogenität, Identität ist heilig. Wer das Heilige aber bekämpft, den trifft der Bannstrahl, gegen den muß die Heilige Inquisition marschieren. Und wenn die lächerliche, uneinige, taktierende, um Agrarüberschüsse und Stahlquoten feilschende Europäische Gemeinschaft über keine Heilige Inquisition verfügt, dann soll sie der Teufel holen.

Aber das Schlimmste an Finkielkraut ist seine Deutschfreundlichkeit, genauer gesagt, sein Drang, den Deutschen Komplimente aus den falschen Gründen zu machen. Kaum hat man sich mit Mühe dagegen gewehrt, daß Alfred Dregger, einer der Großonkel der deutschen Nationalkonservativen, sich ständig auf Jean Pierre Chevenement, einen Nationalisten der französischen Linken beruft; kaum hat man die Situation überstanden, daß die konservativen Wagnerianer aus Bayreuth und Umgebung französische Eideshelfer zitieren, da trifft einen Finkielkraut voll an genau der richtigen Stelle der Magengrube. Die deutsche Öffentlichkeit, so sagt er, sozusagen freundlich lächelnd, habe Partei ergriffen für die »neuen Republiken«, »anstatt mit ihrer Gottverlassenheit zu sympathisieren«. Was für ein Glück, daß Hans Dietrich Genscher irgendwann im Jahre 1991 alle Analysen seines Außenministeriums in den Wind schlug und Kroatien anerkannte, obwohl es seinen Minderheiten gleiche Rechte verweigerte. Die Deutschen als Widerpart der mit allen Wassern gewaschenen, skrupellosen, ruchlos-wendigen Berufspolitiker, dieser Kerle mit der gespaltenen Zunge, hießen sie Mitterand, Hurd, Carrington oder gar Owen. Wäre es nicht geradezu ein Fortschritt, wenn die Deutschen sich von solchen Vormündern lösten? Wenn sie eigenständiger würden, mehr Einfluß bekämen und so die Chance hätten, unbehinderter ihren Vordenkern (zum Beispiel dem höchst wirksamen Publizisten Johann Georg Reißmüller von der »Frankfurter Allgemeinen Zeitung«) zu folgen? Ob Finkielkraut weiß, wie wunderbar er ins Konzept der deutschen Normalisierungsschule paßt, jener erstarkenden Minderheit, die endlich wieder anknüpfen will an die Tradition der Reichsgründung von 1871?

Über die Entstehung des Nationalismus in kleinen Völkern gibt es eine wunderbare Studie. Sie stammt von dem Tschechen Miroslav Hroch und weist, kurz gesagt, nach, daß der Nationalismus ein Produkt kleinbürgerlicher Intellektueller ist. Das in den nationalistischen Theorien idealisierte Volk ist so, wie Karl W. Deutsch, der große amerikanische Politikwissenschaftler aus Prag, es beschrieben hat: Als eine Grenzkommission nach 1918 in ein Dorf in der Bukowina kam und den Leuten die Frage stellte, welche Nationalität sie hätten, zuckten sie mit den Achseln. Als sie gefragt wurden, ob sie Rumänen, Polen oder Ukrainer seien, antworteten sie: »Wir sind von hier.« Den Geistlichen aber, die Liedgut sammeln, den Lehrern, die auf Stellen aus sind, den Psychotherapeuten (Karadzic), Literaturdozenten (Seselj) oder politisierenden Rechtsanwälten (Izetbegovic) ist die »Nation« ein Gott. Finkielkraut will nicht begreifen, daß dieser Gott für normale Sterbliche allzu oft ein Teufel ist.

Kohls Kulturkampf

Ein Volk, das in der Krise steckt und noch keinen Konsens über den Weg aus dieser Krise gefunden hat, sollte sich wenigstens über die richtigen Themen streiten. Die Deutschen, das ist mit Händen zu greifen, stecken in der Krise: in einer saftigen Rezession, einer »Einigungskrise« (Helmut Schmidt), einer schmerzhaften Debatte über die auf wichtigen Feldern nachlassende Wettbewerbsfähigkeit ihrer Industrie und vor allem in einer Orientierungskrise, einer notwendigen, aber gereizten und quälend-indirekten Auseinandersetzung über die neue Rolle des wiedererstandenen Nationalstaats. Kann es bei soviel herzhaften Streitgegenständen noch Zeit für bengalisch beleuchtete Ideologiedebatten geben? Das Superwahljahr 1994 läßt es befürchten.

Für die Regierung ist es kompliziert, sich über die realen Kennziffern ihrer Politik auseinanderzusetzen. Daß die Konjunktur bald wieder anspringt, ist unwahrscheinlich. Arbeitslosigkeit, Aufbau Ost, Staatsverschuldung und Sozialstaat sind Themen, bei denen für Helmut Kohl schwer Punkte zu machen sind. Es bleiben die gefühlsgeladenen Spannungsfelder Ausländer und innere Sicherheit; aber in ihnen muß man vorsichtig operieren, wenn man Franz Schönhuber bremsen und nicht beschleunigen will. So gerät plötzlich die demokratische Rechte in eine Lage, der sich sonst die Linke gegenübersah: Sie muß auf »weiche Themen« setzen. Das ist der Grund für eine neue Strategie der Union: Kohls Kulturkampf. Ironisch gesagt: der rechtsliberale Kanzler setzt mit dem linksradikalen Antonio Gramsci auf »kulturelle Hegemonie«.

Man könnte es die Werte- oder Erziehungsdebatte nennen. Kohl und Schäuble haben sie am 10. September 1992, in einer

Diskussion des Bundestages über rechtsterroristische Gewalttaten begonnen. Seitdem wird das Thema konsequent intoniert; bei allen Auseinandersetzungen um Ausländerfeindlichkeit, Neonationalismus und Rechtsradikalismus, aber auch in bildungspolitischen Abwehrschlachten. Die neue Philosophie enthält zwei Elemente: Anstand und Würde seien einer »falsch verstandenen Form der Selbstverwirklichung«, einem »kalten Egoistenkult« zum Opfer gefallen. Und: Verursacher dieses Werteverlusts seien »Konfliktpädagogik«, »sogenannte Reformversuche im Bildungswesen«, pauschal gesagt: die Kulturrevolution von 1968.

Es lohnt sich die Argumentationskette des Kanzlers genau zu zitieren; so vermittelt sich auch der sprachliche Reiz. Im Zusammenhang mit den Morden von Solingen erklärte Helmut Kohl am 16. 6. 1993 im Plenum des Bundestages: »Politisches Handeln kann den ethischen Grundkonsens eines Volkes niemals ersetzen. In diesen Grundkonsens gehören auch Tugenden wie Rücksichtnahme und Hilfsbereitschaft, Dankbarkeit und Höflichkeit, Anstand und Würde. Sie sind bei uns allzu lange als altmodisch verschrien und als minderwertige Sekundärtugenden verspottet worden (Beifall bei der CDU/CSU und der FDP). Wir alle hören und lesen fast täglich bestürzende Berichte über Gewalt an unseren Schulen. Das heißt, daß wir uns – ohne jeden Vorwurf an irgendeine Seite – selbstkritisch die Frage stellen müssen, ob nicht manche der sogenannten Reformversuche im Bildungswesen den Boden für solche Entwicklungen bereitet haben (Beifall bei der CDU/CSU sowie bei Abgeordneten der FDP – Zurufe von der SPD). Ich verstehe Ihre Aufregung wirklich nicht. Es ist doch heute unter den meisten Pädagogen unstrittig, daß eine Konfliktpädagogik solche Ergebnisse zeitigte (Beifall bei der CDU/CSU sowie Abgeordneten der FDP. Lachen und Widerspruch bei der SPD). Wer zur Mündigkeit erziehen will, darf eben sittliche Ansprüche nicht herunterschrauben.« Es folgen dann Ausführungen zu den Schlüsselbegriffen »Rambo« (Gewalt im Fernsehen), Patriotismus und Nationalstaat.

In diesem Zitat zeigt sich Helmut Kohl – ohne jede Ironie gesagt – auf dem Höhepunkt seiner Argumentationskunst – schlicht wie Carossa, kalt wie Adenauer. Nicht die fehlgesteuerte Vereinigung, die Entfremdung durch wachsende Arbeitslosigkeit, die Ermutigung ausländerfeindlicher Sentiments durch bestimmte Beiträge zur Asyldebatte sind für den Ausbruch von Gewalt in Deutschland verantwortlich, sondern die Revision von Autoritätsstrukturen vor einem Vierteljahrhundert. Kohl lockt die SPD – die von der »großen Verweigerung« der Kulturrevolution von 1968 genauso kalt erwischt worden war wie die Union – sozusagen auf das Terrain der Philosophie Herbert Marcuses und Erich Fromms, der Pädagogik Alexander S. Neills und Hartmut von Hentigs. Und schon sitzen die Sozis in der Falle: »Ich verstehe Ihre Aufregung wirklich nicht...«

Bereits das Einlassen auf die Kohlsche Argumentationskette wird ihm helfen. Natürlich stammen die jugendlichen Gewalttäter in aller Regel nicht aus »antiautoritären« Elternhäusern; das zeigt schon die Tatsache, daß ein Teil von ihnen aus Ostdeutschland kommt. Natürlich haben die sich auflösenden Generationszusammenhänge viel mehr mit Frauenarbeit, dem Diktat der Mobilität und dem Individualisierungsschub in der Berufswelt der Industriegesellschaft zu tun als mit dem Narzißmus freudianischer Marxisten. Natürlich hat die Pille unsere Gesellschaft tiefgehender verwandelt als die ganze Frankfurter Schule. Natürlich weiß auch Helmut Kohl, daß es ganz und gar unrealistisch wäre, auf die Rekonstruktion der zerbröselten traditionellen Familienstrukturen zu hoffen und sich einzubilden, man könne bestimmte »Werte«, wenn man nur fest dazu entschlossen wäre, in die Köpfe der Zöglinge hineinzwingen. Und im übrigen besteht weder ein vernünftiger Grund, alle Kinderladen-Experimente der frühen siebziger Jahre zu verteidigen, noch einer, den Zugewinn an Offenheit und Zivilcourage durch diese Kulturrevolution zu leugnen. Es gibt also wunderbar elegant zuschnappende Argumente gegen den Neo-Autoritarismus Helmut Kohls und seines Hausmeiers Wolfgang Schäuble. Nur zerstört man mit diesen Argumenten nicht die Aura, die magische Schlüsselattitude dieses Kulturkampfs. Hinter der »Wertedebatte« steckt die im konservativen Lager seit langem herbeigesehnte Blut-und-Tränen-Philosophie: »Hört endlich auf, von Lohnersatzleistungen, Karenztagen und solchem Kram zu reden. Es ist eine neue Zeit, das neue Deutschland braucht neue Männer mit alten Werten.«

Es ist der Toskana-Trick. Die alte Bundesrepublik hatte keine ernsthaften Sorgen, keine ernsthaften Ziele; das wiedervereinigte Deutschland aber ist souverän, es wird ernst. Der Kanzler geht nicht in die Niederungen; er höhnt nicht über trockenen Weißwein und die »zur Schau getragene Lust am guten Leben«; das überläßt er dem Troß. Er kehrt zurück zu »altmodischen Tugenden«. Damit will er lästige Realien vom Tisch wischen.

Bei dieser Versuchsanordnung liegt die Chance der Linken nicht in einer ideologischen Antwort, sondern in einer empirischen. Sie darf sich nicht bei einer Beschwörung des Lockeren, Leichten, Emanzipatorischen aufhalten; sie muß vielmehr – bei strikter Vermeidung von Übertreibung – zu Bewußtsein bringen, daß dieses Land in akuter Abstiegsgefahr ist. Kohl hat recht, wenn er in einer neuartig herausfordernden Situation geistige Führung verlangt. Zu kritisieren ist, daß sie ein Jahrzehnt lang nicht stattgefunden hat. Keine Regierung vor Kohl, auch nicht die popperianisch-bescheidene Helmut Schmidts, der sich gelegentlich als leitender Angestellter des Unternehmens Bundesrepublik definierte, hat Forschung, Bildung und Kultur so vernachlässigt wie

diese. Kohls Kulturkampf, ein klug eingefädeltes Nachhutgefecht, muß aktuell beantwortet werden – mit einer Hinführung auf die facts of life:
– Die Funktionseliten von Politik, Wirtschaft, Wissenschaft und Kultur in Deutschland sind dialogunfähig geworden; sie sind, anders als die japanischen oder amerikanischen, nicht mehr in der Lage, gemeinsame Ziele zu definieren. In der Informationstechnik rangieren die Deutschen seit Jahren nur noch unter »ferner liefen«. Bei Systemtechnik und Miniaturisierung beträgt der Rückstand in den Entwicklungsabteilungen mittlerweile fünf Jahre. Auch im Pharmabereich müssen die Deutschen aufpassen. Von den vierhundertsechsundachtzig wichtigen Innovationen der achtziger Jahre stammen einhundertachtundzwanzig aus Japan, einhundertfünfzehn aus den Vereinigten Staaten, nur vierzig aus Deutschland. Tatsache ist: Die Bundesrepublik konnte ihre Position auf den Weltmärkten bei sogenannten »F- und E-intensiven Gütern« nicht halten. Der Anteil der Wirtschaft an der Finanzierung der nationalen Forschungsaufgaben ist seit 1989 kontinuierlich zurückgegangen. Der Staat hat es versäumt, seine Vermittlungskompetenz einzusetzen.
– Nun mag man ja der Meinung sein, daß die Vorstellung einer linearen Steigerung von technischer und organisatorischer Rationalität naiv sei. So argumentiert zum Beispiel der ökologische Risikoabschätzer Ulrich Beck: »Die Antwort kann nicht sein: Zurück, sondern die Reformierung der Industriemoderne durch eine radikalere Moderne.« Aber für einen neuen Konsens dieser Art gibt es schon gar keine staatlichen Initiativen. Oder hat man von dieser Regierung je etwas über Systemkonzepte zur Kreislaufwirtschaft gehört? Wo vertritt der Staat (ethischer Grundkonsens!) die Interessen der Noch-Nicht-Geborenen?
– Was ist schließlich mit einem neuen Generationsvertrag für Jugend und Bildung? Waren 1990 noch über dreizehn Millio-

nen Menschen zwischen zwanzig und dreißig Jahre alt, werden es im Jahr 2000 nur noch neun Millionen sein. Schon auf Grund dieser »demographischen Verknappung« kann sich unsere Gesellschaft eine Vergeudung von Begabungsreserven nicht leisten. Mittel für Bildung und Wissenschaft sind keine Subventionen, sondern Zukunftsinvestitionen. In Deutschland sind sie von 5,5 Prozent des Bruttosozialprodukts auf 4,2 Prozent gesunken. Ist das verantwortbar gegenüber denen, die die gewaltigen Schulden abtragen sollen, die wir hinterlassen?

Mag sein, daß ein »Kulturkampf« im neuen Staat der Deutschen unvermeidbar ist. Er sollte sich dann aber als Kampf um das Kern-Curriculum unserer Schulen, um das Niveau unserer Universitäten, um erneuerbare Energien, Emissionsvermeidung oder Lean production vollziehen, nicht als feierliche ideologische Geisterschlacht. »Feierlich wird, bei wem's zur Genauigkeit nicht langt«, sagte Heimito von Doderer.

Deutschland mutiert im Kern oder Abschied von der Bonner Republik

Die jungkonservative Wende und die drohende Veränderung im Parteiensystem

Die Welt starrt auf den deutschen Rechtspopulismus. Wird wieder ein Faschismus daraus? Diese Frage wird um so wesentlicher, als inzwischen in vielen Satelliten-Städten, Plattenbau-Siedlungen und Provinz-Städten militante Szenen entstanden sind – die Xenophobie hat sich bewaffnet. Wir erforschen akribisch, ob die Parteien am rechten Rand organisatorische Verbindungen mit den Gewalttätern haben. Das ist gut. Weniger gut ist, wenn dabei die eigentlichen Verwerfungen der politischen Landschaft aus dem Blick geraten. Verändert wird Deutschland weniger durch Franz Schönhuber oder Gerhard Frey, verändert wird es vor allem durch die unmerkliche, aber rasche Verwandlung der demokratischen Rechten.

Das soll nicht heißen, daß man sich um die Kondottiere nicht kümmern soll. Kondottiere nannte man in der italienischen Renaissance Reitergeneräle mit eigenen Heer-Haufen, die sich mal für den einen, mal für den anderen Fürsten schlugen. Es ist schon richtig, auf Franz Schönhuber aufzupassen – vor allem, weil er irgendwann abtreten könnte. Wenn die rechte Szene einen Jörg Haider hervorbringen würde, einen intelligenten, bedenkenlosen und beweglichen Managertyp, der nach dem Fiasko der Nazis geboren wäre, Boss-Kleidung trüge und ein dezentes Herrenparfum verwendete, ließen sich rechts von der CDU/CSU 15 Prozent herausschlagen. Da die Eliten der zweiten (oder meinethalben dritten) deutschen Republik aber in der Mehrheit demokratisch sind und – zumindet im Westen Deutschlands – über eine einigermaßen loyale und tüchtige Polizei verfügen, steht eine Machtübernahme solcher Gruppen nicht bevor. 1933 wird sich in den neunziger Jahren nicht wiederholen. Man muß das bohrende Interesse spezialisierter Politologen, holländischer Journale oder besorgter Verfolgten-Organisationen verstehen. Es wäre aber falsch, über den beherrschbaren Bewegungen am rechten Rand die viel wichtigeren jungkonservativen Tendenzen zu übersehen. Deutschland wird nicht von *new comern* erobert, in Deutschland mutiert der Kern.

Drei Entwicklungen spielen dabei eine besondere Rolle:
– Helmut Kohl hat für sein politisches Lager viele Machtpositionen erobert, aber um den Preis der intellektuellen Ausdörrung der Union. Geißler und Späth sind entmachtet, Weizsäcker und Süssmuth nach oben gelobt worden, Biedenkopf ist in die Provinz ausgewichen. Die Union ist wieder eine Kanzlerpartei ohne Horizont, ohne leitende Idee, ohne plausibles Zukunftskonzept.
– Um so schwerer wiegt die Entstehung der neuen Rechten. Für Jahrzehnte war diese Position in Deutschland tabuisiert. Heidegger wurde ein Gegenstand der Hölderlin-Forschung, Carl Schmitt wurde ausgeschrieben, aber nicht zitiert, die politische Romantik ruhte in den Staatsbibliotheken und wurde lediglich von Gerd Klaus Kaltenbrunner, einem einsamen rechten Intellektuellen, benutzt. Dieses Bild hat sich gewandelt. Armin Mohler, Hans Dietrich Sander, Günther Maschke oder Robert Hepp faszinieren inzwischen einen (noch) kleinen Kreis junger Leute; es gibt wieder jüngere rechte Intellektuelle. Die alten Ideen – dezidierter Antipluralismus, ethnische Reinheit, das als Nationalstaat verfaßte Volk, Entscheidungsfähigkeit vor Individualrechten – bringen neue Attraktivität. Und wie die SPD in den späten 60er Jahren von einer neo-marxistischen Jugend getrieben wurde, könnte die CDU/CSU demnächst von einer jung-rechten Jugend getrieben werden.

– Die entscheidende jungkonservative Wende aber vollzieht sich ganz nah bei der Union, sozusagen direkt um die Ecke, bei den akademischen Sympathisanten, und zwar in der jüngeren Generation. Hier wird der Abschied von der zweiten, der Bonner Republik ebenso konsequent wie vorsichtig vollzogen. Der erste Schritt (gerade angepackt) ist die Rehabilitierung des Nationalstaats. Als zweiter dürfte die Rehabilitierung der Ethnizität folgen, als dritter das Bekenntnis zum Machtstaat, zum Spiel mit verschiedenen Bällen, zur »autonomen« Außenpolitik. Das Ziel der Operation wird nicht deklariert, ist aber erkennbar: die Anknüpfung an die Tradition des deutschen Nationalstaats seit 1871, die Nazis ausdrücklich ausgeschlossen. Verbunden mit dem Kulturkampfmotiv, der Abrechnung mit der Kulturrevolution von 1968, bahnt sich hier eine fundamentale Veränderung im deutschen Parteiensystem an: In der Union wird, zugleich mit der endgültigen Marginalisierung des christlich-sozialen Flügelchens, ein national-konservativer Block entstehen. Da dieser Block seine Wirkung auch auf die Sozialdemokratie nicht verfehlen dürfte – schon jetzt verlangen die erstenStimmen das »Besetzen« des nationalen Themas – bahnt sich hier die Achsenverschiebung an, die man seit 1989 erwarten mußte.

Die Lockerung der Westbindung

Man muß sich klarmachen, was 1989 – vom gesamten Establishment – den Westdeutschen über die Konsequenzen der Wiedervereinigung gesagt wurde: Sie werde unter keinen Umständen den Prozeß der europäischen Einigung behindern. Noch im Februar 1992 hat Bundeskanzler Kohl erklärt: »Für Deutschland ist die politische Einigung Europas die Schicksalsfrage, die Existenzfrage schlechthin.« Der Mann hat recht. Nur hat er keine Macht mehr über seinen Nachwuchs. Das läßt sich an vielen Beispielen nachweisen. Der sprechendste Beleg ist der dicke Band »Westbindung«, den der junge Historiker Rainer Zitelmann (Jahrgang 1957), der Theologe Karl Heinz Weissmann (Jahrgang 1959) und der Philosoph Michael Großheim (Jahrgang 1962) im Propyläen Verlag herausgegeben haben. Eine massivere Abwendung von der Politik Adenauers und Kohls kann man sich kaum vorstellen.

Dort analysiert zum Beispiel der Außenpolitiker der »Welt«, Jochen Thies (Jahrgang 1944), die Situation der dritten deutschen Republik. »Machtpolitisch gesehen«, schreibt er zutreffend, »befindet sich die Bundesrepublik Deutschland seit dem Sommer 1992 wieder in jener verdeckten halbhegemonialen Stellung, wie sie das Bismarck-Reich nach 1871 und die Weimarer Republik 1922 mit Abschluß des Rapallo-Vertrags besaßen.« Die Folgerungen aus dieser Einschätzung sind klar und cool: Zur Grundphilosophie der christlich-demokratischen Außenpolitik: »Gewiß ist die enge deutsch-französische Zusammenarbeit von großer Bedeutung. Aber darf man ihr so uneingeschränkt vertrauen, wie es Helmut Kohl tut?« Zur europäischen Einigung: »Die Ära von Francois Mitterand und Kohl nähert sich ihrem Ende. Jetzt fast gewaltsam Irreversibles schaffen zu wollen – wie die Verschmelzung mit der französischen Währung – wäre nicht zu verantworten.« Zur Gewalt: »Deutschland muß lernen, daß Gewalt in den internationalen Beziehungen – als letztes Mittel der Politik – legitim ist.« Vor ein paar Jahren hätten solche Überlegungen in der CDU noch erregte Zurückweisungen herausgefordert.

Die Herausgeber prägen den vielsagenden Begriff der »Totalwestintegration Deutschlands«. Konrad Adenauer habe, so argumentieren sie, im Sinne der Nationalneutralisten um Kurt Schumacher oder Jakob Kaiser, mögliche »Wiedervereinigungsalternativen« torpediert. Und Tilman Mayer (Jahrgang 1944) bemerkt gar empört: »Maastricht kann zu einem Vielvölkerstaat führen.« Heute drohe ein Rückfall »in das Stadium eines Vielvölkerstaates, der die Nationalstaaten sozusagen entstaatlichen, also zu Kulturnationen zurückentwickeln würde«. Es ist lange her, daß in Deutschland ein Autor den Vielvölkerstaat als »Anachronismus« bezeichnet und den Nationalstaat als die einzig moderne Formation gefeiert hat.

Arbeitsteilung

Nun kann man die Union natürlich nicht auf ein paar jungkonservative Wissenschaftler, Journalisten und Studienräte festlegen. Wenn da nicht der Berliner Parteitag der CDU vom Herbst 1993 wäre. Wie 1989 bei der SPD, als Willy Brandt für die nationale, Oskar Lafontaine für die europäische Option sprachen, ist auch die CDU heute zerrissen. Helmut Kohl bleibt bei seinen europäischen Visionen, Wolfgang Schäuble bedient die nationale Klientel. Das Problem ist: Kohl ist der Mann der Vergangenheit, Schäuble der Mann der Zukunft.

Selbstverständlich entfahren dem strategisch denkenden Fraktionsvorsitzenden der CDU/CSU im Unterschied zu den jungkonservativen Intellektuellen keine spontanen Gedankenblitze. Schäuble ist, wie seine inhaltsleere, aber wirkungsmächtige Rede bei der Berlin-Debatte des Bundestages 1991 beweist, ein Meister des dunklen Geraunes. Seine Rede enthält alle Ingredienzien des Nationalkonservativismus: »Nur gemeinsame Werte und auch die nationale Zusammengehörigkeit können unserem Staat Stabilität verleihen« / »Für mich ist die zentrale Frage, ob unser Staat von uns allen noch als eine Schutz- und Schicksalsgemeinschaft verstanden wird« / »Dienen ist nichts Altmodisches, sondern etwas Notwendiges, wenn wir die Zukunft bewältigen wollen« / »Es macht keinen Sinn, die Polizei mit Pfeil und Bogen gegen mit Maschinengewehren und Panzern bewaffnete Verbrecher in den Einsatz zu schicken.« Aber der unbeugsame badische Rechtsanwalt läßt sich nicht zu leichtsinnigen Innovationen verleiten. Er macht klar, wohin der Weg geht; er läßt durchblitzen, wen er schützen wird. Aber er vollbringt keine törichten Heldentaten. Wolfgang Schäuble wird die Politik Adenauers und Kohls immer loben, aber ohne jeden Skrupel verlassen. Die nationalkonservative Strömung der Union, die täglich stärker wird, aber seit dem Tod von Franz Josef Strauß und der Pensionierung Alfred Dreggers ohne Führer ist, hat ihren Paten gefunden.

Nur wenige Wochen nach diesen Äußerungen Schäubles hat der bayerische Ministerpräsident Edmund Stoiber, die wohl stärkste Figur der CSU, die Deckung verlassen. Aufgestört durch die Popularität antieuropäischer Parolen im Wählerspektrum am rechten Rand, aber auch im klassischen Wählerreservoir der Volksparteien, und beunruhigt durch die nationalkonservative Drift in einem Teil der Intelligenzija hat er in einer furiosen Attacke auf die von der eigenen Partei mitgetragene Bundesregierung den offenen Bruch mit der Europapolitik Konrad Adenauers vollzogen. Sein kühl kalkuliertes Manöver umfaßt drei Elemente: die Aufkündigung des im letzten Jahrzehnt zwar nicht entschlossen verfolgten, wohl aber weiterhin proklamierten Ziels eines europäischen Bundesstaates (»Die Entwicklung Europas zu einem Bundesstaat ist ein Irrweg, sie wird die europäische Integration eher stören als festigen.«), die thatcheristische Wende gegen die Vertiefung der Gemeinschaft, motiviert mit einer gesamteuropäischen Pespektive (»Wir dürfen durch eine zu schnelle Integration in Westeuropa nicht die Kluft zu den Staaten Mittel- und Osteuropas vergrößern.«) und eine bemerkenswert rüde formulierte Rückwende zu »nationaler Identität«. Der Bruch zur Kriegsgeneration Helmut Kohls wird in zwei dürren Sätzen nachvollzogen: »Es gab einmal eine europäische Bewegung in Deutschland, die unter anderem glaubte, in der europäischen Identität auch belastete deutsche Identität auffangen zu können. Das ist vorbei.« Der von der deutschen Kriegsschuld hervorgetriebene Erkenntnisvorsprung der Deutschen in Sachen europäischer Einigung wird als Behinderung, als eine Art »Macke« abetan, die mit der Wiedervereinigung überflüssig geworden sei. Die Normalisierungsidee führt zu dem Gedanken: Das besondere Engagement der Deutschen bei der Entwicklung eines supranationalen Europas sei ein Produkt unseres schlechten Gewissens, das wir mit der Rückgewinnung des Nationalstaates nun nicht mehr nötig hätten. Schäuble und Stoiber, die wohl vitalsten liberalkonservativen Politiker der jetzt in große Machtstellungen rückenden Generation, sind beide weder deutsch-national noch habituell reaktionär, eher nachdenkliche Föderalisten aus dem Südwesten und Süden Deutschlands mit christlichkonservativem Hintergrund. Sie verlassen die europäischabendländische, antinationale Politik der Westintegration Deutschlands, die Adenauer begann und sowohl Strauß und Kohl als auch die sozialliberalen Bundesregierungen fortführten, einzig und allein aus strategischen Gründen: Sie fürchten, das Lager der demokratischen Rechten in Deutschland auf diesem Kurs nicht mehr zusammenhalten zu können. Das mag man als Realismus oder Opportunismus werten; Tatsache ist, daß die mitteleuropäische Revolution von 1989 und die Wiedervereinigung die Chance für eine »dynamische Integration Europas« schlagartig und vermutlich für lange Zeit drastisch gemindert haben.

Nach Kohl zurücksehnen

Angesichts dieser Lage sollte sich die Linke nicht mit schrillen Anklagen um die eigenen Probleme herummogeln. Die Union ist natürlich nicht auf dem Weg in ein uneingestandenes Bündnis mit der radikalen Rechten. Den nationalrevolutionären Radikalismus rechter Intellektueller dürfte der nüchterne Rechner Schäuble sogar verachten; er kennt (kein Vorwurf!) die Interessen von Siemens, Hoechst und BMW. Die Bewegung, die sich vollzieht, verbleibt (in der zur Not absehbaren Zeit von einem oder eineinhalb Jahrzehnten) im Spektrum westeuropäischer Demokratie. Die Union wird von einem Dreispänner zu einem Zweispänner: Der sozialrepublikanisch/christlich-soziale Flügel verschwindet, der national-konservative Flügel wird deutlich stärker und überrundet den wirtschaftsliberalen im Lauf der Zeit. Die übrigen Parteien werden sich gezwungen sehen, auf diese Veränderungen zu reagieren. Der rechte Rand gewinnt also keine Hegemonie, verändert aber durch den Druck, den er ausübt, die Statik des Gesamtsystems.

Dies alles muß nicht wieder in eine europäische Katastrophe führen. Gottfried Benn hatte schon recht: »Meiden Sie: apokalyptisch – das siebenköpfige Tier aus dem Meer und das zweihörnige aus der Erde waren immer da.« Aber es führt zu einer Renationalisierung Europas, zu der von Thies (und dem Historiker Andreas Hillgruber) beschriebenen »halbhegemonialen Stellung« Deutschlands, zu einer Orientierung dieses Deutschlands auf die »Mitte« – und natürlich zu grenzenlosem Mißtrauen in den politischen Klassen unserer westeuropäischen Nachbarn. Es führt zurück zur alten Entente-Politik der Zwischenkriegszeit, in die Klemme jenes alten Widerspruchs: Deutschland, zu schwach, Europa zu dominieren, und zu stark, sich in Europa einzuordnen. Und es wird langfristig zu einer Niederlage Europas im Wettbewerb der Triade, in der Konkurrenz mit den USA und den asiatischen Wirtschaftsmächten führen. Diese Auseinandersetzung könnte Europa nur bestehen, wenn es sich zusammenraffte. Das aber wird immer unwahrscheinlicher.

Man könnte das Problem auch theoretisch fassen. Fallen wir zurück vom Universalismus der Menschenrechte auf die Freund/Feind-Philosophie und die Großraum-Theorie Carl Schmitts? Aber das ist ein weites Feld. Jedenfalls werden wir nie wieder einen so europäischen Vormann der deutschen Rechten bekommen, wie Helmut Kohl einer ist. Vielleicht werden wir uns gar nach ihm zurücksehnen.

Nationalismus und Bellizismus

Nationen sind Kopfgeburten

Nationen sind Episoden der Zivilisationsgeschichte, natürlich. Florian Cejnowa zum Beispiel, der letzte Großherold der kaschubischen Nation, hat die Assimilation seines Volkes – teils an die Polen, teils an die Deutschen – nicht verhindern können. Zwar hatte er große Erfolge bei der Standardisierung der kaschubischen Sprache. Aber er griff den polnischen Adel und die Geistlichkeit gleichzeitig an; das waren zuviel der Feinde auf einmal. So sind die Kaschuben heute kein Volk mehr, sondern nur noch eine Erinnerung. Und daß es anderen Herolden gelang, ihre ebenfalls verfallenden Völker im letzten Moment vom Abgrund zurückzureißen, ist kein Gegenbeweis. Als der tschechische Historiker Frantisek Palacky anfing, eine eindrucksvolle Geschichte der tschechischen Nation von Hus bis zu den Böhmischen Brüdern zu erzählen, und eine »tschechische Idee« erfand, war das Tschechische nur noch die Haussprache auf dem Land in Böhmen und in den kleinen Städten. Der eine hatte Pech, der andere Glück, vielleicht war der eine auch großzügiger und der andere eigensinniger oder der eine schwächer und der andere stärker.

Der Nationalismus ist ein Produkt »made in Europe«, eine fixe Idee des späten 18. Jahrhunderts mit zwei Wurzeln, einer jakobinischen und einer romantischen. Kein Zweifel, die vornationalistischen Epochen der europäischen politischen Kultur sind weit länger und eindrucksvoller als die nationalistischen. Es gab zwar immer »Völker«, also Menschen mit verketteten Kommunikationsmethoden, die die gleiche Sprache benutzten, lange Zeit auf dem gleichen Stück Erde gelebt hatten und von Generation zu Generation die gleichen Geschichten weitergaben, die sie alsbald für »ihre Geschichte«

hielten. Die Idee aber, daß jedes Volk seinen eigenen Staat haben müsse, daß in diesem Staat das ganze Volk leben solle und möglichst nur dieses Volk, ist neu und flüchtig. Die Litauer haben ihren kurzlebigen Staat wiederbekommen, die Slowaken haben erstmals einen selbständigen Staat erreicht, und vielleicht setzen sich auch die Makedonen und die Kurden noch durch. Aber wenn man weiß, daß es auf der Welt weit mehr als 2000 Sprachen gibt, aber nur gut 200 Staaten, dann bleibt man bei seinem weltgeschichtlichen Urteil: Die Nationen sind Episoden der Zivilisationsgeschichte.

Sie sind im übrigen auch Kopfgeburten. Nichs zeigt dies plastischer als eine wunderbare Geschichte des gerade verstorbenen amerikanischen Politikwissenschaftlers Karl Deutsch. Deutschs Erfahrungen kamen – wie bei den meisten bedeutenden Nationalismus-Forschern – aus dem österreichisch-ungarischen Vielvölkerstaat; er war 1912 in Prag geboren worden. Deutsch erzählt: Als nach dem Ersten Weltkrieg eine Kommission die Grenzen zwischen Ungarn, der Tschechoslowakei und Polen festlegen sollte, kam sie in ein kleines Dorf, wo die drei Länder aufeinanderstoßen. Die erste Frage, die die Kommission den Dorfbewohnern stellte, lautete: »Welche Nationalität habt ihr?« Die Antwort war ein unverständliches Brummen. Dann wurde erneut gefragt: »Was seid ihr – Ungarn, Polen, Tschechen, Slowaken, Ukrainer?« Die Dorfbewohner antworteten einfach: »Wir sind von hier.« Die Folgerung, die Professor Deutsch aus dieser Geschichte gezogen hat, lautet: »Noch 1918 hatte also der Begriff, zu einer Nation zu gehören, für die Bewohner dieses Dorfes keine Bedeutung.« Zum letzten Mal: Nationen sind Episoden der Zivilisationsgeschichte.

Aber hartnäckige. Fanatisch verteidigte. Blutig ernstgenommene. Wer sich in einer komplizierten Welt zurechtfinden will und etwas sucht, woran er glauben kann, findet im Nationalismus einen einfach aufzutragenden und rasch wirkenden Gefühlskitt. Wie wäre sonst der umfassende und für die Betroffenen geradezu betäubende Erfolg von Slobodan Milosevic, Franjo Tudjman oder Vladimir Meciar zu erklären? In einer Situation, in der alle politischen Kräfte des alten Mitteleuropa Marktwirtschaft und Demokratie predigten, gelang diesen drei neurotisch aufgeladenen Führungsfiguren das Kunststück, kommunistische Machtapparate mit geringfügigen Säuberungen in nationalistische umzuwandeln. Der ethnopathetische, romantische, laienreligiöse Zug der mittel- und südosteuropäischen Nationalidee war allemal stärker als die blasse Plausibilität der aufklärerischen Toleranz-Philosophie oder die komplizierte Rechtsgestalt des Vielvölkerstaats. Nationen sind Episoden, aber im Zweifel lange, wechselhafte und blutige. Sie können offensichtlich ganze Generationenfolgen mühelos verschlucken.

So ist es wissenschaftlich unstreitig, daß von den Alpen bis zum Schwarzen Meer eine einzige slawische Sprache gesprochen wird, in verschiedenen Dialekten und »vermundartlichten Abstandssprachen«. Schon Ranke hielt das für ganz selbstverständlich; im Wiener Sprachenvertrag von 1850 haben nicht nur Serben und Kroaten, sondern sogar die Slowenen festgehalten, daß sie eine einzige Sprache sprächen. Aber natürlich kann man – zum Beispiel – auf der südslawischen Dialektkette das Bulgarische einerseits und das Serbokroatische andererseits so weit an die Peripherie schieben, daß man eine eigene mazedonische Sprache entwickeln kann. Selbstverständlich kann man das Kroatische durch die Pflege versunkener Begriffe und die systematische Kanonisierung in neuen oder alten Wörterbüchern vom Serbischen abheben; vielleicht auch das Slowakische vom Tschechischen. Genau das geschieht derzeit. Wer weiß, ob morgen nicht das Berner Oberländische als eigenständige Einzelsprache gefeiert wird?

Auch kann es gar keine Zweifel darüber geben, daß es keine

»heilige« Bindung zwischen einem Volk und einem Territorium gibt. Sind die Juden kein Volk mehr, weil sie in alle Winde zerstreut wurden, weil viele dem alten Glauben abschworen, weil sie in zahlreichen Sprachen sprechen? Oder sind sie erst wieder ein Volk, seitdem sie über ein Stück Landes verfügen, über den Staat Israel? Wäre die Lage vielleicht anders, wenn man den jüdischen Staat nicht in Palästina, sondern an einer anderen Stelle der Weltkugel eingerichtet hätte? Sind die Palästinenser kein Volk, weil sie derzeit noch über kein unbestrittenes eigenes Territorium verfügen? All diese Fragen muß man verneinen. Aber was geschieht? Erklären die Serben nicht, daß das Kosovo – in dem heute über neunzig Prozent der Bevölkerung albanisch sind – die Wiege des Serbentums sei und deshalb niemals preisgegeben werden könne? Verlangen die Kroaten nicht, daß die Kraina – obwohl dort mehrheitlich Serben siedeln, die zu einer kroatischen Regierung nicht das geringste Vertrauen haben – ganz unbestritten zu Kroatien gehören müsse, mit der vollen Geltung kroatischer Gesetze? Wer garantiert uns also, daß die Deutschen sich auf Dauer damit abfinden, daß Königsberg russisch ist und Schlesien polnisch? Die Deutschen haben diese Tatsachen zwar gerade eben mit großer Mehrheit akzeptiert, in völkerrechtlich gültigen Verträgen unterschrieben. Aber wer weiß, ob Brandt und Kohl in dreißig Jahren in ihrem Land noch als Staatsmänner gelten und nicht als Verräter?

Niemand garantiert es; wir müssen dafür kämpfen. Die übernationale Staatsbildungskraft scheint derzeit wieder abzunehmen; während der Nationalismus in der Mitte und im Osten Europas wieder zum herrschenden Paradigma wird, stockt die europäische Einigung. Tapfer bleibt der deutsche Bundeskanzler, ein liberaler Konservativer, bei seinen Überzeugungen von der Überlebtheit des Nationalstaats. Aber längst bilden sich nationale Zirkel in seinem Rücken, steigen verdrängte Begriffe aus obskuren Zirkularen in überregionale

Zeitungen auf. Ein jüdischer Professor, Michael Wolfssohn aus München, hat sogar wieder von einem »demokratischen Nationalismus« gesprochen. Das wagen die Protestanten erst in einigen Jahren, dann aber vermutlich mit Verve. Fallen wir wieder zurück in die erste Hälfte des 20. Jahrhunderts, in der Europa eine läppische Utopie und nur der Nationalstaat eine lebenstüchtige Realität war?

Das ist nicht ausgemacht. Die moderne Wirtschaft drängt auf großräumige Zusammenarbeit. Ein konkurrenzfähiger Wirtschaftsraum verträgt keine sieben oder siebzehn geldpolitischen Souveränitäten; er braucht ein Entscheidungszentrum, in dem über Geldmenge und Zinshöhe entschieden wird. Schmelzende Polarkappen, überflutete Küstenregionen, zunehmende Wüstenausbreitung, Ernteschäden, Hungersnöte oder Völkerwanderungen sind nicht mehr deutsch, französisch oder holländisch bekämpfbar, sondern nur zugleich international und dezentral. Auch sind alte Definitionen wie zum Beispiel die, daß souverän sei, wer über den Ausnahmezustand entscheide, beim Stand der heutigen Waffentechnik sinnlos geworden. Bündnisse wie die NATO sind der Beweis dafür, daß das sogar begriffen worden ist. Die Europäer sind nicht dazu verurteilt, in die Begriffe und Konflikte der Zwischenkriegszeit zurückzufallen.

Aber es gibt, das muß man zugeben, erstaunliche Entwicklungen. In Berlin zum Beispiel haben die Kommunisten im Jahr 1950 die Ruinen des alten Stadtschlosses abgerissen und dort den sogenannten »Palast der Republik« gebaut. Das Ding ist architektonisch banal, aber die Ostberliner hatten es angenommen. Deutschland ist nicht gerade pleite, aber hoch verschuldet und in ernsten ökonomischen Schwierigkeiten. Und was passiert? Tausende ernst zu nehmende Menschen erörtern sorgfältig und ohne Ironie die Frage, ob man jenen Palat nicht abreißen und für Hunderte Millionen von Mark das alte Stadtschloß an seine Stelle setzen sollte.

Zwar wendet ein Historiker ein, man könne doch nicht den »Sternenstaub einer verlorenen Geschichte zusammenkehren«. Zwar sagt ein berühmter alter Architekt, das Schloß sei bereits zwischen den Kriegen ein verlassener Ort gewesen, eine Nachbildung des Baus in seinen gewaltigen Ausmaßen sei nie mehr zum Leben zu erwecken. Was aber antwortet darauf der Protagonist des Wiederaufbaus? Er lehnt schon solche Fragen ab. Die »Frankfurter Allgemeine« berichtet: »Ihm geht es, statt um praktische Nutzbarkeit, um die Wiedergewinnung eines historischen Bildes, das nun einmal zu unserer Geschichte gehöre: das Schloß erkläre, warum Berlin zur Hauptstadt geworden sei.«

Kein Zweifel, wer vor fünf Jahren diese Diskussion vorhergesagt hätte, wäre für verrückt erklärt worden. Es bleibt dabei: Nationen sind eine Episode der Zivilisationsgeschichte. Aber wir sollten uns nicht zu sicher sein, daß die Vergangenheit nicht zurückkehren kann. Vielleicht ist die Episode des Nationalismus eine Episode jener Art, die William Shakespeare zu Theaterstücken verarbeitet hat?

Wider den Feuilleton-Nationalismus

*Deutschlands intellektuelle Rechte beschwört
eine gefährliche Normalität*

1.

Die Deutschen, so zeigte sich schon im milden Frühling 1991, sind wieder einmal dabei, ein gefährliches Volk zu werden – gefährlich, da ohne inneres Gleichgewicht. Man muß sie ernst nehmen, denn sie verfügen über eines der stärksten Wirtschaftspotentiale der Welt. Aber sie sind traumatisch befangen in ihrer schuldhaften Vergangenheit und neigen deshalb zur Hysterie. Dazu werden sie von der Wiedervereinigung der lange getrennten Staatsteile auf unerwartete Weise herausgefordert, haben eine schwache Regierung und eine nur mäßig funktionierende Kontrolle dieser Regierung durch öffentliche Meinung und Opposition. Ist das nicht Grund genug, sich ernste Sorgen zu machen?

Das erneute Aufleben des deutschen Nervenfiebers hat sich am deutlichsten beim Golfkrieg bemerkbar gemacht; der Grund liegt aber eher in der beängstigenden Rollenzumutung durch die Vereinigung. Gut, mag man sagen: Wenn ein besiegtes und gedemütigtes Volk plötzlich einen gänzlich unerwarteten, längst abgeschriebenen Gebiets- und Bedeutungszuwachs verkraften muß, dann spielen die Sensibleren eben verrückt. Aber *so* verrückt?

Drei Beispiele: Der bedeutendste Essayist des Landes, Hans Magnus Enzensberger, vergleicht – um den Krieg gegen den Irak zu rechtfertigen – Saddam Hussein mit Hitler. Den »Hitler in uns«, die dauernde Versuchung von Millionen von Menschen aller Nationen und Religionen zu Brutalität, Todestrieb und Menschenverachtung, kann er nicht gemeint haben; dieser Hitler steckt in Tausenden Politikern, dazu in werweißwievielen Hausmeistern, Polizisten und Schriftstellern; gegen die alle kann man nicht Krieg führen. Enzensberger hat die *politische* Konstellation Saddam mit der *politischen* Konstellation Hitler verglichen. Um das Deutsche Reich Adolf Hitlers zu schlagen, haben alle damaligen Weltmächte zusammen in sechs Jahren Krieg mehr als zwanzig Millionen Menschen opfern müssen. Um Saddam auszuschalten, hat George Bush die Leben von 129 amerikanischen Soldaten eingesetzt. Immer noch 129 zuviel. Der Vergleich ist meschugge.

Dann, bei einer ganzen Kompanie von deutschen Intellektuellen, die Umarbeitung des Antisemitismus der Nazi-Generationen in besinnungslosen Philosemitismus – in das unstillbare Bedürfnis, einmal ohne die kleinste Differenzierung auf einer Seite, auf der des Staates Israel, zu stehen. Zerfetzte arabische Kinder? Keine Sentimentalitäten! Man ertappt sich bei dem Gefühl, daß einem der kalt-professionelle Falke Jitzchak Schamir sympathischer ist als diese gerade noch alternativen oder sozialistischen Damen und Herren aus Frankfurter oder Hamburger Hegemonie-Kampfkreisen. Schamir weiß wenigstens, wofür er kämpft, zum Beispiel für die jüdische Besiedlung der West Bank.

Bei vielen Vertretern dieses neudeutschen Manichäismus wurde auch die letzte Hürde, die sprachliche, eingerissen. *Konkret*-Autor Wolfgang Pohrt findet bei der Vorstellung »Trost«, daß »der Staat die vielen weißen Friedenstücher [der Friedensbewegung] als Kapitulationserklärung begreifen und darin eine Einladung sehen werde, das ganze Pack hinter Gitter zu verfrachten«. Das »Pack«: Das ist so schlimm wie das Gerülpse eines studentischen Mescalero, der sich im deutschen Herbst 1977 »klammheimlich« über die Ermordung Schleyers freute.

Am schlimmsten ist die neue nationalistische Intelligenzija mit ihren bellizistischen Kampfbegriffen: Wirtschaftsgesinnung wird zum »Krämergeist«, Pragmatismus zur »Schicksalslosigkeit« oder zu mangelndem Sinn für »Tragik«, Vorsicht zu »Provinzialismus«. Das sind jene Deutschen, die sich wieder einmal davor fürchten, »verachtet« zu werden, wenn sie nicht für den Falkland-, den Golf- oder sonst einen Krieg sind. Karl Heinz Bohrer, Herausgeber des »Merkur« und ansonsten ein Spezialist für Friedrich Schlegel und Ernst Jünger, feiert im März-Heft seiner Zeitschrift die »politische Motivik des kriegführenden Westens«: »Nur noch bei den Angelsachsen findet sich ein selbstverständlicher Umgang mit dem Horrorszenario (der ihnen schon 1944 erlaubte, Dresden und Hiroshima fast ohne moralische Skrupel auszulöschen). Als Herren der Geschichte des zwanzigsten Jahrhunderts haben sie kein Schmerz- und Schuldbewußtsein entwickelt, sowenig wie der subjektiv gesund sich Fühlende zum Psychiater geht.«

Bohrer macht das geschickt: Die Legitimität des Krieges gegen Hitler wird zuerst höchst fragwürdigerweise auf die Bombardierung der Zivilbevölkerung in Dresden, dann gar (ohne Argumente) auf Hiroshima und Bagdad übertragen. Die Deutschen mit ihrer kollektiven Erinnerung an die Bombennächte der vierziger Jahre können die »Legitimation« solcher Bombardements gar nicht begreifen. Mit diesem Kunstgriff wird der »ökologisch-friedensbewegte Enkel« neben den »siebzigjährigen ehemaligen Nazi«, seinen Großvater, gerückt. In verachtungsvoller Abgrenzung gegen diese mitteleuropäische Grauzonen-Sippe wagt Bohrer die bisher radikalste Definition der »Normalisierungs-Idee«: Die Deutschen müssen, wollen sie zum Westen aufschließen, wieder (»fast ohne moralische Skrupel«) auslöschen lernen. Jetzt kann man endgültig sagen: Deutschland hat wieder eine intellektuelle Rechte – Lafontaine und Engholm sind für Bohrer von »stupender Irrealität«, Kohl fehlt die »deutsche Staatsraison«, Genscher ist ein »Friedensautomat«. Diese neue rechte

Intelligenzija kommt (vorerst) nicht aus dem armen Osten, sondern dem reichen Westen, nicht aus dem altrechten oder »nationalrevolutionären«, sondern dem liberalen Lager und nicht aus der Berufspolitik, sondern einem Kreis der geisteswissenschaftlichen Eliten, aus dem Feuilleton. Eine vage Erinnerung an das Berlin um die Jahrhundertwende, auch an die frühen Dreißiger, legt sich auf die Szene, sagen wir an Max Weber als nationalen Leitartikler oder an Moeller von den Bruck.

2.

Bohrer arbeitet, um die emotionale Durchschlagskraft seiner Apologie der Macht zu verstärken, einerseits mit einem simplen Trick: Er kontrastiert das Pathos des Krieges mit den Betroffenheits-Ritualen bestimmter Teile der Friedensbewegung. Da schaut George Bush aus den wasserhellen, spöttisch-wissenden Augen der Bogarts oder Waynes auf die deutschen Lehrer, die ihre Schulkinder Kerzen durch die Straßen tragen lassen. Die eigentlichen Alternativen hat sich unser in die »Härte« verliebter Zertrümmerer des deutschen Provinzialismus geschenkt. Wie zum Beispiel das Urteil des ganz und gar »westlichen« Scheichs Jamani (»Die Alliierten haben ohne Not zivile Ziele zerstört. Eines Tages wird die internationale Öffentlichkeit schon noch merken, was da angerichtet worden ist«); Peter Arnetts (CNN) erschütternde Totenklage über 91 in einem Bagdader Bunker verbrannte Kinder, den Bericht des stellvertretenden UN-Generalsekretärs Martti Ahtisaari (»zurückgebombt in ein vorindustrielles Zeitalter«) oder den Satz des amerikanischen Juden Norman Birnbaum: »Das amerikanische Niedermetzeln der bereits fliehenden irakischen Armee, deren Regierung schon um Frieden nachsuchte, war von der gleichen

Noblesse wie das Abschlachten der Indianer.« Versöhnungsterror? Politkitsch?

Andererseits analysiert Bohrer die erschreckende Leisetreterei der deutschen Debatte um den Golfkrieg mit berechtigter Schärfe. Es ist ja richtig, daß die deutsche Regierung die Gründe für ihre Zurückhaltung in diesem Krieg hinter läppischen Solidaritätsfloskeln und großen Schecks versteckte. Es ist ja nicht zu bestreiten, daß der amerikanische Senat, das englische Unterhaus und die französische Nationalversammlung *diese* »Kriegskredite« ehrlicher debattierten als wir. Und es ist wahr, daß auch die Opposition sich duckte. Bohrer hat recht, wenn er schreibt: »Es wäre zu begründen, warum denn die Deutschen nicht Krieg führen [...] sollten. Offenbar, weil Deutschland und die Deutschen auf ein solches militärisches Engagement nicht vorbereitet sind [...] Vielleicht auch, weil die Deutschen infolge ihrer historischen, verheerenden Erfahrungen ›weiser‹ geworden sind als die ›alten‹ Nationen des Westens.« Wir haben solche Begründungen (öffentlich) nicht geliefert.

Bohrer weiß natürlich, warum er »weiser« sagt. Er will das, was die neue Rechte höchst geschickt als »Sonderweg« verketzert, blockieren. Wir sind doch nicht »weiser« als die Engländer, will er sagen, wir müssen uns ihnen angleichen, uns »normalisieren«, den Anschluß an den Westen suchen. Dieses Argument ist falsch. Aber die Kritik an den Duckmäusern der politischen Klasse in Deutschland trifft.

3.

Die politische Klasse ist allerdings nicht das Volk, muß man einwenden. Der seiner Arbeitslosigkeit entgegensehende Chemiefacharbeiter aus Leuna sehnt sich nicht nach der Nation, er sorgt sich, zu Recht, um die Ausbildung seiner Tochter und die steigenden Mieten. Die Postoberräte oder Verkaufsleiter aus Ingolstadt ärgern sich nicht über die deutsche Vorsicht im Golfkrieg; eher über die deutsche Freigebigkeit bei der Finanzierung dieses Krieges bei gleichzeitiger Steuererhöhung. Die erdrückende Mehrheit des deutschen Volkes ist immun gegen ideologische Ablenkungen. Der taktisch eingesetzte, als »sinnstiftende Kulisse« arrangierte »Eliten-Nationalismus« – wie Claus Offe formulierte – erreicht die Bevölkerung noch gar nicht. Ein paar Bohrers, Pohrts oder Syberbergs gibt es in jeder Gesellschaft. Solche Flausen werden zuschanden am unzerstörbaren Materialismus (und Realismus) des vielzitierten einfachen Mannes, der zielstrebig und zäh an der Abzahlung seiner Eigentumswohnung arbeitet.

Schon, schon; seit Mitte der fünfziger Jahre war die Bundesrepublik *ökonomisch* integriert, wir waren zu reich, um hysterisch zu werden. Aber wie wird das in den nächsten fünf Jahren aussehen? Was ist, wenn in weiten Teilen Ostdeutschlands wirklich nur dreißig oder vierzig Prozent der Arbeitsplätze übrigbleiben und neue nur schleppend geschaffen werden können? Wird dann nicht nach einer immer höheren Dosis des »Integrationsmittels des nationalen Gefühls« (Claus Offe) verlangt werden?

Die deutsche Demokratie hat eine einigermaßen solide Grundlage. Den wirtschaftlichen Eliten liegen mitteleuropäische Träume fern; sie machen ihre Geschäfte, gottlob, vor allem im Westen. In der Bundeswehr mag es ein paar Obristen geben, die konservativer fühlen, als sie in öffentlicher Rede zugeben; ein Staat im Staate ist diese Wehrpflichtarmee nicht. Ein bestimmter Typus unserer Berufsbeamtenschaft erinnert gelegentlich an die Bürokratie von Kafkas »Schloß«; von entschlossenen antidemokratischen Kadern kann keine Rede sein. Wir haben eine gute Chance, auch eine ernste ökonomische Krise politisch zu meistern.

Kein Grund für ein allzu schrilles Warngeschrei also; aber auch kein Grund für ein allzu penetrantes Vertrauen auf unsere psychische Gesundheit. Die Attitüde, mit der der alternde Goethe Fichtes »Reden an die deutsche Nation« als überspannt abtat, steht den Liberalen von heute nicht zu Gesicht. Sie sollten wissen, was für Funken die Kleinmeister des Ressentiments, die Arndts, Jahns, Langbehns, Lagardes, Treitschkes *e tutti quanti* aus bemoosten Steinen geschlagen haben. Wir praktizieren derzeit nicht die erste Vereinigung. Wie wäre es, wenn wir aus unserer eigenen Geschichte zu lernen versuchten – wenn das denn überhaupt gehen sollte?

Die Sowjetunion und Jugoslawien fallen auseinander, Osteuropa wird von einer ernsten ökonomischen Krise geschüttelt, der Nationalismus lebt auf, begrenzte Kriege sind auch in Europa wieder möglich, und manche der einst kommunistisch regierten Staaten werden von Pilsudskis regiert werden. Wie wirkt dieser politische Klimasturz auf die Deutschen?

Kohl ist kein Nationalist, sondern ein pfälzischer Europäer. Aber wohin wird er steuern, wenn er – wie die Regierungen von Frankreich, Dänemark, Norwegen, Österreich und manche andere – plötzlich eine rechtspopulistische Partei (zum Beispiel von sechs oder acht Prozent) neben sich spüren sollte? Hat er dann überhaupt noch Spielraum, um zu »steuern«? Oder steuern dann die berühmten Sachzwänge?

Und die Sozialdemokratie? Aus ihr wird immer harter Widerstand gegen die Normalisierungs-Denkschule, gegen den »Eliten-Nationalismus« geleistet werden. Aus ihr. Aber von ihr? Ihr ist durch die mitteleuropäische Revolution von 1989 die für ein Vierteljahrhundert tragende Philosophie, eine Friedenspolitik, die vom Pathos der kleinen Schritte genährt war, abhanden gekommen; jetzt fehlt ein Kompaß. Auch ist sie schon lange von der Macht verdrängt. Das erzeugt bei Massenparteien ganz unvermeidlich eine tiefe Sehnsucht nach seelischer Übereinstimmung mit der Mehrheit des eigenen

Volkes. Die Gefahr, daß ein Teil dieser Partei verdrängt, daß der europäische Föderalist Adenauer gegen den nationalrepublikanischen Zentralisten Schumacher recht behalten hat, ist jedenfalls nicht auszuschließen.

Das brisanteste Symptom aber sind die Normalisierer selber: Die neue Rechte ist jung. Endlich keine vierschrötigen Fossile mehr, keine drögen Sprücheklopfer und natürlich keine alten Nazis. Ein junges Deutschland wächst heran: national, durchaus republikanisch, smart, gebildet, wortmächtig und von beängstigender Unbefangenheit. Sie wollen wieder eine Metropole als Hauptstadt, ein deutsches London oder Paris. Gegenüber der »Gesinnungsliteratur« entsteht eine ähnliche Ungeduld wie gegenüber der »Friedensbewegung«. Aber es ist alles besser als früher: Heute verzehrt man sich danach, genauso zu sein wie die Engländer und Franzosen. Karl Heinz Bohrer, der nette ältere Bruder der jungdeutschen Intelligenzija, hat auch hier recht: Keines dieser Königskinder hat jemals in einem Keller gehockt, wenn es oben Bomben regnete. Deswegen die Unbefangenheit. Kein Dresden-, kein Hiroshima-Komplex mehr – wir sind jetzt frei.

4.

Erst wollte Alfred Dregger aus dem Schatten Hitlers treten, dann versuchten die deutschen Historiker zu erreichen, daß die Geschichte endlich vergeht, jetzt soll der deutsche »Provinzialismus« überwunden werden. Ist es das, was der Westen jetzt braucht?

Kein Zweifel, daß die Deutschen sich auf die radikalen Veränderungen einstellen müssen, die die mitteleuropäische Revolution von 1989 gebracht hat. Der typische Konflikt der Zukunft in der zentraleuropäischen Region ist nicht mehr eine »Krise« zwischen zwei Blöcken, sondern ein Nationalitätenkonflikt, ein kleiner Krieg, ein begrenzter Holocaust. Wenn die Europäer den amerikanischen Weltpolizisten nicht auch noch bei serbisch-kroatischen, ungarisch-rumänischen oder türkisch-kurdischen Auseinandersetzungen in Anspruch nehmen wollen, werden sie bereit sein müssen, Mord und Totschlag vor ihrer Haustür zu verhindern. Das verlangt eine stärker koordinierte Außenpolitik der großen europäischen Staaten und die Bereitschaft, friedenserhaltende Maßnahmen der Vereinten Nationen oder der KSZE zu unterstützen, auch mit Blauhelmen. Wenn die Deutschen davor davonliefen, hätten sie die neue Lage nicht begriffen. Eine wirklich *internationale* Rechtsordnung wäre notwendig.

Im übrigen aber gibt es nur *eine* realistische Alternative. Entweder man drängt Japan und Deutschland auf den Weg der »Normalisierung«, dann wird sich über kurz oder lang ihre ökonomische Stärke auch militärisch ausdrücken, mit allen Konsequenzen für die Rangordnung der Weltmächte. Oder man erlaubt ihnen, aus der Katastrophe der beiden Weltkriege dieses Jahrhunderts besondere Konsequenzen zu ziehen und ihre Rolle eigenständig zu definieren; dann wird man sich allerdings entschließen müssen, die Häme über die »Krämer«, »Schnorrer« und »Feiglinge« rasch einzustellen. Denn diese Häme zeigt bei den Dünnhäutigen, Geschichtsbewußten, den Komplizierten, Gebildeten und damit auch Selbstbewußten, Eitlen, den Bohrers also, schon erste Wirkung. Sie werden nervös. Nervöse deutsche Intellektuelle gehen gelegentlich los wie Granaten.

Wer den Deutschen die Normalisierungs-Idee beibringen will, sollte sich klarmachen, welche Fragen er provoziert. Wie lange wird es dauern, bis ein Provinz-Fürst, der den Provinzialismus abstreifen will, die spitze Frage stellt, warum das absinkende England im Sicherheitsrat der UN als ständiges Mitglied vertreten sei, die erfolgreichen Deutschen dagegen nicht? Glaubt wirklich irgendwer, daß die Deutschen es ihren

Politikern auf die Dauer erlauben werden, für Kriege zu bezahlen, über die andere bestimmen? Und wenn allzu unvorsichtig mit dem Argument herumgefuchtelt wird, die Deutschen wären nur dann europafähig, wenn sie Schulter an Schulter mit Engländern und Franzosen die Uniform der Weltpolizisten anzögen – wird sich dann über kurz oder lang nicht doch ein kerniger Konservativer finden, der der Katze die Schelle umhängt und offen ausspricht, daß es absurd sei, wenn Brasilianer, Inder oder gar Libyer Atomwaffen bekommen, die Deutschen aber nicht? Der bekannte amerikanische Politologe John J. Mearsheimer hat die dazu nötigen Argumente im *Atlantic Monthly* schon zusammengestellt. Noch spitzt in Deutschland niemand den Mund, um diese Melodien zu pfeifen. Aber es könnte gut sein, daß es nicht mehr allzulange dauert, bis die stolzen Sieger des Golfkrieges sich nach dem verachteten »Genscherismus« sehnen, der solche Aggressionen bisher in »Verwaschenheit« und »Sentimentalität« (Bohrer) erstickte.

Die Alternative zur »Normalisierung« wäre ein durchdachtes Konzept der historischen Lernfähigkeit und der internationalen Arbeitsteilung. Die Deutschen, die sich in diesem Jahrhundert in zwei schreckliche Kriege verwickelt haben (mindestens einen davon brachen sie selber vom Zaun), die ein anderes Volk – das jüdische – vom Erdboden tilgen wollten und am eigenen Leib erfahren mußten, zu welchen Katastrophen die Pest des Nationalismus führt, verfolgen mit Billigung ihrer Partner eine antitraditionelle Politik: kein Waffenexport, keine Militäreinsätze *out of area,* keine Kriegsfinanzierung mehr, keine logistische Hilfe für Kriegsparteien; aber Verteidigung der eigenen Region, ein wirksames Friedenskorps mit hohem technischem Bildungsstand und modernstem Gerät, große Investitionen zum Wiederaufbau und zur ökologischen Stabilisierung dieser gefährdeten Welt, eine besondere Aufgeschlossenheit für internationale Organisationen und eine internationale Rechtsordnung. Wäre der Welt mit einer solchen sicherlich risikoreichen Idee der begrenzten Abweichung von der »Normalität« nicht besser gedient als mit der alten Denkfigur *si vis pacem, para bellum*?

5.

Der Realismus liegt bei den Normalisierern, kein Zweifel. In aller Regel sind wirtschaftlich starke Staaten auch politisch und militärisch stark. Spielten die Deutschen nicht »auserwähltes Volk«, wenn sie etwas anderes wollten? In aller Regel verdrängen Völker ihre Verbrechen. Macht es Sinn, den Deutschen immer wieder vom Holocaust zu reden? Alle exportieren Waffen; die Franzosen – zum Beispiel – viel mehr als wir. In aller Regel sind »moderne« Staaten – seit dem Ende des 18. Jahrhunderts – als Nationalstaaten verfaßt. Kann Deutschland gegen den Strom des alten und neuen Nationalismus in Europa schwimmen?

Die »verspätete Nation« Deutschland müßte ihre Rolle neu definieren; ohne Anpassungszwänge, ohne Messias-Gelüste, aber mit dem Mut zur Differenz. Sie mag dafür – bis zum nächsten »kleinen« Krieg – noch ein wenig Zeit haben. Viel ist es nicht.

Der Mannbarkeits-Test
Deutschland als Zivil- oder Militärmacht

Das Elend der deutschen Politik liegt nicht in den Sommerreisen von Lothar Späth, Max Streibl und Amigo, es liegt an der wachsenden Neigung unserer politischen Klasse, mit pathetischen Scheingefechten von der ordinären Wirklichkeit abzulenken. Selbst eine Frage auf Leben und Tod, die Frage nämlich, wann unsere Söhne (falls wir denn welche in die Welt gesetzt haben) ihre Köpfe hinhalten und Gesundheit und Leben riskieren sollen, gerät uns zu einer Mischung von Verfassungsdebatte und ethischem Gesäusel. Bevor wir uns vergewissern, was die Welt von uns will, überlagert sich uns der Artikel siebenundachtzig, zweiter Absatz des Grundgesetzes durch den Artikel vierundzwanzig; und schon werden wir rechthaberisch. Bevor wir uns Rechenschaft geben, was wir können und was nicht, verstricken wir uns in eine pastorale Debatte über Macht, Verantwortung, Völkermord und die deutsche Geschichte. Warum redet denn keiner Tacheles?

Die Regierung schlägt dem Parlament vor, so schnell wie möglich die Verfassung zu ändern, damit die Bundeswehr an Kampfeinsätzen »out of area« teilnehmen kann, also an Kriegen, die nicht der Verteidigung des eigenen Territoriums oder Bündnisses dienen. Die Wahrheit ist: Wir sind heute nicht einmal für peacekeeping-Missionen, also für Einsätze von Blauhelmen gerüstet. Die Bundeswehr verfügt über keinen einzigen Verband (vom Bataillon aufwärts), der mit ausschließlich voll ausgebildeten Soldaten für einen Einsatz zur Verfügung stünde. Wenn die Wehrpflichtigen (unvollkommen genug) ausgebildet sind, verlassen sie die Bundeswehr; Längerdiener im Mannschaftsdienstgrad gibt es kaum. Wer das ändern wollte, müßte das Besoldungsgefüge der Streitkräfte ändern – ein weit schwierigerer Prozeß als eine Verfassungsänderung. Und im übrigen ist die Ausrüstung unserer Armee zur Zeit für viele »out of area«-Einsätze untauglich; es fehlt bei der Aufklärung, der Logistik, im Sanitätswesen und bei der Transportkapazität. Wozu also das hektische Gerede?

Alles Technik, alles änderbar? Die Menschen nicht. »Ein Einsatz out of area«, schreibt der langjährige Planungschef des Verteidigungsministeriums, Hans Rühle, »würde zur massenhaften Verweigerung führen«. Die Debatte »Sterben für Özal« – in allen Dienstgradgruppen der Bundeswehr – ist noch keine drei Jahre her. 61% der Offiziere der Bundeswehr sind gegen Mandatseinsätze, also militärische Operationen wie den Golf-Krieg. 40% lehnen »out of area«-Einsätze der NATO ab. Vierzig Jahre hat man dem deutschen Soldaten eingebleut, daß der Friede der Ernstfall sei. Jetzt soll die Geschäftsgrundlage für Hunderttausende Berufsentscheidungen in ein paar Monaten geändert werden. Ist es ein Wunder, wenn gestandene Bataillonskommandeure klagen: »Wir werden wie beliebig verfügbare Söldner behandelt«?

Kanzler und Verteidigungsminister hätten es, wenn sie sich zur Wahrheit entschlössen, relativ leicht. »Ihr habt«, könnten sie den Verbündeten sagen, »viele Jahrzehnte dafür gesorgt, daß die Deutschen nach all ihren Verbrechen das Kriegerische ablegen. Das ist euch gut gelungen. Wir würden weggeblasen, wenn wir den Tod von, sagen wir: zweihundert deutschen Soldaten rechtfertigen müßten, die sterben mußten, damit die Kraina kroatisch bleibt, oder das Kosovo serbisch. Wir sind bereit, uns an peacekeeping-Missionen der Vereinten Nationen zu beteiligen, das ist risikoreich genug. Im übrigen aber finden die Deutschen, sie hätten jedenfalls in diesem Jahrhundert genug geschossen. Unsere Verfassung ist nicht ganz so radikal wie die japanische, in der ›das japanische Volk für alle Zeiten auf den Krieg als ein souveränes Recht der Nation und die Androhung oder Ausübung von militärischer Gewalt« verzichtet. Aber sie sieht auch Einschränkungen vor. Ihr müßt euch, jedenfalls fürs erste, mit zurückhaltenden Japanern und Deutschen abfinden.« Ein selbstbewußter deutscher Kanzler, der das sagte, würde auf Verständnis stoßen.

Statt dessen macht die Regierung Kohl Kampfeinsätze zu einem allianzpolitischen Mannbarkeits-Test. »Die deutschen Minister im Weißen Haus«, schreibt der Bochumer Theologe Bahr: » – wie die Schulbuben sitzen sie da, im Matrosenanzug der Loyalität, dankbar wie Protestanten bei der Sonder-Audienz im Vatikan.« Die deutsche Souveränität ist nicht gefährdet, weil unsere Soldaten im Golf-Krieg nicht mitgeschossen haben, eher schon weil einige unserer Spitzenpolitiker sich so schnell schämen, und das auch noch aus den falschen Gründen.

Dabei hat das Ende des Ost-West-Konflikts eine neue Lage geschaffen. Die Vereinten Nationen haben eine zweite Chance bekommen, weil die gegenseitige Blockade der Supermächte ein Ende hat. Die Nachfrage nach den Vereinten Nationen bei der Beendigung von Kriegen, Bürgerkriegen und ethnopolitischen Konflikten steigt seit 1988 sprunghaft an. 1987 betrugen die Ausgaben für das peacekeeping 200 Millionen Dollar, in Zukunft soll der »Spaß« zwei Milliarden Dollar kosten. Von den Vereinten Nationen entsandte Truppen haben Wahlen in Nicaragua und Haiti überwacht, den Abzug der Kubaner aus Angola garantiert und in Namibia mit 7500 Mann die Gegner auseinander gehalten. Sie operieren auf Zypern, im Libanon, auf den Golanhöhen, in Jerusalem, Indien, Pakistan und Zentral-Amerika, schützen Kurden im Irak, überprüfen Menschenrechtssituationen in El Salvador, halten – wo es geht – Kroaten, Serben und Muslime auf Distanz und werden in der West-Sahara, in Kambodscha und anderswo sehnlichst erwartet. Aber gefragt ist fast immer die Vermittlungskompetenz der Weltorganisation, nicht der General Schwartzkopf und seine Luftlandetruppen. Es geht um das konstruktive Management der Desintegration (von Staaten wie international überwachte Sezessions-Referenden), um die Internationalisierung des Minderheitenschutzes oder um Aktivitäten an der Schnittstelle von Friedenssicherung und Demokratisierung. Natürlich, gelegentlich müssen diese Soldaten zurückschießen können. Sie brauchen, wie es im Fachjargon heißt, da und dort leichte Aufklärungstruppen und eine »Kampfkomponente zur Selbstverteidigung«, da sollten auch die Sozialdemokraten nicht päpstlicher sein als der Papst. Aber es sind *Blauhelme* – und je mehr Golf-Kriege der Westen (mit Billigung des Sicherheitsrats) führt, desto mißtrauischer wird der Süden werden. Die Dritte Welt hat natürlich gemerkt, daß dieser Golf-Krieg für die Region eine Katastrophe war. »Erfahrene peacekeeper«, schreibt der Afrika-Experte Winrich Kühne, »befürchten ... daß ein verstärkter Rückgriff auf die Zwangsmaßnahmen nach Kapitel VII. (der UNO-Charta), insbesondere auf militärische, den Erfolg der Vereinten Nationen unterminieren und künftige Blauhelm-Maßnahmen sogar unmöglich machen könnte.« Drastischer ausgedrückt: Noch ein paar Kampfeinsätze wie am Golf und die UN sind wieder kaputt.

Was der Süden jetzt braucht – in dreiundsiebzig der achtundneunzig größten Dritt-Welt-Länder sind eine oder mehrere Minderheiten in großer Gefahr – ist eine Weltorganisation, der man Fairneß zutraut. Der man nicht sofort unterstellt, daß sie ein Instrument der reichen Nationen ist. Die kapiert, daß das internationale System noch längst nicht reif ist für eine schwungvolle Ausweitung militärischer Kampfmaßnahmen und für internationale Kriegsverbrecher-Tribunale, in denen man ja den kroatischen Kriegstreiber Dobroslav Paraga genauso anklagen müßte wie den serbischen Vojislav Seselj und den muslimischen Murat Sabanovic.

»Ich gehöre nicht zu denen«, hat einer zum Krieg in Bosnien gesagt, »die glauben, daß ein paar gut plazierte Bomben mit tausend Jahren Geschichte fertig werden.« Leider war das nicht der deutsche Bundeskanzler, sondern nur ein General, der frühere amerikanische Generalstabschef Colin Powell.

Aber wir dürfen doch nicht dulden, daß vor unseren Augen Völkermord geschieht, sagen sympathische und glaubwürdige Zeitgenossen. Man widerspricht ihnen ungern. Aber sie müssen beantworten, warum wir die viehischen Brutalitäten in Ruanda – mit Hunderttausenden von Toten – den Minenkrieg in Angola und die blanke Anarchie (Massenmord, Folterungen, Vergewaltigungen) in Mosambik seit Jahren oder Jahrzehnten hinnehmen, wenn wir in Bosnien aus moralischen Gründen intervenieren *müssen*. Stefan Schwarz, der junge CDU-Abgeordnete, der sich zum Sprecher der muslimischen Bosniaken gemacht hat, wird es schwer ertragen, aber es ist so: Wenn »der Westen« – wer immer das dann sei – in Jugoslawien aus moralischen Gründen interveniert, dann muß er sofort an mindestens fünfzehn Stellen der Welt Krieg führen. Diesem Dilemma entrinnt man nicht, wenn man die Kategorie der »Nähe« und Betroffenheit einführt und zum Beispiel darauf verweist, daß der Krieg »vor unserer Haustür« Flüchtlingsströme nach West-Europa treibe. Man wechselt dann die Spur der Argumentation – springt von der Moral auf das nationale Interesse. Natürlich gibt es politische und ökonomische Gründe, die für eine Intervention in Bosnien sprechen, allerdings ebenso viele, wenn nicht mehr Gegengründe. Mit politischer Moral hat diese Abwägung nur noch von fern zu tun.

Wer im übrigen deutsche Soldaten nach Jugoslawien schicken will, sollte nicht nur an die Erinnerungen denken, die sie auslösen müssen, weil ihre Väter hier schon aufgetreten sind – und zwar wie die Barbaren. Wie soll ein zwanzigjähriger Deutscher, dem man in seinem Geschichtsunterricht (zu Recht) klargemacht hat, warum die Deutschen auf Schlesien und das Sudentenland verzichtet haben, eigentlich verstehen, warum er dafür kämpfen soll, daß Mostar kroatisch bleibt und Bihac bosnisch? Die Politik von Adenauer bis Brandt hat die Deutschen für nationalistische Kriege untauglich gemacht.

Es lohnt sich, daran zu arbeiten, das Kriegsvölkerrecht so weiter zu entwickeln, daß man – zum Beispiel – Völkermord und ethnopolitischen Krieg voneinander zu unterscheiden lernt. Heute gebraucht der durchschnittliche Bellizist den Begriff Völkermord schlicht als Steigerungsform von Mord. Völkermord ist aber die Absicht, eine nationale, rassische, religiöse oder durch ihr Volkstum bestimmte Gruppe *als solche* zu zerstören. Man verharmlost Hitlers Versuch, die Juden oder die Sinti und Roma von der Erde zu tilgen, wenn man die Greuel, die der schwächsten von drei Volksgruppen in einem ethno-nationalistischen Krieg angetan werden, auf die gleiche Stufe stellt wie Auschwitz. »Auschwitz in the sands« entdeckte ein frivoler Amerikaner im Irak – jetzt »Auschwitz in the mountains?« Die Satanisierung einer Partei – seien es die Iraqui oder die Serben – ist immer die wirksamste Methode zur Ausschaltung aller Alarmanlagen. Der bebenden Betroffenheit der Moralisten – von denen einige übrigens schon im NATO-Doppelbeschluß das schlechthin Böse erkannten – ist Henry Kissingers nüchterne Analyse vorzuziehen: »Schlagworte wie ›Führungsrolle‹ sollten uns nicht dazu verführen, uns in Operationen hineinziehen zu lassen, die wir nicht selbständig beenden können und die politische Konsequenzen mit sich bringen, die nicht angemessen geprüft und durchdacht wurden.«

Müssen also Kampfeinsätze der Bundeswehr ein für allemal ausgeschlossen werden? Von hundert möglichen Konfliktfällen, die sich im nächsten Jahrzehnt in dieser Welt abspielen werden, kann es durchaus zwei oder drei geben, bei denen die Androhung oder die tatsächliche Ausübung militärischer Gewalt notwendig ist. Es gibt im nächsten Jahrzehnt weit weniger militärische Operationen, als die Schreibtisch-Strategen im Golfkrieg behauptet haben. Daß es keine gäbe, gar: keine *geben könne*, ist natürlich Unsinn.

Die Frage ist, ob an diesen – höchst seltenen – Einsätzen Deutsche und Japaner zwingend beteiligt sein müssen. Die Antwort lautet: »Nein.« Natürlich ist eine globale Herausforderung der gesamten zivilisierten Welt, wie die Nazis sie verkörpert haben, nie vollständig auszuschließen. In solch einem Fall darf sich kein Volk aus der existentiellen Auseinandersetzung ausschließen. Von traditioneller Groß- und Weltmacht-Politik, also von »Power-Projection« im klassischen Sinn, kann man sich aber durchaus fernhalten, wenn man damit in jüngster Vergangenheit ein paarmal blutigen Schiffbruch erlitten hat. Man sollte aus solcher Zurückhaltung kein Gefühl moralischer Überlegenheit ableiten. Ein gebranntes Kind ist nicht besser als andere, die die Erfahrungen an der glühenden Herdplatte noch vor sich haben. Aber es sollte von niemandem verlangt werden, daß er seine Erfahrungen der fröhlichen Gemeinsamkeit halber verdrängt.

Natürlich grassiert bei den liebesbedürftigen Deutschen die neurotische Angst vor der Vereinsamung. »Die richtigen Lehren aus der Geschichte zu ziehen«, sagt der außenpolitische Sprecher der CDU, Karl Lamers, »kann für Deutschland nicht heißen, in der zentralen Frage von Frieden und Krieg eine grundsätzlich andere Stellung als ... seine heutigen Partner ... im Westen einzunehmen.« Wieso? Haben wir Deutschen, im Unterschied zu Engländern und Franzosen, nicht auch beschlossen, auf Dauer auf Nuklear-Waffen zu verzichten? Das hat unsere Partner nie beschwert. Wir müssen uns fest in den Westen integrieren. Aber ein paar Rücksichten und Absonderlichkeiten stehen allen zu, auch den Deutschen.

Es gibt zwei Fälle, für die wir gerüstet sein sollten. Das eine wäre der wirkliche Durchbruch zu einem europäischen Bundesstaat. Wenn uns die Franzosen (oder andere EG-Partner) morgen anbieten sollten, eine Europäische Union samt vollintegrierter europäischer Armee zu schaffen, müßten wir uns auf eine gemeinsame Verfassung einigen. Nur in einer solchen Situation wären definitive Kompromisse auf allen Seiten unausweichlich. Eine solche Situation ist (leider) ganz und gar unwahrscheinlich.

Der andere Fall betrifft den Ausrottungskrieg. Wer der Ausrottung eines anderen Volkes tatenlos zusieht, verwirkt seine Rechte. Eine Änderung des Grundgesetzes, die in diesem Fall das militärische Eingreifen – auch »out of area« – legitimierte, müßte akzeptiert werden.

Der Generalinspekteur der Bundeswehr richtete seinen Tagesbefehl zum Jahreswechsel 1992/1993 ausdrücklich auch an Soldaten in Kambodscha, im Irak, im Bahrein, im früheren Jugoslawien, in Georgien, Kenia, in der Adria, die dort »Einsatzbereitschaft und treue Pflichterfüllung zeigen«. Er selbst werde den Heiligen Abend bei der Truppe in Phnom Penh verbringen.

Nichts gegen den General Naumann. Er zeigte oft common sense. Aber hier war der Wunsch der Vater des Gedankens. Unsere Generale mögen ihre Heiligen Abende verbringen, wo sie wollen – nur zu teuer darf es nicht werden. Die Bundeswehr will in der Zukunft zuständig werden für »Vorbeugung, Eindämmung von Konflikten jeglicher Art, Förderung und Absicherung weltweiter politischer, militärischer und ökonomischer Stabilität, Aufrechterhaltung des freien Welthandels(!) und des Zugangs zu strategischen Rohstoffen(!), Verhinderung der Proliferation«. Wer all diese Aufgaben erledigen wollte, könnte den Rüstungsetat nicht senken, er müßte ihn steigern. Das wird denn doch nicht gehen.

Die Schlachtbank Europas
*Über die Notwendigkeit einer neuen Südosteuropapolitik
der Europäischen Gemeinschaft*

1.

Südosteuropa? Der Westen ist ratlos. In Deutschland zum Beispiel erzielt der Postminister, ein gebildeter, eher scheuer Technokrat, vom Studium her Sinologe, das erste und letzte Mal in seiner politischen Laufbahn Balkenüberschriften: Er tritt zurück, weil er es nicht mehr erträgt, einer in der Südosteuropapolitik »untätigen« Regierung anzugehören. Großer Tusch! Wenn man aber liest, was er über Südosteuropa zu sagen hat, dann geht es über die Gedankenstummel des wohlmeinenden Deutschen nicht hinaus: »Es muß etwas geschehen«, »Zur Not muß geschossen werden«, »die Serben sind die schlimmsten«. Keines dieser Motive – es sind eher ethisch eingefärbte Gefühle als empirisch gehaltvolle Schlußfolgerungen – ist ganz falsch. Aber leider enthalten solche inneren Schübe nicht die Spur einer Idee, wie man die Massenmorde beenden könnte, die 200 000 Bewaffnete in Bosnien begehen. Nach Angaben des US-Generals McCaffrey sollen sie in fünf Fraktionen gespalten sein und von 19 regionalen Kriegsherren angeführt werden.

Natürlich, auf der Ebene der Zuständigen ist man einen Schritt weiter. Da hat man Sanktionen gegen die Bundesrepublik Jugoslawien verhängt. Sie sind nicht wirkungslos. Wer sich in Belgrad operieren lassen will, muß den Faden, mit dem seine Wunde genäht werden soll, selbst mitbringen; auch können serbische Intellektuelle die vernichtende Kritik ihres Landes in der FAZ (»ein unzivilisierter Staat«) nicht mehr lesen, es gibt keine ausländischen Zeitungen. Der Nachteil der Sanktionen scheint zu sein, daß der serbische Präsident Milosevic, einer der schlimmsten nationalbolschewistischen Demagogen auf dem Balkan, sich bei all seinen Mißerfolgen auf die Sanktionen herausreden kann. Auch kann er geheimnisvollerweise immer noch einen indischen Großauftrag für moderne Feuerleitanlagen für Panzer bedienen; die Elektronikbauteile kommen aus dem eigentlich verfeindeten Slowenien. Demnächst will man die Sanktionen verschärfen – Milosevic hat, nachdem der Westen der serbischen Opposition keinerlei Perspektiven bot, die Wahlen, wenn auch mit üblen Kunstgriffen, gewonnen. Ob mit solcher Verschärfung allerdings mehr beruhigt wird als das schlechte Gewissen der westeuropäischen Mittelklassen steht dahin. Ein einziges Mal, im Fall von Südafrika, hat das Mittel gezogen; in einer viel eindeutigeren, zwei-, nicht vielpoligen Situation. Auf einer höheren Ebene sind die Sanktionen so ausweglos wie die Rücktritte von Postministern. Die Zivilbevölkerung leidet, die Warlords machen weiter.

Bleibt die Idee einer Militärintervention. Ihr kann man, anders als bis 1989, nicht mehr mit dem Hinweis begegnen, daß jeder regionale Konflikt zum Nuklearkrieg ausarten kann. Auch pazifistische Formeln (»Menschen und ihre Rechte dürfen nicht im Namen der Menschenrechte militärisch vernichtet oder verletzt werden.«) helfen nur über die Sonntage. Wenn die »zivilisierten Völker« Landraub und Völkermord – den sie verhindern könnten – geschehen lassen, könnte es mit ihrer Zivilisiertheit bald vorbei sein. Moralisch wäre ein militärischer Eingriff in Bosnien längst legitimierbar. Man muß sich allerdings klarmachen, was er bedeutet, wer ihn führen könnte und wohin er führen soll. Gerade daran aber hapert es. Das vernichtendste Urteil über die politischen Klassen Europas ist es, daß die Debatte der Generale realistischer und vorsichtiger ist als die der Politiker, die sich alle Naselang von bramarbasierenden Bellizisten (jeglicher Färbung) unter Druck setzen lassen. Wer den Balkanvölkern

Lösungen von außen aufzwingen will, muß ein paar höchst banale Tatsachen berücksichtigen.

– Es muß Schluß sein mit »gespielter Entschlossenheit«, mit Vorschlägen für die »home consumption«. Es hat keinen Zweck, vom Abschuß »aller« Kampfflugzeuge oder vom Lufteinsatz gegen strategische Ziele zu fabulieren, wenn das Kriegsgeschehen vor Ort vor allem von mobilen Mörsertrupps bestimmt wird. Die Vereinten Nationen haben ein Flugverbot über Bosnien beschlossen. Eine (sinnvolle) Drohgebärde. Aber was sonst?

– Eine echte Militärintervention, also eine »Operation Balkansturm« verlangt zwischen 400 000 und einer Million Soldaten, eher 400 000 als eine Million, aber immerhin. Der frühere stellvertretende Befehlshaber der UN-Truppen in Jugoslawien, General Morillon, schätzte die Opfer auf seiten der Interventionstruppen auf bis zu 100 000. Ohne die Beteiligung der USA wäre eine solche Operation de facto nicht möglich.

– Begrenztere Optionen, zum Beispiel die Befreiung belagerter Städte, die Begleitung von Hilfskonvois, die Einrichtung von Schutzzonen und die Öffnung von Korridoren sind denkbar, auch für die Europäer. Auch solche Ziele verlangen aber hohe Einsätze.

– Ein Einsatz unter der Verantwortung und Kontrolle der Vereinten Nationen fällt aus, weil dem schon die Vereinigten Staaten nicht zustimmen dürften. Selbst das höchst fragwürdige Golfmodell wird kaum zustande kommen, weil der Sicherheitsrat keine gemeinsame Lageanalyse hat. Die Russen begreifen sich zum Beispiel wieder stärker als Anwälte der Serben. Von der KSZE wollen wir schweigen. Man müßte auf eine umfassende Legitimation der Völker- und Staatengemeinschaft verzichten.

– Einsatzfähig wäre die NATO; bei ihr existieren auch militärisch durchführbare Pläne. Die Frage ist, ob man das Vertei-

digungsbündnis in eine Interventionsarmee umfunktionieren will. Sollen die europäischen Probleme auch künftig und für alle Zeit unter amerikanischer Führung gelöst werden?
– Im übrigen sind die wenigsten europäischen Völker darauf vorbereitet, junge Landsleute in Zinksärgen aus schwer übersehbaren Kriegsschauplätzen zurückzubekommen. Die potentiellen Kriegsherren der westlichen Großstaaten müßten eiserne Nerven haben, eine derzeit eher seltene Grundausstattung bei Politikern.
Das heißt: Die Anwendung, beziehungsweise glaubhafte Androhung militärischer Mittel ist denkbar, aber höchst risikoreich. Vor allem aber: Wenn »der Westen« (was immer das im konkreten Fall dann sein mag) Bosnien, das Kosovo oder Mazedonien nicht für Jahre besetzen will, muß er eine Lösung präsentieren, die friedensfähig ist, aber die Interessen *keines* Partners unzumutbar verletzt. Unzumutbar heißt: im subjektiven Empfinden der Mehrheit des jeweiligen Volkes. Wer die Kriegsziele der Milosevic, Tudjman, Karadzic, Boban oder Izetbegovic kennt, weiß, welche Aufgabe da zur Debatte steht.

2.

Der Hauptgrund für das Versagen der Westeuropäer im Südosten liegt in dem täppischen Hantieren mit dem Nationalstaatsgedanken und der Mehrheitsregel in einer Völkermischzone. Diesen Fehler machten zuerst die Jugoslawen selbst; sie wurden darin aber von großen Teilen der politisch-kulturellen Eliten Europas sofort und fahrlässig bestärkt. Mag sein, daß der jugoslawische Vielvölkerstaat in der von Tito erzwungenen inneren Balance unter dem Druck der unvorbereiteten, schlagartig einsetzenden Demokratisierung nicht zu halten war; die Idee aber, die bisher geltenden und oft willkürlich gezogenen inneren Grenzen abhängiger Bundesländer zu Staatsgrenzen selbständiger, nach dem Mehrheitsprinzip regierter Nationalstaaten zu machen, mußte zum Krieg führen. Genau dieses Schnittmuster bestimmt aber immer noch die internationale Debatte.

Natürlich läßt sich Jugoslawien auseinanderdividieren. Das ist zwar nicht so leicht, wie es sich die modischen Wiederverwender alter Kampfformeln (»Zwangsstaat«, »Kunstprodukt«, »Völkerkerker«) vorstellen. Die panbalkanische Idee hat tiefe Wurzeln. Selbst Ranke nannte Kroaten, Serben und Dalmatiner »ein einziges Volk«, und der sozialdemokratische Reichstagsabgeordnete Hermann Wendel (1884-1936), der beste Südosteuropakenner, den die deutsche Politik je hervorgebracht hat, verstieg sich sogar zu der Behauptung: »Sollten die Jugoslawen nicht ein Volk sein, dann sind auch die Deutschen keines.« Das mögen unzeitgemäße Gedanken sein. Daß sich aber 800000 Serben im kroatischen Knin, in Slawonien und der Krajina und 1,2 Millionen Serben in Bosnien niemals als »Minderheiten« in einen kroatischen oder bosnischen Nationalstaat einordnen würden, konnte man wissen. Zu furchtbar sind die – gegenseitigen – Erinnerungen. »Bekehre ein Drittel, treibe ein Drittel aus, töte ein Drittel«, hieß die Maxime der kroatischen Ustascha, die auch Bosnien beherrschte. Die meisten Morde an Serben, zum Beispiel im berüchtigten Konzentrationslager Jasenovac, waren so brutal, daß selbst die deutsche Besatzungsmacht einschließlich der SS protestierte. Später rächten sich Tito-Partisanen grausam, manche Serben erschienen Kroaten und Ustascha als ein und dasselbe. Bei dieser Vorgeschichte, die ihrerseits wieder viele Vorgeschichten hat, war es absurd, sich vorzustellen, daß eines dieser Völker das andere als Titularvolk eines Nationalstaats anerkennen würde. Für die 700000 Kroaten in Bosnien-Herzegowina (vor allem in der fanatisch nationalistischen Westherzegowina) gilt dasselbe wie für die Serben.

So war die europäische Politik in Jugoslawien eine Kette von Fehlleistungen. Sie begann mit den unverzeihlichen Pressionen der Deutschen auf die Anerkennung Sloweniens (die noch hingehen mochte) und Kroatiens (die in Serbien die fixe Idee von der Notwendigkeit eines Präventivkriegs förderte). Daß die meisten deutschen Medien und die meisten deutschen Politiker inzwischen keinen Unterschied mehr zwischen Milosevic, Karadzic, Seselj und ihren Anhängern und »den Serben« machen, ist die größte Schande, die wir seit 1945 im Verhältnis zu anderen Völkern auf uns geladen haben. Die Deutschen sollten nicht vergessen, daß der serbische Widerstand gegen Milosevic weit stärker ist als es der deutsche gegen Hitler je war. Die Anerkennung Bosniens führte sofort zum bosnischen Krieg. Man fragt sich vergeblich, warum die gleichen Leute, die den Vielvölkerstaat Jugoslawien für mausetot erklärten, glaubten, daß ein Vielvölkerstaat Bosnien lebensfähig sei. Die Macht des bosnischen Präsidenten Izetbegovic hat sich lang auf seinen Bunker beschränkt. Die Krone gebührt schließlich der Mazedonienpolitik der EG. Der schwierige, von dem reformkommunistischen Präsidenten Kiro Gligorov meisterhaft zusammengehaltene Dreivölkerstaat erfüllte zwar – im Unterschied zu anderen jugoslawischen Republiken – alle politischen Forderungen nach der Gleichberechtigung seiner Volksgruppen. Auf griechischen Druck kümmerte man sich aber um das ansonsten vielberufene »Selbstbestimmungsrecht« der Mazedonier keinen Deut. Nichts könnte die Prinzipienlosigkeit der europäischen Balkanpolitik greller beleuchten.

Nachdem man der Katastrophe ihren Lauf ließ, hält man sich jetzt an ethisch wohlbegründeten Forderungen fest. Gewaltsame Grenzänderungen sollen nicht akzeptiert, Vertreibungen rückgängig gemacht, Bevölkerungsverschiebungen verhindert werden. Alles richtig! Aber wie bringt man Familien, deren Männer erschlagen, deren Frauen vergewaltigt und deren Häuser verbrannt worden sind, zurück in eine Nachbarschaft, die diese Verbrechen verübt hat oder jedenfalls geschehen ließ? Wie restituiert man die Autorität von Staaten, in denen Privatarmeen, Schieberbanden und Emigrationszirkel größere Macht haben als die formell legitimierten Institutionen? Wie verhindert man, daß der Balkan zu einem Archipel sich befehdender, bitterarmer Kleinstaaten zerfällt? Westeuropa hat auf diese Fragen keine Antwort. Statt dessen hat es Prinzipien.

3.

Man muß es inzwischen grob sagen: Die Westeuropäer müssen sich entweder aufraffen – oder sie müssen ihren Diplomaten die Weisung »low profile« geben. Aufraffen hieße: die Rechte der schwächeren Völker und Volksgruppen – zum Beispiel der muslimischen Bosniaken und der Mazedonier – durch internationale Garantien absichern und zwischen den stärkeren (den Serben, Kroaten und Albanern) einen Ausgleich erzielen. Das verlangte als Ouvertüre aller Wahrscheinlichkeit nach einen – im einzelnen schwer vorausberechenbaren – Kraftakt. Wer das will, muß viel Geld in die Hand nehmen und im Zweifel das Leben junger Soldaten riskieren. Wem dieser Einsatz zu hoch ist, der sollte wenigstens die heuchlerisch-moralisierenden Scheindebatten meiden. Der Beginn des Aufraffens wäre die Überwindung einiger Lebenslügen, die die Südosteuropapolitik der EG (und auch der UNO) verwirren. Zum Beispiel:
– Ein eigener mazedonischer Staat (Mazedonien-Skopje) wird nur lebensfähig werden, wenn ihn die westliche Staatengemeinschaft sofort anerkennt, wirtschaftlich unterstützt und in seinen Grenzen garantiert, und zwar bis zu dem Risiko hin, daß die Griechen die EG verlassen. Wer glaubt, mit dem

griechischen Nationalismus Kompromisse machen zu müssen – wofür zwar nicht »Gerechtigkeit« und »Moral«, wohl aber ökonomische und militärische Interessen sprechen – sollte sofort aufhören, sich als Beschützer oder gar Förderer der Makedonen aufzuspielen. Wenn man ihnen nicht erlaubt, eine makedonische Identität aufzubauen, wird dieser Staat zerfallen, bevor er entstanden ist, und man kann dann nur noch Maßnahmen zum Schutz der autochthonen Bevölkerung ergreifen.
– Serbien wird das Kosovo, das historisch zweifellos über viele Jahrhunderte serbischer Boden war, auf die Dauer nicht halten können. Der Bevölkerungsdruck der Albaner ist zu groß. Die Chance zu albanischer Autonomie unter serbischer Hoheit dürfte unwiederbringlich dahin sein; das ist vor allem die Schuld des Slobodan Milosevic. Wer aber historische Grenzen zuungunsten Serbiens ändert, muß an anderer Stelle auch zu Grenzkorrekturen zugunsten der Serben bereit sein, zum Beispiel in serbischen Siedlungsgebieten in Kroatien und Bosnien-Herzegowina. Man kann Südosteuropa nicht auf Dauer befrieden, wenn man das stärkste Volk Südosteuropas zu Boden drückt.
– Ein bosnischer Nationalstaat, in dem die serbischen und kroatischen Volksgruppen Minderheiten wären, ist nur durch eine langjährige Besetzung der Region durchsetzbar. Selbst dann wäre der kroatische Nationalismus in der Westherzegowina und der serbische in der Ostherzegowina nur mit Gewalt niederzuhalten; irische oder baskische Zustände sind wahrscheinlich. Ein bosnischer Konstitutionsstaat – also ein Vielvölkerstaat mit absolut gleichberechtigten Volksgruppen, die in Regionen von hoher Selbständigkeit leben – ist vielleicht gerade noch durchsetzbar. Cyrus Vance und Lord Owen kämpften um ein solches Modell. Dieser Kampf verdient alle Unterstützung. Wenn er scheitert, erscheint ein serbisch-kroatischer Separatfrieden am Horizont. Für die

muslimischen Bosniaken bliebe in diesem Fall nur ein international garantierter Kanton übrig, den zynische Kroaten oder Serben schon heute gelegentlich als »bosniakisches Bantustan« bezeichnen. Wer die Pläne der Vermittler von EG und UNO scheitern ließe, marschierte auf mittlere Sicht geradewegs auf ein Großkroatien und ein Großserbien zu.
– Die meisten der neu entstehenden Staaten im alten Jugoslawien werden – auf sich allein gestellt – ökonomisch nicht überlebensfähig sein. Der pausenlos angestellte Vergleich von Slowenien oder gar Bosnien mit Luxemburg ist irreführend; Ministaaten können in einer für sie reservierten Nische der Weltwirtschaft, zum Beispiel als Bankplatz, gut überleben. Aber wo sind die Nischen für die jugoslawischen Nachfolgestaaten? Sie existieren nicht. Die einzige Chance für diesen Raum ist deshalb eine Art »Balkanbund«, eine südosteuropäische EG, für die auch Bulgarien, Rumänien und andere Anrainerstaaten gewonnen werden müßten. Wer solch eine Konzeption verfolgt, muß allerdings endlich einmal zugeben, daß die Brüsseler EG ganz außerstande wäre, auch noch den Balkan zu integrieren.

4.

Die angedeuteten Lösungsmöglichkeiten sind alles andere als unproblematisch. Sie verlangen zum Beispiel »freiwillige« Bevölkerungsverschiebungen, wie sie 1923 zwischen Griechenland und der Türkei stattfanden; ein grausames, nur als ultima ratio rechtfertigungsfähiges Mittel der Politik. Auch ist es keinesfalls »gerecht«, Makedonen und Bosniaken mit Danzig- oder Berlinregelungen abzuspeisen, während man die allmähliche Entstehung »großer« albanischer, serbischer und kroatischer Nationalstaaten stillschweigend akzeptiert. Die Frage ist nur, ob andere, gerechtere Lösungen durchsetzungs- oder überlebensfähig wären. Die schlechteste Alternative ist allemal die Fortsetzung oder Ausdehnung des archaisch-blutigen Krieges, der derzeit Bosnien zerstört. Und ob die Zerlegung des Titoschen Bienenstockes nach dem Schnittmuster seiner eigenen Wabenkonstruktion gelingen könnte, wird immer unwahrscheinlicher. Das Problem ist: Die schon begangenen Ungerechtigkeiten führen in immer neue hinein. Die harmonisierend-harmlose Prosa der KSZE-Resolutionen zerbricht an der Realität von Sarajewo, Skopje oder Pristina. Man fällt auf Hegel zurück: »Die Geschichte ist nicht die Ebene des Glücks, sondern eine Schlachtbank.«

Der Kraftakt der »Völkergemeinschaft« bleibt möglich; fragt sich nur, ob sich ein paar Völker und ihre Regierungen finden, die ihn wagen – und finanzieren. In keinem Falle genügt der »Wille zur Intervention«; man muß auch noch wissen, was man damit will. Die Damen und Herren Bellizisten bleiben aufgefordert, dazu Vorschläge zu machen.

Demnächst im Kosovo
Über den Mechanismus ethnisch-nationalistischer Kriege

Jugoslawien – ein Minenfeld. Nach dem kroatischen und bosnischen Krieg steht ein dritter bevor, ein Endkampf um das Kosovo, eine blutige Konfrontation zwischen Serben und Albanern. Und obwohl jeder weiß, daß dieser dritte Krieg der schlimmste würde, weil er über das zerstückelte Erbe Titos ausgreifen und Türken, Bulgaren, Makedonen und Griechen in den Strudel ziehen könnte, bleibt die Politik des Westens unverändert: von jaulender Wichtigtuerei und aufgeblasener Hohlheit.

Hinter dieser Kritik steckt nicht die inzwischen weit verbreitete kolonialistische Attitüde moralisierender Stammtische – als ob die »zivilisierten« Amerikaner, Engländer, Franzosen oder Deutschen die wilden Volksstämme der Serben, Kroaten, Albaner und Bosniaken zur Ordnung rufen müßten. Weder die NATO noch die EG – geschweige denn die UNO – wären in der Lage, all die höchst vergleichbaren ethno-nationalistischen Kriege der postkommunistischen Welt militärisch zu schlichten. Das Problem ist nicht die angebliche Untätigkeit, sondern die dilettierende »Tätigkeit« des Westens, z. B. das Schwanken der deutschen Politik zwischen brutalen Kraftakten (der Erzwingung der Anerkennung Kroatiens 1991), mäuschenhafter Zurückhaltung (bis Herbst 1993) und deutsch-französischem Pragmatismus (danach). Erfolgreiche Politik steht unter dem Gesetz klarer Alternativen: Entweder muß man zur großen Intervention bereit sein oder sich auf die guten Dienste neutraler Vermittlung zurückziehen. Die Staats-Schauspieler Clinton, Kohl, Wörner et altera aber reden schneidig, bevor sie sich vergewissert haben, was man tun könnte. Der Erfolg: Amerikaner und

Europäer haben zwar ihre besten Leute (Peter Carrington, Cyrus Vance, David Owen, Thorvald Stoltenberg) nach Jugoslawien geschickt, deren Autorität aber systematisch untergraben. Inzwischen tun kroatische und serbische Nationalisten, aber auch deutsche Publizisten so, als ob David Owen an den Massakern von Sarajewo oder Mostar persönlich schuld wäre. Gleichzeitig geht der Wahnsinn ethnischer Purifikation weiter. Die kleinen Leute verrecken, die nationalistische Intelligenzija triumphiert.

Im Kosovo rasen zwei Züge mit großer Geschwindigkeit aufeinander zu. Der serbische Caudillo Slobodan Milosevic fanatisiert sein Volk seit 1987 gegen die Albaner. Die Serben haben die 1974 von Tito geschaffene Autonomie des zu 90 Prozent von Albanern bewohnten Kosovo abgeschafft und unterdrücken die Bevölkerung brutal. Die Albaner antworten mit einem nahezu einmütig getragenen Boykott; seit 1991 werden Schüler und Studenten in einem eigenen albanischen Erziehungs-System unterrichtet, in Wohnungen und auf Straßen. Für die Serben gilt das Kosovo zu Recht als die »Wiege des Serbentums«; dort stehen ihre nationalen Heiligtümer, eine Aufgabe des Kosovo wagt kein serbischer Oppositionspolitiker öffentlich auch nur anzudeuten. Auf der anderen Seite halten die Albaner in der Zwischenzeit jede serbische Verwaltung des Kosovo für unerträglich. Sie wollen die Sezession, ein »unabhängiges und neutrales« Kosovo. Diese Ziele sind objektiv unvereinbar.

Noch hält der unbestrittene Führer der Kosovo-Albaner, Ibrahim Rugova, ein albanischer Ghandi, sein weitgehend unbewaffnetes Volk ruhig. Aber lange wird das nicht mehr gutgehen. Die Albaner stehen nicht nur einem Teil der serbischen Armee und der serbischen Polizei gegenüber, sondern auch noch zwei paramilitärischen Gruppierungen unter dem Nationalistenführer Seselj und dem international gesuchten Kriminellen Arkan. Die Söldner dieser Banden gehen in die albanischen Geschäfte und nehmen mit, was ihnen gefällt. Wehrt sich der Besitzer, wird er erbarmungslos zusammengeschlagen. Wann diese Lage kippt und in einen blutigen High Noon umschlägt, weiß niemand.

Natürlich war die Aufkündigung der von Tito gewährten Autonomie des Kosovo durch das serbische Regime unklug; die mit dieser Aufkündigung verbundenen Brutalitäten waren verbrecherisch. Allerdings muß man wissen, daß die Albaner auch mit der Autonomie nicht leben wollten – ab 1981 haben sie sie aktiv bekämpft. Noch heute erklärt der vorsichtige Rugova, daß er »kurzfristig« keine Vereinigung des Kosovo mit dem albanischen Mutterland anstrebe. Wer lange und oft genug mit albanischen Politikern spricht, hört allerdings, daß ihr Anspruch nicht anders ist als der der Serben: alle Albaner in einem Staat. Das bedeutet auf mittlere Sicht Groß-Albanien und unabsehbare Konflikte; es gibt eine große albanische Minderheit in Makedonien und eine kleine in Griechenland. Man kann versuchen, den Konflikt zu lösen, indem man einer Seite – den Serben – die Kapitulation empfiehlt. Aber wie groß ist die Chance, einem Volk die seit 150 Jahren gehegten Träume auszureden? Im Serbien des Jahres 1994 ist die Lage wie im Deutschland des Jahres 1928: Wenn man damals den deutschen Eliten den Verzicht auf Ostpreußen nahegelegt hätte, wäre man von 99 Prozent der Leute für verrückt erklärt worden, nicht nur von den Nazis. So wirkt der Konflikt wie ein Verhängnis. Serben und Albaner nicken ernsthaft mit dem Kopf, wenn man ihnen vorhält, daß eine Konfrontation im Kosovo schnell hunderttausend Tote produzieren müßte. Wenn man sie dann aber nach einem Kompromiß fragt, zukken auch die Gemäßigten mit den Schultern. Es gäbe keinen.

Die Reaktionen des Westens auf diese explosive Lage sind hilflos. Es bleibt als vermeintlicher Königsweg das Embargo gegen die Serben. Dahinter steht die Idee, daß der wachsende

Druck das serbische Volk zwingen würde, Milosevic zum Teufel zu jagen.

Der Druck ist, kein Zweifel, fürchterlich. Das Land wird von einer Hyper-Inflation gepeinigt; die Staatsbank hat gerade den 1-Milliarden-Dinar-Schein herausgebracht. Viele Rentner, Arbeitslose oder Kriegsflüchtlinge hungern längst. Nur ein paar tausend Kriegsgewinnler räkeln sich in eleganten Wägen und Villen. Niemand kann mehr sagen, die Sanktionen der Weltgemeinschaft seien ohne Wirkung.

Sie haben nur nicht die Wirkung, die sich die Strategen des Westens wünschen. Seit der Entmachtung des Schriftstellers Dobrica Cosic, der einige Zeit – ohne jede Hilfe aus dem Westen – als Bundespräsident Rest-Jugoslawiens den Versuch machte, sich mit Milosevic auseinanderzusetzen, ist der Präsident unangefochten. Wahlen hat er jeweils fast triumphal gewonnen. Der Spielraum der Opposition ist durch die Sanktionen verringert, nicht vergrößert worden. Sollte das Regime kippen, dann nicht nach links, sondern nach rechts.

Soll die Katastrophe verhindert werden, muß der Westen seine rhetorisch-unspezifische Balkan-Politik operativ zuspitzen. Er darf sich nicht mehr darauf beschränken, für die »home-consumption« zu handeln.

– Wer Embargos nicht als Bestrafung, sondern als Instrument zur Erreichung bestimmter Ziele ansieht, muß der betroffenen Bevölkerung signalisieren, daß die Blockade unter bestimmten Bedingungen aufgehoben werden kann. Franzosen und Deutsche haben das im Herbst 1993 erstmals begriffen. Jetzt ginge es um intelligente Zuspitzungen. Die Idee, daß ein Diktator wie Milosevic stürzt, weil der Westen kranke Rentner in Belgrad terrorisiert, ist verrückt.

– Solange in Bosnien kein einigermaßen tragfähiger Waffenstillstand gefunden ist, wird die Blockade Serbiens weitergehen, der Westen verlöre sonst sein Gesicht. Es macht aber keinen Sinn, Milosevic die Möglichkeit zu geben, dem serbischen Volk zu sagen: Was immer wir tun, der Westen wird uns weiter knebeln. Da Krieg im Kosovo auf die Dauer nur durch eine präventive Stationierung von Blauhelmen der Vereinten Nationen zu verhindern ist, sollte man den Serben die Aufhebung der Sanktionen in Aussicht stellen, wenn sie einer Stationierung von Blauhelmen im Kosovo – das nun einmal zu Serbien gehört – zustimmen.

– Auch Soldaten mit blauen Helmen könnten den Konflikt nur hinausschieben, nicht verhindern. Deswegen braucht der Westen den Grundriß für eine Dauerlösung der Nationalitäten-Probleme in Jugoslawien. Der einzig gangbare Weg ist eine derzeit von beiden Seiten abgelehnte Option: Die Rückkehr zu einer Autonomie der Albaner im Kosovo, ähnlich der Verfassung von 1974. Wer solch eine Lösung durchsetzen will, muß für vergleichbare Probleme allerdings auch vergleichbare Prinzipien anwenden. Wenn man den Albanern im Kosovo volle Autonomie einräumt, wird man den Serben in der kroatischen Krajina dasselbe nicht verweigern können.

Aber eine operative Balkan-Politik müßte sich von der klappernden Schablone der »serbischen Aggression« – dem Denkmodell »Krieg zwischen Staaten« – lösen und den Mechanismus ethnisch-nationalistischer und religiöser Konflikte freilegen. Das Krebsgeschwür ist das Großruritaniertum – die Idee »alle Ruritanier in einem Staat«. Diese Erkenntnis tut uns zu weh, weil sie auch Freunde trifft; dieser Bewußtseinssprung ist uns zu groß. Also führen wir Krieg: demnächst im Kosovo.

Die deutsche Lesart
*Vorläufige Bemerkungen über Krieg und Medien
am Beispiel der bosnischen Tragödie*

Anfang der siebziger Jahre entstand die Hypothese, daß schon die technische Entwicklung der modernen Medien Krieg und Diktatur erschwerten. Hatte der Vietnamkrieg nicht erwiesen, daß die durch das Fernsehen erzeugte tägliche Präsenz des Todes die Kriegsbereitschaft der Massen unterminierte? Zerstörte die wachsende Vielfalt von Sendern, Speichermedien und Kopierverfahren nicht die Chance von Regierungsapparaten, die öffentliche Meinung zu manipulieren? Was für eine sympathische, plausible Annahme. Leider wissen wir inzwischen: Sie war und ist falsch.

Der Golfkrieg hat gezeigt, daß auch der liberale Staat die aufklärerische Komponente moderner Medien neutralisieren kann; der Pool-Journalismus der amerikanischen Militärzensur präsentierte einen keimfreien Technokrieg ohne Tote. Auch ohne die Gleichschaltungsmethoden zentral geleiteter Kommunikationssysteme wurde erreicht, daß von rund 125 000 Kriegsopfern, darunter vielen Zivilisten, in den Medien der westlichen Industriegesellschaften höchst selten die Rede war. Gleichzeitig führten die reformkommunistischen Technokraten um Iliescu in Rumänien vor, wie man einen höchst begrenzten Elitewechsel als demokratische Revolution darstellen kann. Die Aktionen vor laufender Kamera, der gezielte Einsatz von »Amateurfilmen« (Ceaucescu-Prozeß), die geradezu genialische Verwendung gestellter Fotografien höchst realer Folterszenarien machte deutlich, daß es auch am Ende des 20. Jahrhunderts möglich ist, über Wochen und Monate die ganze, vielkanalige Apparatur der »Weltmeinung« zu täuschen. Inzwischen zeigen die jugoslawischen Kriege sogar, daß die sogenannte »Weltöffentlichkeit« trotz Satellitenfernsehen, global tätigen Nachrichtenagenturen und grenzüberschreitenden Medien offensichtlich eine Schimäre ist. In Deutschland, Österreich und Ungarn wurde – und ein Jahr lang auch in eklatantem Gegensatz zur übrigen Welt – ein geradezu klassischer Ethnokonflikt in einer Völkermischzone als Angriffskrieg zwischen Staaten interpretiert. Das Faszinierende – und Erschreckende – an diesem Tatbestand ist nun, daß die Implantierung dieser Interpretationsfolie – von Ungarn abgesehen, wo die Regierung die Medien gängelt – ohne jede Einschränkung demokratischer Prozeduren gelingt. Auch offene Kommunikationssysteme können also, und zwar unter den Bedingungen eines deregulierten, globalisierten und privatisierten Medienmarktes, abgeschottet, »eingestellt« und einigermaßen auf Linie gebracht werden.

Bei der Analyse dieses Tatbestandes geht es nicht um die – legitimen – Differenzen bei der Wertung der mörderischen Auseinandersetzungen auf dem Balkan. Man kann der Auffassung sein, daß die serbische Führung nicht nur nationalistisch, sondern auch immer noch »kommunistisch« sei. Man kann zu dem Ergebnis kommen, daß die Serben größere Schuld an den kriegerischen Verwicklungen tragen als die anderen Volksgruppen. Nur erklären all diese Wertungen nicht, wieso in einem offenen Kommunikationssystem wie dem der Bundesrepublik eine Fülle von Informationen höchst einvernehmlich – und mit nur wenigen Durchbrechungen – nicht oder nur marginalisiert vermittelt werden. Wie kommt es in einem unbestreitbar freien Land, in dem über die meisten Fragen kontrovers informiert wird, gerade bei der Jugoslawien-Berichterstattung zu einer fast ehern durchgehaltenen nachrichtenpolitischen Linie?

Warum gab es, zum Beispiel, in der deutschen Öffentlichkeit lange Zeit kaum systematische Auswertungen der (meist wöchentlich abgegebenen) Berichte des Generalsekretärs der UNO zum bosnischen Krieg? Warum wurden die Dokumente des Internationalen Komitees vom Roten Kreuz (IRRK) nur so selten nüchtern zitiert? Man würde dann über die Untaten der Söldner des kroatischen Nationalistenführers Dobroslov Paraga genauso berichten müssen wie über die Verbrechen, die die Leute des bosnischen Serbenführers Radovan Karadzik auf sich geladen haben. Man müßte dann nicht nur über die Lager der Serben schreiben – in denen sie Muslime und Kroaten gefangenhalten –, man müßte der deutschen Öffentlichkeit auch sagen, daß es Tausende Muslime gibt, die sich vor kroatischer Verfolgung nach Serbien geflüchtet haben. Das Ergebnis wäre vermutlich eine ganz andere Tonart. Die Meldungen über serbische »Konzentrationslager« – es gibt kaum Zweifel, daß es sowohl in serbischen als auch in kroatischen Lagern Aufseher vom Typ bestimmter KZ-Wächter und brutalen Hunger gibt – könnten dann so überschrieben werden wie am 8. August 1992 in der »Neuen Zürcher Zeitung«: »Wenig erhärtete Fakten über Gefangenenlager in Jugoslawien«. Entsprechende Überschriften in Deutschland heißen aber eher: »Unterhalten Serben Vernichtungslager?« (»Welt«, 6. 8. 1992) und zitieren dann breit »Augenzeugenberichte« von Zeugen mit Namen, ohne Namen und mit abgekürzten Decknamen.

Natürlich kann man historische, religiöse und politische Gründe für eine prinzipiell prokroatische und antiserbische Haltung von Deutschen, Österreichern und Ungarn finden. Das katholische Kroatien war über Jahrhunderte ein Bestandteil der »Mittelmächte«, während der Nationalismus der orthodoxen Großserben sich direkt gegen diese Mittelmächte richtete, seit 1903 auch mit terroristischen Methoden. Auch im Zweiten Weltkrieg standen die Kroaten auf der »richtigen« Seite; Hitler schuf sich sogar einen faschistischen Satrapen-Staat in Kroatien. Man muß nur fragen: Sind wir schon wieder so weit, daß die Orientierungsmuster aus der ersten Hälfte des Jahrhunderts die Bündnispolitik der zweiten Hälfte verdrängen? Ist die Tatsache, daß das Frankreich des Präsidenten Poincaré und das England von Lloyd George als Schutzmächte Serbiens wirkten, schon wieder gegenwärtiger als die Accolade zwischen Adenauer und de Gaulle im Dom von Reims? Oder wie ist es sonst zu erklären, daß ein Mann wie der frühere Jugoslawien-Vermittler der EG, Peter Carrington, bis vor kurzem ein hoch angesehener britischer Außenminister und Generalsekretär der NATO, von vielen deutschen Blättern behandelt wurde wie ein seniler Trottel? Wie kommt es, daß die Deutschen den autoritären Nationalismus des Serben Slobodan Milosevic (zu Recht) scharf kritisieren, während sie den autoritären Nationalismus des Kroaten Franjo Tudjman in mildem Licht weichzeichnen? Tudjman hat die Oppositionsparteien bei Wahlen mit skandalösen Fristen geschurigelt und das Wahlrecht der (häufig rechtsradikalen) Emigration in einer Weise überdehnt, daß man mit gutem Grund von manipulierten Wahlen sprechen kann; im Europäischen Parlament ist das Notwendige dazu gesagt worden. Aber wo standen diese facts in der deutschen Presse? An welcher Stelle erfuhr man, wenn vom Bündnis der Kroaten mit den Muslimen die Rede war, von der Tatsache, daß Tudjman und Milosevic eine Zeitlang kurz davor waren, Bosnien untereinander aufzuteilen? Und wieso hat sich der berühmte »investigative« Journalismus unseres Landes noch nicht systematisch der Frage angenommen, über welche Kanäle Waffen (zum Beispiel Waffen aus der ehemaligen DDR) in die Hände kroatischer Freischärler gelangt sind? Neben der umfassenden Information über die Reiseabrechnungen Lothar Späths und die Gehaltszettel Oskar Lafontaines wäre das doch auch einmal ein lohnendes Thema für die jungen Löwen des deutschen Journalismus.

Kein Zweifel: Die Nachrichtenlage im zerfallenen Jugoslawien ist kompliziert. Spätestens seit der dramatischen Wende, die die deutsche Außenpolitik bei der Anerkennung Sloweniens und Kroatiens vollzogen hat, sind serbische Quellen für Deutsche nicht leicht zu erschließen. Die Berichterstattung in einem Krieg, in dem neben regulären Truppen Freischärler und Banden einen gnadenlosen Kampf kämpfen, ist gefährlich; das hat schon früh der Tod Egon Scotlands, eines Korrespondenten der »Süddeutschen Zeitung«, gezeigt. Inzwischen sind in den jugoslawischen Kriegen um die 40 Journalisten umgekommen. Auch arbeiten alle Seiten mit klassischer Greuelpropaganda über den jeweiligen Gegner. Nur: Wieso hat diese Situation den deutschen Journalismus so wenig herausgefordert? Wo war in diesem schrecklichen Krieg der Peter Arnett der Deutschen, der auch einmal die Konter-Informationen ans Tageslicht bringt? Wo waren die großen Haudegen, die mit allen Wassern gewaschenen Kriegskorrespondenten, die sonst doch ganz gern vor dem Fly away im Fernsehbild auftauchen?

Man darf nicht ungerecht sein: Da und dort wurde die große Erzählung von den kroatischen Engeln und den serbischen Teufeln durchaus durchbrochen. Gelegentlich gab es eine Eigenrecherche in der »Frankfurter Rundschau«, einen mazedonischen oder serbischen Querschläger oder einen Korrespondentenbericht in der »taz«, eine merkwürdig aus dem Rahmen fallende Einzelinformation bei den Auslandsnachrichten der »Süddeutschen Zeitung«. Im großen und ganzen aber dominierte die deutsche Lesart: Auf dem Balkan geht es nicht um die mörderische Auseinandersetzung von Nationalismen, die alte Rechnungen miteinander begleichen; auf dem Balkan findet der Befreiungskampf unterdrückter (und im Fall von Slowenen und Kroaten zu unserem Kulturkreis gehörender) Völker gegen den großserbischen (slawischen) Chauvinismus statt. Nur die Prägekraft dieser Formel erklärt die geradezu atemberaubende Geschwindigkeit, in der in Deutschland erstmals seit 1945 wieder eine Art Kriegsstimmung erzeugt werden konnte; nicht im Volk, wohl aber in einem Teil der politischen Klasse.

Hier muß nun endlich das »Verdienst« eines einzigen Mannes gewürdigt werden: Johann Georg Reißmüller, Mitherausgeber der »Frankfurter Allgemeinen Zeitung«, hat bei der Jugoslawien-Berichterstattung der deutschen Publizistik eine Führungsleistung erbracht, die man kaum überbewerten kann. Die Artikel, die er seit Beginn der jugoslawischen Krise auf Seite 1 seines Blattes zu diesem und nur zu diesem Thema verfaßt hat, sind schon allein physisch eine beachtliche Leistung. Reißmüller hat, ohne Schnörkel, den Grundsatz, daß die Deutschen keine Waffen in Spannungsgebiete liefern, bekämpft; er trat für Waffenlieferungen an Kroatien ein, später auch ohne Wenn und Aber für eine militärische Intervention gegen Serbien. Seine Hauptleistung liegt aber ohne Zweifel beim Aufbau eines klaren Feindbildes: die (von Serbien) »gemarterten Völker«, der »serbische Völkermord«, die »säkulare Untat«, die Gegenüberstellung von Serben und »zivilisierter Welt«. Das ist Arbeit der Zuspitzung im besten Sinn. Wenn künftig Beispiele für die direkte Beeinflussung der Politik durch Publizistik gesucht werden, wird man ohne Zögern Johann Georg Reißmüller nennen dürfen: das deutsche Drängen auf eine frühzeitige Anerkennung Sloweniens und Kroatiens wäre ohne ihn nicht zustande gekommen. Die Deutschen sind heute in Teilen des Balkans wieder das beliebteste, in anderen Teilen das verhaßteste Volk Europas. Ein einzelner Journalist, eben Johann Georg Reißmüller, hat seinen Anteil daran.

Das Fazit? Die deutsche Publizistik muß aus dem jugoslawischen Exempel lernen. Europa dürfte vor einer Fülle »kleiner Kriege« stehen – einer häßlichen Abfolge grausamer ethnischer Konflikte, bei denen immer wieder innerstaatliche Deportationen, Vertreibungen, Verbrechen gegen die

Menschlichkeit und gelegentlich sogar Völkermord vorkommen werden. Die Parteien in diesen Kriegen werden mit systematischen Desinformationen arbeiten. Ein schreckliches Beispiel bietet schon heute der Machtkampf zwischen Schewardnadse und Gamsachurdia in Georgien. Wenn Deutschland politisch gut beraten ist, strebt es bei der Behandlung dieser unvermeidlichen Verwicklungen keine »Führungsrolle« an, sondern agiert als gesprächsfähiger Partner in der Europäischen Gemeinschaft. Die Voraussetzung für eine solche Politik ist eine skrupulöse, möglichst umfassende, vollständige, vorsichtige und faire Berichterstattung. Die Vorbilder wären die »BBC« oder die »NZZ«. Nur ein kommunikatives Selbstverständnis des deutschen Journalismus – und nicht schneidige Gesinnungspublizistik – können Deutschland davor bewahren, in die Rolle der überanstrengten, mißtrauisch beäugten, von Neurosen geplagten und gefürchteten Mittelmacht zurückzufallen. Die Verantwortung der »Merker« ist nicht viel geringer als die der »Täter«.

Der Wahrheit eine Waffe

*Plädoyer für eine Medienintervention
in den jugoslawischen Kriegen*

Daß die großen internationalen Organisationen, die Vereinten Nationen ebenso wie die Europäische Gemeinschaft oder die NATO, bei der Bekämpfung der seit 1989 explodierenden ethnisch-nationalistischen Konflikte »versagen«, ist zum geflügelten Wort geworden. Ob es um die einerseits blutig-brutale, andererseits komisch erfolglose Jagd auf den General Aidid in Somalia geht oder um die krampfartigen, an verschiedenen Tischen ablaufenden Verhandlungen des westlichen Bündnisses um eine Militär-Intervention in Bosnien, immer kommt man zum gleichen traurigen Ergebnis: zu spät, zu plump, zu einfallslos. Der moralisierende Zeitgeist irrt allerdings, wenn er dieses Versagen ethisch deutet, nach dem Motto: Den politischen Klassen des Westens fehlt der Mut zur richtigen Entscheidung. Das Problem liegt im Kopf, nicht im Gewissen. Unsere Führungseliten, Meinungsführer und Entscheidungsträger kapieren, befangen von den Prinzipien und Rechtsbegriffen des modernen Territorialstaats, die Mechanismen von Stammesgesellschaften und Vielvölkerstaaten allzuoft nicht.

Ein gutes Beispiel dafür ist die Verkennung der unglaublichen Bedeutung von Information und Kommunikation in Völkermischzonen. Bei ethnisch-nationalistischen Konflikten bilden sich – wie es Albrecht von Müller, einer der intelligentesten Politikberater unseres Landes, nennt – »Kommunikations-Glocken«, in denen sich verzerrte Wahrnehmungsmuster verfestigen und radikalisieren. Wenn man es versäumt, derartige »Glocken« rechtzeitig durch die Zufuhr aufklärender Information aufzubrechen, steht man nach einiger Zeit vor der deprimierenden Alternative, der sich der Westen derzeit in Jugoslawien gegenübersieht: Man muß einen grausamen Krieg entweder ausbluten lassen, oder man muß das betreffende Land besetzen, mit allen Konsequenzen und der Bereitschaft, dort lange zu bleiben und eine neue politische Kultur zu erzwingen.

Die ohne Zweifel blamable – und den Zusammenhalt des westlichen Bündnisses schwer gefährdende – Niederlage des Westens in der Balkanpolitik ist in Versäumnissen begründet, die schon in den späten achtziger Jahren, vor allem aber im Jahr 1990 liegen. 1987 begann Slobodan Milosevic mit der systematischen Verhetzung seines Volkes, zuerst gegen die Albaner, später gegen die Kroaten. 1990 setzte Franjo Tudjman in Kroatien die antiserbischen Fanatisierungsmechanismen in Gang, die heute noch wirksam sind. Der erste Schritt dieser Strategien war immer die Einführung der Kontrolle über die Medienorganisationen, vor allem die Fernsehanstalten. Der Westen muß begreifen: Wenn er nicht den Mut aufbringt, frühzeitig in die Kommunikationsprozesse dieser Regionen zu intervenieren, muß er später mit Soldaten intervenieren – oder zuschauen.

Diesen Kern der Sache hat Tadeusz Mazowiecki, der Sonderberichterstatter der UN-Menschenrechtskommission, in wenigen Worten zusammengefaßt: »Gerüchte und Desinformationen sind nicht nur allgemein verbreitet, sondern ein Hauptbestandteil der eigentlichen Problematik im aktuellen Jugoslawien-Konflikt, indem sie reichlich dazu beitragen, ethnische Haßgefühle zu schüren und den Vergeltungstrieb anzustacheln, der eine der Hauptmotivationen der begangenen Greueltaten darstellt. Das heißt, daß die Bevölkerung im allgemeinen über keine vertrauenswürdige und objektive Informationsquelle verfügt.«

Zwar gibt es auch auf dem Balkan noch da und dort ein unabhängiges Medium; zum Beispiel *Novi List* in Zagreb,

Vreme, das *Radio B 92*, die Fernsehstation *Studio B* in Belgrad oder die fast schon legendäre Zeitung *Oslobodjenje* in Sarajevo. Aber die Blätter kann fast niemand mehr kaufen; und die kritisch orientierten elektronischen Medien (die es in Kroatien gar nicht mehr gibt) haben eine lächerlich geringe technische Reichweite. Das heißt, daß die Masse der jugoslawischen Völker (das glückliche, dem Krieg rechtzeitig entronnene Slowenien ausgenommen) einer jahrelangen und systematisch betriebenen Fehlinformation ausgesetzt worden ist. Welche Wirkungen das hat, schildern unabhängige Beobachter folgendermaßen:
– »Im vergangenen Jahr«, schreibt Nenad Pejic, Anfang der neunziger Jahre Leiter von *Radio Sarajevo*, heute Emigrant in Deutschland, »war mein vierzehnjähriger Sohn mit seiner Großmutter in den Ferien in einem serbischen Dorf. Dort sah er natürlich auch Fernsehsendungen. Als er nach Sarajevo zurückkehrte, wollte ich mit ihm ein Basketballspiel zwischen einer kroatischen und einer bosnischen Mannschaft sehen. ›Ich mag die Kroaten nicht‹, erklärte er, ›und ich mag dieses Basketballspiel nicht sehen.‹ – ›Aber es sind doch großartige Basketballspieler‹, meinte ich. ›Ich hasse sie. Es sind doch allesamt Ustascha, und sie bringen Serben um‹, sagte er. ›Aber ich bin doch auch Kroate‹, entgegnete ich. ›Was?‹ Er war natürlich entsetzt. ›Du – ein Kroate?‹ – ›Ja, ich bin ein Kroate.‹ – ›Das gibt's doch nicht, irgend etwas stimmt da nicht‹, sagte er schließlich. Natürlich stimmte da etwas nicht. Er hatte zwei Monate serbische Fernsehsendungen gesehen.«
– Anläßlich der Berichte über ungeheure Grausamkeiten äußert Thomas Fleiner, Staatsrechtsprofessor in der Schweiz und Leiter einer KSZE-Menschenrechtskommission in Jugoslawien seine Zweifel. Ob manche Horror-Meldungen, zum Beispiel übers Augenausstechen, »einen wahren Kern haben, kann niemand mit letzter Gewißheit sagen. Oft werden die

gleichen Berichte, die gleichen Bilder im serbischen und im kroatischen Fernsehen gezeigt, nur jeweils mit dem Unterschied, daß einmal die Serben gegen Kroaten vorgegangen sind und das andere Mal Kroaten gegen Serben. So werden Feindbilder aufgebaut.« Kein Zweifel: Es gibt solche Folterszenarien auf dem Balkan im Jahre 1993. Wer sie wann auf welche Weise gegen wen nutzt, ist allerdings schwer kontrollierbar.

– Seit Anfang des bewaffneten Konfliktes in Bosnien bemüht sich die militärisch schwächste Gruppe, die der Muslime, eine internationale Militär-Intervention herbeizuführen. Es gibt Gründe, eine derartige Strategie verständlich zu finden; die Muslime haben am längsten versucht, sich aus dem Krieg herauszuhalten, sie sind am ehesten die Opfer. Man muß sich aber klarmachen, mit welchen Mitteln Amerikaner, Deutsche oder Franzosen in den Krieg gezogen werden sollen. Man benutzt die Methodik »Propaganda der Tat«. Das *Archiv der Gegenwart* vom 9. Oktober 1992 berichtet: »Am 3. September stürzte ein mit vier Besatzungsmitgliedern besetztes italienisches Transportflugzeug vom Typ G 222, das in Split aufgestiegen war und 4,5 Tonnen Decken nach Sarajevo bringen sollte, rund 40 Kilometer westlich der Stadt ab. Es hieß, die Maschine sei möglicherweise von einer Rakete getroffen worden und in der Luft explodiert. Später stellten italienische Experten fest, daß das Flugzeug von bosnischen Einheiten mit zwei Stinger-Raketen abgeschossen worden sei.« Einen ähnlichen Vorgang, bei dem zwei französische UN-Offiziere ums Leben kamen, gab es am 8. September in der Nähe des Flughafens von Sarajevo. Es handelte sich um Versuche, militärische Angriffe mit Todesfolgen den Serben in die Schuhe zu schieben, um die öffentlichen Meinungen im Westen kräftig zu beeinflussen.

Was in Bosnien, genauso aber in Georgien, in Bergkarabach, in Tadschikistan oder Moldawien vor sich geht, kann man nur mit einem Begriff kennzeichnen, der im Blick auf die Propaganda des Ersten Weltkriegs entwickelt worden ist: Greuelpropaganda. Greuelpropaganda arbeitet, wie die wissenschaftliche Definition sagt, »bewußt mit Lüge, Verleumdung und Übertreibung und dem Versuch, stets Mitleid zu erwecken; durch sie soll der politische Gegner in der Öffentlichkeit grausamer und unmenschlicher Handlungen angeklagt und dadurch allmählich selbst zum *Gegenstand des Grauens* gemacht werden«. Die großen Entscheider in den Weißen Häusern von Washington bis Moskau sollten es sich genauso klarmachen wie die schlichten Fernseher vor ihrem häuslichen Gerät: Joseph Goebbels und Willi Münzenberg, die ebenso skrupellosen wie genialischen Propagandakünstler der zwanziger und frühen dreißiger Jahre, sind zurückgekehrt, wenn auch im Taschenformat. Sie arbeiten nach der Methode, die der englische Schriftsteller Arthur Ponsonby vor mehr als einem halben Jahrhundert folgendermaßen gekennzeichnet hat: »In Kriegszeiten ist das Versäumnis zu lügen eine Nachlässigkeit, das Bezweifeln der Lüge ein Vergehen und die Erklärung der Wahrheit ein Verbrechen.«

Zum Skandal wird diese Entwicklung durch die fahrlässige Reaktion vieler westlicher Medien. Recherchen am Ort sind teuer, häufig schwierig bis unmöglich und im übrigen lebensgefährlich. Also übernehmen westliche Agenturen weitgehend ungefiltert die Meldungen der fast immer unter direkter Kontrolle der kriegführenden Partei stehenden Presse- und Rundfunkorgane auf dem Balkan. Skrupulöse Redaktionen vermitteln widerstreitende Berichte; die schneidigen Gesinnungspublizisten aber machen sich eine bestimmte Lesart zurecht, mit deren Hilfe sie sehr prinzipiell entscheiden, was »seriöse« oder »unseriöse« Quellen sind. Das Ergebnis: Russen und Griechen werden vor allem mit der serbischen, die Türken und die muslimischen Staaten mit der muslimischen – Deutsche, Österreicher und Ungarn vor allem mit der kroatischen Version überschüttet; 1993 tritt in Deutschland die Lesart der Muslime neben die der Kroaten.

Natürlich, der an Süd-Ost-Europa besonders Interessierte kann sich auf dem deutschen Medienmarkt alle international verfügbaren Informationen besorgen. Wenn er sein privates Mediensystem aber nicht ganz bewußt erweitert hat, dürfte er niemals erfahren haben, daß und aus welchen Gründen die Serben bei einer weiteren Auflockerung des jugoslawischen Gesamtstaates den Anschluß der serbischen Gebiete in Kroatien und Bosnien-Herzegowina verlangten. Wie könnte er also auf die Idee kommen, daß die Gewährung einer echten Autonomie für die serbischen Minderheiten in Kroatien den serbisch-kroatischen Krieg unter Umständen hätte verhindern können?

Welche Rolle der Parteinahme einzelner Medien für die Kommunikation einer Gesellschaft spielen kann, hat (für Deutschland) ein unverdächtiger Zeuge klargemacht: Rudolf von Habsburg. »Wie war es denn am Anfang?« hat er in einem großen Interview anläßlich seines achtzigsten Geburtstages gefragt. »Da herrschte doch auch in Bonn genau die gleiche negative Stimmung gegenüber Kroatien. Und da waren es zwei große deutsche Zeitungen, die praktisch die deutsche öffentliche Meinung so organisiert haben, daß sogar Genscher sich dem anpassen mußte. Ich meine die *Welt* und die *Frankfurter Allgemeine*.«

Wie läßt sich verhindern, daß – bei der für die Bürger schwer kontrollierbaren Berichterstattung über ferne Kriegsschauplätze – zwei oder drei Redaktionen die öffentliche Meinung eines ganzen Volkes hin und her werfen?

Hinter dieser Frage steckt ein sozusagen kommunikationsphilosophisches Problem. Nehmen wir zwei Staaten der Europäischen Gemeinschaft. Die Portugiesen werden seit Jahren täglich drei Minuten lang über die indonesischen Verbrechen in Ost-Timor informiert. Über Bosnien wissen sie fast nichts.

Die Deutschen werden seit Jahren täglich über die serbischen Verbrechen in Kroatien und Bosnien informiert. Über Ost-Timor wissen sie fast nichts. Wie läßt sich verhindern, daß nach einer gewissen Zeit die Mehrheit der Portugiesen nach einer militärischen Intervention in Ost-Timor schreit und die Mehrheit der Deutschen nach einer militärischen Intervention in Bosnien? Und wie läßt sich gleichzeitig erreichen, daß die Europäische Gemeinschaft wenigstens Konturen einer gemeinsamen Außenpolitik entwickelt?

Was fehlt, ist »kommunikations-orientiertes Krisenmanagement« (Albrecht von Müller). Eine rechtzeitige Medien-Intervention wäre unblutiger, billiger und wirksamer als Embargos, Blauhelme oder Flächenbombardements. Wenn der Westen sich berufen fühlt, seine universalistischen Ideale in die Tat umzusetzen, dann sollte er damit anfangen, der emotionalen Mobilmachung von ganzen Völkern entgegenzuwirken, und zwar *just in time*. Die technischen Möglichkeiten dazu – boden-, luft- und satellitengestützte TV- und Rundfunkstationen, auch Streukommunikationssysteme und die Finanzierung schlichter Computer-Mailboxen, die über das normale Telephonnetz verbunden werden können – stehen zur Verfügung.

Nun würden solche Medien-Interventionen selbstverständlich heftige Auseinandersetzungen in der UNO zur Folge haben. Als der Europarat vor wenigen Monaten eine Radiostation unterstützte, die auf einem Schiff vor der kroatischen Küste installiert war, wandte sich die serbische Regierung sofort an die Internationale Telekommunikations-Organisation der UNO. Diktatoren lieben es nicht, wenn man ihren Völkern die Wahrheit sagt – oder das, was der Westen für Wahrheit hält. Es wäre sinnvoll, international legitimierte Kommunikations-Agenturen zu begründen, die dieses Geschäft übernähmen. Sonst wäre schnell der alte Slogan vom »Medien-Imperialismus« des Westens in aller Munde.

Aber man muß sich einmal vorstellen, wie die Tragödie auf dem Balkan abgelaufen wäre, wenn die EG nicht klassisch und diplomatisch, sondern modern und »technisch« reagiert hätte. Wäre es nicht denkbar, daß die Opposition in Belgrad stärker wäre, wenn man den Serben schon Ende der achtziger Jahre mitgeteilt hätte, daß es nicht zu den Routinebeschäftigungen der Albaner im Kosovo gehört, orthodoxe Nonnen zu vergewaltigen? Hätte die frühe öffentliche Kritik an der Entlassung serbischer Polizisten oder Lehrer in den serbischen Siedlungsgebieten Kroatiens, zum Beispiel der Krajina, die Proklamation serbischer Ministaaten vielleicht verhindern können? Und wäre es nicht billiger und erfolgversprechender gewesen, den Herren Milosevic und Tudjman täglich eine Stunde Nachrichten, die von internationalen Organisationen zusammengestellt werden, aufzuzwingen statt einiger tausend Soldaten mit blauen oder gar andersfarbigen Helmen?

Inzwischen gibt es erste Anzeichen einer solchen Politik. Unabhängige Journalisten und Medienexperten aus allen ehemaligen jugoslawischen Teilrepubliken haben ein alternatives Netzwerk (Alternativna Informativna Mreza – AIM) gegründet, das ein bißchen Geld von der EG bekommt. *Radio Free Europe* wird von Oktober an eigene Sendungen in die südlichen Republiken Jugoslawiens ausstrahlen. Die Europäische Föderation Freier Radios plant eine monatliche Informationssendung auf serbokroatisch, und das Internationale Helsinki-Komitee gründet eine Media Watch Organisation, die sich zuerst mit Jugoslawien beschäftigen soll. Das sind gute Anfänge; aber auch nur Tropfen auf den heißen Stein.

Die Awacs-Flüge, über welche sich die deutsche Politik so hingebungsvoll gestritten hat, sind ziemlich sinnlos; sie kosten 40 000 Dollar pro Tag. Ob dieses Geld nicht besser genutzt werden könnte, wenn der Westen die Greuelpropaganda der Konfliktparteien durch eine gezielte Medien-Intervention konterkarierte? Wenn wir den Glauben an Sanktionen und Soldaten durch Intelligenz und Informationstechnik ersetzten? Das wäre ein neuer – bitte europäischer, nicht deutscher – Sonderweg: Wir schießen nicht. Wir senden! Oder zumindest: Bevor wir schießen, senden wir.

Im Zangengriff der Krieger

Eine Koalition aus Gesinnungsethikern und Normalisierern ruft nach Interventionen der Bundeswehr im Ausland

Es ist ein Zangengriff. Von der einen Seite packen die Normalisierer zu; ihre Maxime lautet: Deutschland muß wieder erwachsen werden. Auf der anderen Seite stehen die Gesinnungsethiker, denen die intentio wichtiger ist als der effectus. Für sie ist die militärische Intervention, zum Beispiel am Golf oder in Bosnien, aus moralischen Gründen geboten. Macht diese (unbeabsichtigte) Koalition die Deutschen von einer Zivil- und Wirtschaftsmacht wieder zum normalen Machtstaat, zum unverkrampften Alliierten in kleinen Kriegen überall auf der Welt? Den Normalisierern (Freund Wörner als Prototyp) geht es darum, die seit 1945 entstandene Mentalität der Zurückhaltung und Selbstbeschränkung zu überwinden. Der Philosoph Karl Otto Apel hatte schon vor Jahren die Frage gestellt: »Könnten wir aus der nationalen Katastrophe etwas Besonderes gelernt haben?!« Als Antwort prusten die Normalisierer triumphierend den Begriff »Sonderweg« heraus. Sie bewegt die Sehnsucht, genauso zu sein wie Amerikaner, Engländer, Franzosen. Also sollen die besonderen Verpflichtungen der deutschen und japanischen Verfassung getilgt werden.

Das Argument, das zur Begründung dieser Wende benutzt wird, ist legitim. Das souverän gewordene Deutschland müsse weltpolitisch mehr Verantwortung übernehmen. Seltsamerweise wird daraus nicht gefolgert, wir müßten die 0,37 Prozent des Bruttosozialproduktes, die wir – statt der versprochenen 0,7 Prozent – für Entwicklungshilfe aufwenden, aufstocken. Nein, ernst genommen würden wir von der Welt nur, wenn deutsche Ranger für Kampfeinsätze zur Verfügung stünden. Dies Harmoniebedürfnis verrät eher Subalternität als Festigkeit. Wieso müssen wir uns eigentlich verkriechen, wenn uns ein amerikanischer oder französischer Colonel wegen unserer Verfassungsrestriktionen über die Schulter ansieht? Die Deutschen haben in diesem Jahrhundert genügend Kriege geführt, das ist die Meinung der Mehrheit unseres Volkes. Die Japaner sind der zweitgrößte, die Deutschen der drittgrößte Beitragszahler der Vereinten Nationen; die Amerikaner sind der größte, aber gleichzeitig auch der größte Schuldner der UN. Einverstanden: Geld genügt nicht. Also sollten wir uns an Blauhelm-Operationen der UN beteiligen, auch an »robusten«. In Somalia, Kambodscha oder Bosnien kann es nötig werden, gelegentlich einen Warlord zu entmachten. Weder das Aufbringen serbischer Schiffe auf der Donau noch das Mitfliegen in Awacs-Flugzeugen ist politisch von vornherein fragwürdig; es ist – in Deutschland derzeit – nur politisch umstritten. Also sollten wir die Verfassung in diesem Punkt ändern. Die deutsche Botschaft wäre sehr klar: Für Peace-Keeping-Operationen der UN stehen wir bereit, auch für robuste. Für Kriege nicht.

Halt, rufen die Experten. Peace-Keeping und Peace-Enforcing, Blauhelm-Operationen und Kampfmaßnahmen gingen künftig ineinander über. In Somalia haben unter der Verantwortung des Generalsekretärs der UN ein türkischer General und sein amerikanischer Stellvertreter sowohl vermittelnd-friedenserhaltende als auch militärische Operationen befehligt. Ent- oder weder, rufen die Praktiker mit gespielter Munterkeit. Ein bißchen schwanger gibt es nicht.

Die Japaner haben anders entschieden. Sie machen nur Peace-Keeping mit; und das nach höchst komplizierten Regeln.

Warum sollten die Deutschen zu feige sein, dem japanischen Beispiel zu folgen? Es gibt Grauzonen zwischen Peace-

Keeping und Peace-Enforcement. Da dürfen wir nicht päpstlicher sein als der Papst. Aber wir lassen uns auch von den trickreichsten Experten nicht über den Löffel balbieren: Es bleibt ein Unterschied zwischen Friedenserhaltung und Krieg. Die Deutschen können und sollten sagen, daß sie bis auf weiteres bei Operationen, für die man einen General Schwartzkopf braucht, nicht zur Verfügung stehen. Weder ihnen noch den Japanern droht deshalb die Isolierung in den UN. Das Gegenteil ist wahrscheinlicher: Je weniger Golfkriege wir mitmachen, desto besser unsere Position bei der Mehrheit der Völker.

Aber wir müssen doch bereit sein, einem neuen Hitler in den Arm zu fallen, sagen die Gesinnungsethiker. Im Falle von Völkermord sei eine militärische Intervention geboten. In Bosnien drohe ein Holocaust an den Muslimen. Ja, die Deutschen müssen bereit sein, einem neuen Hitler in den Arm zu fallen. Der Vergleich ethnonationalistischer Kriege mit der Shoah aber ist illegitim. Der Zeithistoriker Hermann Graml hat die Einzigartigkeit des Judenmords der Nazis beschrieben: »Erstens hatte die Regierung eines sogenannten Kulturstaats den Massenmord befohlen, es handelte sich mitnichten um Ausschreitungen. Zweitens folgte diese Regierung dabei keineswegs einem Impuls, sie verfolgte vielmehr einen ohne Provokation ausgedachten Plan. Drittens sah der Plan vor, eine nach starren rassischen Kriterien definierte Großgruppe der europäischen Bevölkerung in der Tat auszutilgen: Alter und Geschlecht der Opfer spielten nicht die geringste Rolle, ebensowenig Religionszugehörigkeit, soziale Stellung und persönliches Verhalten. Viertens ergab sich aus solchen Elementen eine wahrhaft schreckliche quantitative Dimension des qualitativ furchtbaren Unternehmens. Fünftens wurden die über fünf Millionen Toten der europäischen Judenheit weder politischen noch ökonomischen Interessen der Mörder geopfert, sondern einem ideologischen Wahn...« Wer die

Deutschen mit falschen Vergleichen in neue Kriege jagen will, bricht nicht nur den nächsten Historikerstreit vom Zaun. Er riskiert auch den endgültigen Bruch des Konsens der Nachkriegszeit. Die Abscheulichkeit der Verbrechen in Brcko oder Srebrenica steht außer Zweifel. Aber die 200 000 Toten in Bergkarabach sind nicht deshalb leichter zu nehmen, weil deutsche Medien dort keinen Korrespondenten unterhalten. Die Deutschen sollten gelernt haben, daß jeder Krieg bestialisch ist. Die Entscheidung, wo eine militärische Intervention unvermeidbar ist, enthält immer ein Stück Willkür. Am Ende dieses 20. Jahrhunderts sind Skepsis, Mißtrauen, Vorsicht und Zurückhaltung die wichtigsten Tugenden für die einst so draufgängerischen Deutschen.

Rokokosaalpolitik

Notizen zur deutschen Außenpolitik nach 1989

1.

Die seit der Wiedervereinigung Deutschlands am häufigsten herumgereichte Weisheit lautet: Deutschland müsse wieder mehr Verantwortung in der Welt übernehmen. Diese Maxime ist richtig, aber gleichzeitig leer, weil in aller Regel undefiniert bleibt, was der schöne und auf eine wunderbar allgemeine Art »ethische« Begriff »Verantwortung« eigentlich meint. In der Periode des Kalten Krieges wußten die Deutschen, was ihre Mission war: Als Grenzland am Eisernen Vorhang mußten sie all ihre Kraft dafür einsetzen, nicht zum Schlachtfeld der Supermächte zu werden. Also entwickelten sie die »Entspannungspolitik«. Nach dem Zusammenbruch der amerikanisch-sowjetischen Doppelhegemonie schwankt die politische Klasse des größten europäischen Volkes nervös zwischen zwei unvereinbaren und allzu ehrgeizigen Großzielen – die einen wollen Deutschland zum »normalen Nationalstaat« und wenn nicht zur Großmacht, so doch zur »großen Macht« – machen, die anderen träumen von Deutschland als dem Weltgewissen, dem Anwalt der Menschenrechte, der Interventionsmacht gegen Völkermord. Im Streit zwischen diesen (ideal-typisch zugespitzten) Maximalpositionen, kann der gute Ruf, den das von Adenauer oder Brandt repräsentierte Deutschland von den fünfziger bis zu den achtziger Jahren erworben hat, leicht ruiniert werden.

Natürlich gehört die Normalisierungs-Schule eher nach rechts, die Menschenrechts-Schule (die an die Außenpolitik Jimmy Carters und Zbig Brzezinskis erinnert) eher nach links. Aber wie immer im Zeitalter der Neuen Unübersichtlichkeit verwischen sich die Fronten. Zu den Normalisierern gehört neben klassischen Geo-Politikern und neuen Nationalstaatlern auch ein bestimmter Typ des gestandenen Sozialdemokraten, der Anpassung an den nationalen Zeitgeist gelegentlich mit Realismus verwechselt. Unter den Menschenrechtspolitikern gibt es sowohl nachdenkliche linksliberale Universalisten als auch humanitaristische Bellizisten und rabiate katholische Abendländler. Gemeinsam ist der Normalisierungs- und der Menschenrechts-Schule eine allzu idyllische Interpretation des Epochenbruchs von 1989, der – wie die große Revolution von 1789 – ein Doppelgesicht hat. Der Befreiung von Millionen von Menschen von der kommunistischen Diktatur steht die durch die ökonomische Katastrophe radikalisierte Entbindung von ethnischem Radikalismus und religiösem Fundamentalismus gegenüber. Die Deutschen, die durch die mitteleuropäische Revolution Gebiete zurückerhielten, die sie für endgültig verloren gehalten hatten, neigen in diesem glücklichen historischen Moment zu feierlichen, unpräzisen und ökonomisch nicht durchdachten Gesten. Man könnte das die Rokokosaalpolitik der Deutschen nennen. Sie verliehen Karls- und Friedens-Preise an Vaclav Havel oder Lech Walesa, versprachen Marshall-Pläne, die Osterweiterung der EG oder der NATO und die Überwindung aller Grenzen, vergaßen aber, daß sie als größtes und wirtschaftlich stärkstes Volk Europas von heute auf morgen unter brutalen Anspruchsdruck geraten waren. Auf einmal konzentrierten sich die alten Hoffnungen und die alten Ängste auf das große, das neue Deutschland, das prompt in gefährliches Schlingern geriet.

So kam es, daß Deutschland die außenpolitische Linie verlor, die Adenauer, Brandt und Schmidt definiert hatten und die Hans Dietrich Genscher eineinhalb Jahrzehnte, bis 1989, eisern hielt. Plötzlich waren die Normalisierer peinlich berührt, daß sie nicht wenigstens mit ein paar Flugzeugen, Pionieren oder Panzergrenadieren am Golf-Krieg teilnehmen konnten. Statt an einer seit vielen Jahren von allen politischen Parteien akzeptierten Interpretation der deutschen Verfassung festzuhalten, der zufolge die Armee nur das Territorium des eigenen Landes und des Bündnisses verteidigen darf, begann man einen zeternden Rechtsstreit. Statt sich auf die gewaltigen Herausforderungen der ökonomischen Vereinigung von Bundesrepublik und DDR zu konzentrieren, zahlte man den Amerikanern 16 Milliarden Dollar zur Finanzierung eines fragwürdigen Krieges. Mitten in den Verhandlungen um das Vertragswerk von Maastricht (bei denen eine stärkere außen- und sicherheitspolitische Kooperation der EG-Staaten vereinbart werden sollte), provozierte man Engländer und Franzosen mit einem massiven Druck auf die Anerkennung Sloweniens und Kroatiens. Der Hintergrund für diese falsche Entscheidung – die Anerkennung Kroatiens führte auf der Stelle zu einer militärischen Aggression der Serben gegen die Kroaten – war wohl die deutsche Vereinigung, die man naiv als Vollzug des »Selbstbestimmungsrechts der Völker« wertete. Daß dieses Selbstbestimmungsrecht nicht automatisch ein Recht auf Sezession ist, vergaß man. Genscher kapitulierte (gegen die guten Ratschläge fast seines ganzen Ministeriums) vor der CSU, einem flüchtig-entschiedenen Kanzler und einer wirksamen antiserbischen Publizistik. Die »Bild«-Zeitung zeigte das Foto einer hübschen jungen Frau mit einer Maschinenpistole und schrieb: »Carmen Emenda Konda (33) schoß auf der Seite der Guten. Für Bosnien. Für die Freiheit. Gegen die Serben. Carmen trug ihre Scorpion MG (mit Dum Dum Patronen) mit Stolz. Carmen starb in den Armen ihres Mannes. Carmen ist eine Märtyrerin. Carmen wird nicht vergessen.« Die »FAZ« verarbeitete dasselbe Material für Akademiker. Wie sollte man dieser Klarheit widerstehen?

Gleichzeitig kam es dazu, daß deutsche und amerikanische Generäle von Protagonisten der deutschen Friedensbewegung zu militärischen Interventionen in Bosnien aufgefordert wurden. Verzweifelt forderten die Generäle für die militärische Intervention, zu der sie im Prinzip ja durchaus bereit waren, realistische, auf Dauer friedensfähige politische Ziele. Vergebens. Ob ein multikulturelles Bosnien realistisch war, nachdem man ein multikulturelles Jugoslawien auseinandergejagt hatte, wurde nicht gefragt. Man gab serbischen, russischen, griechischen und sonstigen Scharfmachern die Möglichkeit, Deutschland als Nation abzubilden, die auf dem Weg zu einem »Vierten Reich« sei.

Diese Kritik ist abwegig. Deutschland ist nicht gefährlich, weil es entschlossen wäre, erneut eine führende Rolle auf der Welt zu spielen. Es ist gefährdet, weil es nicht so genau weiß, was es wollen soll. Die Regierung schämt sich schrecklich, weil sie in die Lage geraten könnte, aus verfassungsrechtlichen Gründen deutsche Soldaten aus NATO-Flugzeugen zurückzuziehen, die den bosnischen Flugraum (in dem sowieso kaum Flugzeuge aufsteigen) überwachen. De Gaulle schied, als es ihm für die französische Politik sinnvoll erschien, kurzerhand aus der ganzen militärischen Integration der NATO aus. Die Japaner, die mit den Deutschen die größte Schuld am Zweiten Weltkrieg tragen und wie die Deutschen ihre Militärmacht verfassungsrechtlich strikt limitiert haben, haben ihre Beteiligung an weltweiten Blauhelm-Einsätzen der UNO vorsichtig begrenzt. Im übrigen verlangen sie trotzdem ulltimativ eine Beteiligung am Sicherheitsrat der Vereinten Nationen. Die Deutschen aber geben sich wie ein wohlhabend gewordener Getreidehändler im Jahr 1890, der seinen Sohn als Reserveoffizier in ein preußisches Traditions-Regiment einschleusen will. Man ist subaltern, weil man unsicher ist. Oder man ist – wie die parlamentarische Opposition – gelegentlich unangemessen anspruchsvoll. So wollte die SPD gegen eine der Großmächte der Zukunft, China, ein Embargo wegen der Morde am Platz des Himmlischen Friedens auch dann noch aufrechterhalten, als es Amerikaner und

Engländer längst aufgegeben hatten. Es ist schon zweifelhaft, ob man ein kleines Land wie Serbien in einem (von allen durchgehaltenen) Embargo in die Knie zwingen kann. Funktioniert hat das Mittel »Embargo« in einem einzigen Fall: Südafrika. Die Idee, daß die Deutschen das große China zu irgend etwas veranlassen könnten, wenn sie die wirtschaftliche Zusammenarbeit verweigern, schadet nur der deutschen Industrie, sonst niemandem. Außenminister Kinkel handelte richtig, als er den Gesprächsfaden mit China wieder knüpfte. Die Deutschen müssen versuchen, wieder zu einer gemeinsamen Definition ihrer Interessen zu kommen. Das hektische Hin-und-Her zwischen der Normalisierungs- und der Menschenrechts-Schule macht das Land für seine Partner unberechenbar, unheimlich.

2.

Dabei sind die Fixpunkte der deutschen Interessen gut sichtbar. Deutschland muß vermeiden, in sein altes Dilemma zu geraten: zu klein zu sein, um Europa zu beherrschen, und zu groß, um sich in Europa einzuordnen. Die alte, von allen Nachbarn gefürchtete Militärmacht ist eine bewegliche, durchaus ernstzunehmende Zivil- und Technologie-Macht geworden. Sind Gründe erkennbar, die dafür sprächen, diese Rolle zu verändern?

Das alte Dilemma kann Deutschland vermeiden, wenn es der Motor der europäischen Integration bleibt. Hier hat die Regierung Kohl eine in Einzelzügen – beispielsweise bei der Verhandlung des Maastrichter Vertragswerks – fragwürdige, im Prinzip aber ganz und gar richtige Politik betrieben. Vielen der westeuropäischen Staaten mag es genügen, wenn die europäische Gemeinschaft zu einem Staatenbund wird, der gemeinsam eine Freihandelszone organisiert und im übrigen die klassischen Felder von Außen- und Innenpolitik intergouvernemental abstimmt. Für Deutschland würde das bedeuten, daß es mittelfristig in einem Europa der Nationalstaaten zum stärksten Nationalstaat aufstiege; eine Schreckensvision für die meisten Nachbarn. Insbesondere die enge Partnerschaft mit Frankreich, dem anderen Kandidaten für die Führung des kontinentalen Europas, wäre gefährdet. Europa würde zurückfallen in die Querelen der Zwischenkriegszeit; die europäische Diplomatie würde sich wieder auf Entente-Politik und Eindämmung werfen. Deswegen liegt es eindeutig im deutschen Interesse, für einen europäischen Bundesstaat oder wenigstens für eine neue Form übernationaler Staatsbildung in West-Europa zu kämpfen.

Wer dieses Ziel als Leitlinie deutscher Außenpolitik beibehalten will, muß allerdings Unklarheit und Opportunismus überwinden. Seit dem Beginn der Debatte um das Maastrichter Vertragswerk stehen sich die englische Linie der Erweiterung der Gemeinschaft und die französische Linie der Vertiefung diametral gegenüber. Von Kohl über Genscher bis Brandt haben die Deutschen den Versuch gemacht, sowohl die englische als auch die französische Position einzunehmen. Die Debatte um Maastricht hat gezeigt, daß dieser Versuch zum Scheitern verurteilt ist. Einen europäischen Bundesstaat mit einem funktionierenden, den Erfordernissen des deutschen Grundgesetzes und anderer Verfassungen entsprechenden Parlamentarismus kann es nicht geben, wenn man den Versuch macht, in diesen Bundesstaat dreihundertfünfzig Millionen Menschen zu pferchen, die derzeit in 25 Nationalstaaten leben und dreißig und mehr Sprachen sprechen. Die Deutschen müssen entweder zu entschiedenen Vertretern einer begrenzten (auf Westeuropa konzentrierten) Europäischen Gemeinschaft werden (die allerdings eng mit den anderen europäischen Staaten kooperiert), oder es wird mit tödlicher Sicherheit zu einem mißtrauisch beäugten und mit tausend Zwirnsfäden gefesselten Staatskerl, der seine Kraft nicht einschätzen kann, weil er schrecklichen Ärger bekommt, wenn er sie einmal gebraucht.

Die Option für die Vertiefung der EG kann selbstverständlich nicht die Ausstoßung Mitteleuropas aus Europa bedeuten. Wenn Westeuropa sich zur Festung machte und Mitteleuropa, Osteuropa und Südosteuropa sich selbst überließe, müßten daraus sowohl politisch als auch ökonomisch katastrophale Rückwirkungen erwachsen. Die Drohung von Massenemigrationen wäre nur eine von vielen Gefahren, die eine solche Politik mit sich brächte. Nur gibt es, wie Mitterands Idee einer Europäischen Konföderation beweist, nicht die plumpe Alternative zwischen einem Bundesstaat, der das ganze geographische Europa umfaßt und unverbundenen, egoistisch gegeneinander abgegrenzten Nationalstaaten. Die Europäische Gemeinschaft muß mit vielen Partnern – die Türkei ist das naheliegendste Beispiel – eng kooperieren, ohne all diese Partner in den engsten Kern ihrer Gemeinschaft aufnehmen zu können. Die halbgare Versprechung, alle möglichen Staaten morgen in die EG aufzunehmen, während man ihnen gleichzeitig den Export in diese EG unzumutbar erschwert, ist unseriös und längst nicht mehr glaubwürdig.

Und natürlich müßte das neue Deutschland – als Teil einer sich zur Handlungsfähigkeit durchringenden Europäischen Gemeinschaft – ein erwachsenes Verhältnis zum amerikanischen Partner finden. Die Amerikaner selbst sehen die Sache ganz kühl: »Es ist fast unvermeidlich«, sagt Zbig Brzezinski, »daß ein Europa, das zu einer definierten politischen Identität findet, gegenüber den USA seine Rechte geltend machen wird – sogar wenn es noch eine begrenzte Militärpräsenz der Amerikaner in Europa wünscht.« Das soll heißen: Wir Amerikaner wissen sehr wohl, daß ein vereintes Europa künftig nicht einfach im amerikanischen Geleitzug mitschwimmen wird. Fragt sich nur, ob die Deutschen die Kraft haben werden, Uncle Sam nicht mehr als Übervater zu betrachten, gegen den man gelegentlich rebelliert, von dem man aber psychisch ganz und gar abhängig ist. Die USA würden es leicht verkraften, wenn sich die Europäer künftig selbst verteidigen oder jedenfalls einen eigenen europäischen Pfeiler in der NATO einrichten würden. Ob der europäische Kontinent dieses Problem mit den Engländern regeln kann und ob die Deutschen es über sich bringen, an irgendeiner Stelle der Welt – sagen wir: im Nahen Osten – gemeinsam mit den europäischen Partnern eine von den USA eigenständige Politik zu formulieren, das bleibt allerdings eine offene Frage. Europa ist die naheliegende, fast selbstverständliche Option für die Deutschen. Aber seit 1989 ergibt sich Europa nicht mehr von selbst. Man muß bewußte Entscheidungen treffen, um zu einem handlungsfähigen Europa zu kommen. Es ist offen, ob die deutsche Politik dazu in der Lage sein wird.

3.

Der Geschichtsbruch von 1989 hat die Vereinten Nationen aus ihrem Schattendasein erlöst. Die Probleme einer nicht mehr bipolaren, sondern multipolaren Welt können mit einiger Legitimation nur von einer globalen Organisation aufgegriffen werden. Deshalb muß Deutschland seine Rolle in den Vereinten Nationen stärken. Es kann gar kein Zweifel sein, daß Deutschland (wie die Japaner und einige der großen Schwellen-Länder aus Afrika, Asien und Lateinamerika) in einen neu konzipierten Sicherheitsrat der Vereinten Nationen streben muß. Im anderen Fall (am bosnischen Konflikt kann man es täglich sehen) bleibt Deutschland in einer unkomfortablen Lage: zu wichtig, um Mäuschen spielen zu können, und zu unwichtig, um an den Entscheidungen wirklich beteiligt zu werden.

Es gibt aber keinen Grund für die Deutschen, ihre in vier Jahrzehnten gewachsene Rolle als Zivil- und Technologie-Macht aufzugeben und sich der wabernden Sehnsucht zu überlassen, so zu werden wie Franzosen und Engländer. Diese Staaten sind die eigentlichen Gegner einer Aufnahme Deutschlands in den Sicherheitsrat. Die Idee, Deutschland werde im Kreis der »Permanent Five« (also der Siegermächte von Jalta und Potsdam) akzeptiert, wenn es für alle möglichen Kriegsschauplätze der Welt Kampftruppen zur Verfügung stellt, ist geradezu rührend naiv. Die Deutschen benötigen die Unterstützung der Mehrheit der Mitglieder in der Generalversammlung der Vereinten Nationen; und die gewinnen sie nicht dann am schnellsten, wenn sie an der Seite der alten Kolonialmächte Interventionskriege führen.

Natürlich müssen die Deutschen ihre Verpflichtungen in den Vereinten Nationen erfüllen. Das muß damit beginnen, daß sie als drittgrößter Beitragszahler in dieser Organisation ihre Verläßlichkeit beweisen. Gut wäre es, wenn die Deutschen – gelegentlich auch im Konflikt mit den Amerikanern – den Generalsekretär unterstützten. Sein Verlangen zum Beispiel, über eine ständige Blauhelmtruppe zu verfügen, über die er rasch disponieren kann, ohne große Brüder fragen zu müssen, ist berechtigt. In diesem Zusammenhang ist es dann auch sinnvoll, daß die Deutschen sich an dem einen oder anderen Einsatz von Blauhelmen beteiligen. Eine prinzipielle Verweigerung würde sicherlich bei vielen Partnern Irritationen auslösen.

Daß die Deutschen aber bedenkenlos bereit sein müßten, jeden Krieg mitzumachen, ist barer Unsinn. Blauhelmeinsätze und robuste Blauhelmeinsätze (in der Fachsprache der Vereinten Nationen: Blauhelmeinsätze nach Kapitel VI. und Kapitel VII. der Charta der UN) sind immer schwerer voneinander zu unterscheiden. Deswegen macht es keinen Sinn, in der deutschen Verfassung festzulegen, welche Waffen deutsche Blauhelme tragen dürfen. Gelegentlich wird es notwendig sein, daß Blauhelme marodierende Truppen entwaffnen und Konvois durchsetzen. Da dürfen die Deutschen dann nicht so tun, als ob ihre Soldaten aus Zucker seien und vornehm beiseite treten müßten, damit die Kanadier oder die Österreicher die Sache erledigen. Ja, die Deutschen sollten auch zu robusten Blauhelmmaßnahmen zur Verfügung stehen. Aber es bleibt ein Unterschied zwischen peace-keeping (einschließlich peace-enforcing) und Krieg. Flächen-Bombardements und Einsätze wie die am Golf haben mit peace-keeping nichts, aber auch gar nichts zu tun. Die Deutschen würden ihre Stellung in der Generalversammlung der Vereinten Nationen nicht schwächen, sondern stärken, wenn sie klar und deutlich sagten: Für peace-keeping-Aktionen stehen wir zur Verfügung, für Kriege nicht. Denn die Bedeutung Deutschlands in der Welt liegt heute darin, daß man diesem Land zutraut, im Kampf um die Schlüsseltechnologien des einundzwanzigsten Jahrhunders mithalten zu können. Dieser Kampf dreht sich nicht um irgendwelche Landbrücken in Bosnien, Kambodscha oder Somalia. Er geht um die Materialien, die Fertigungs- und Testgeräte für Halbleiter, um Flüssigkristall-Farbbildschirme, Laser-Dioden, Optikspeicher usw. Die Rolle der »Krämer« ist weit attraktiver als die der »Krieger«. Die Sehnsucht mancher Deutscher, es als Militärmacht den Engländern oder Franzosen gleichtun zu wollen, führt in die Irre.

4.

Eine deutsche Außenpolitik, die einerseits eine konstruktive Rolle in der internationalen Politik spielen, andererseits die deutsche Position in diesem Kräftespiel *stärken* will, hätte demnach zuerst einmal die Aufgabe, Deutschland klug aus allen kriegerischen Verwicklungen herauszuhalten, in die es nicht sozusagen naturwüchsig verwickelt wird. Die deutsche Maxime müßte lauten: Wir helfen, wo eine international legitimierte Organisation uns zur Hilfe auffordert, aber wir begreifen uns ausdrücklich nicht als weltweite Ordnungsmacht. Deutschland besteht darauf, aus der Geschichte der ersten Hälfte des zwanzigsten Jahrhunderts etwas Besonderes gelernt zu haben, nämlich daß Gewaltanwendung zwar in extremen Situationen nicht auszuschließen ist, in aller Regel aber die Konfliktursachen nicht beseitigt und den Frieden nicht sichert. Aus diesem Grund nutzt Deutschland seine wirtschaftliche Stärke (die es allerdings erst wieder herstellen und sorgfältig entwickeln muß) zu besonderen Anstrengungen in der Entwicklungshilfe, bei der nachdrücklichen und beispielhaften Förderung internationaler Organisationen und durch strikte Zurückhaltung beim Waffenexport. Als Militärmacht verzichtet die Bundesrepublik aber auf Konkurrenzfähigkeit zu vergleichbaren Industriestaaten wie den USA, Frankreich oder England.

Eine derartige Politik, die im deutschen Volk über eine deutliche Mehrheit verfügt, wird im deutschen (aber auch in Teilen des französischen oder englischen) Bürgertums mit dem traditionalistischen Argument der Drückebergerei beantwortet werden. Die Kinder und Kindeskinder der Mörder von Auschwitz haben aber nicht nur das Recht, sondern sogar die Pflicht zu einer tief sitzenden Skepsis gegenüber klassischer Militärpolitik. Seit 1945 hat die Welt mehr als 180 Kriege mit über 20 Millionen Toten geführt. Die dominante Form des Kriegsgeschehens sind innerstaatliche Kriege. Es gibt keine förmlichen Kriegserklärungen mehr, Kriegskonventionen werden ignoriert, Friedensschlüsse nicht eingehalten. Die Zahl der Kriege, in der von außen, durch den Eingriff von »Großmächten« die Konflikte beendet und befriedet werden konnten, kann man an den Fingern einer einzigen Hand abzählen. Häufiger kam es vor, daß diese Kriege um koloniale Hinterlassenschaften gingen und daß die möglichen Interventionsmächte die Hauptlieferanten der Waffen waren, mit denen sich die Menschen umbrachten. In dieser Situation wird ein Deutschland, das sich auf seine Rolle als Wirtschaftsmacht konzentriert, seinen Ruf in der Welt nicht gefährden, sondern verbessern.

Natürlich darf eine derartige Politik nicht mit missionarischem Eifer und im Vollgefühl moralischer Überlegenheit betrieben werden. Die Deutschen sollten Wert darauf legen, daß bekannt wird, daß sie die Wirtschaftsreferenten ihrer Botschaften wichtiger nehmen als die Militärattachés. Sie sollten die verächtlichen Bemerkungen, die darüber von französischen Obristen mit Fremdenlegionserfahrung und amerikanischen Vietnam-Veteranen gemacht werden, mit Gelassenheit ertragen. Aber sie sollten sich umgekehrt nicht wie patentierte Friedensengel aufführen. Die Welt wird ertragen, wenn Deutschland aus seiner Vergangenheit besondere Konsequenzen zieht. Die Welt würde mit Aggressionen reagieren, wenn die Deutschen sich plötzlich als die prinzipiell besseren Menschen aufspielten.

Im übrigen sollten auch wir, so belastet wir von unserem romantischen Erbe sind, einsehen, daß es in der Politik nicht viel anders zugeht als im Geschäft. Ein amerikanischer Unternehmensberater wirbt mit dem Spruch: »In business, you don't get what you deserve; you get what you negotiate.« Zu solcher Nichternheit sollte sich die deutsche Außenpolitik bekehren.

Die Krise der europäischen Integration

Gesamteuropa –
Skizze für einen schwierigen Weg

Daß das Jahr 1989 ein »Revolutionsjahr« war, geht inzwischen in den allgemeinen Sprachgebrauch über. Willy Brandt hat es sogar mit dem Jahr 1789 verglichen; seit die erschütternden Bilder von der letzten Verteidigungsrede des intransigenten, bockigen, zynischen Diktators Nicolae Ceaușescu um die Welt gingen, hat dieser Vergleich an Plausibilität gewonnen. Ein vernetzter, von Michail Gorbatschows Perestrojka ausgehender, dann aber viele andere Motive aufnehmender ostmitteleuropäischer Prozeß hat das, was wir bisher den »Ostblock« genannt haben, zerschlagen. Was jetzt? Die ebenso brutale wie beruhigende Ost-West-Polarität, eine sichere Struktur mit einem Nummernschloß, das nur von zwei Schlüsseln gleichzeitig geöffnet werden konnte, löst sich auf. Wie läßt sich verhindern, daß jetzt ein raum- und systemloses Durch- und Nebeneinander von soundsoviel angeblich gleich souveränen Staaten, ein strukturloses Chaos entsteht? Wie kann vermieden werden, daß erneut jenes »Zwischen-Europa« der Zeit zwischen den beiden Weltkriegen entsteht, das wöchentlich für eine neue Explosion, einen neuen Aufstand, eine neue Strafexpedition, eine neue Verletzung von Menschenrechten gut war?

Francis Fukuyama, eine Zeitlang stellvertretender Direktor des Planungsstabs des amerikanischen Außenministeriums, hat solche Sorgen nicht. Der Liberalismus habe gesiegt, die Ideologien, die behaupteten, fortschrittlicher zu sein, seien von der Geschichte demaskiert worden. Jetzt entstehe eine neue Welt, in der es keine ideologischen Gründe für einen größeren Konflikt zwischen einzelnen Nationen mehr gebe und in der die Anwendung militärischer Gewalt immer weniger legitim sein werde. Fukuyama, der sich mit Witz, provokativer Intelligenz und einer in Europa nicht mehr denkbaren Selbstverständlichkeit auf jenen Hegel des Jahres 1806 beruft, der das Ende der Geschichte proklamierte, erinnert, ohne das zu wollen, an einen anderen Hegelianer, an Lenin, der das allmähliche Insignifikantwerden der Nationen im Kommunismus erwartete. Lenins These ist nach siebzig Jahren endgültig widerlegt worden. Man muß befürchten, daß die Widerlegung Fukuyamas sehr viel weniger Zeit brauchen wird.

Die Gefahr eines neuen Nationalismus für Europa

Fukuyama hat recht, wenn er das Scheitern der Zentralverwaltungswirtschaft konstatiert; und mit der Kommandowirtschaft sind auch bestimmte politische Kommandostrukturen überständig geworden. Das heißt aber nicht, daß die Geschichte mit dem »Liberalismus« alternativlos zu Ende gehe. Das Eigentümliche des okzidentalen Rationalismus besteht gerade darin, daß er ruhelos seine eigenen Alternativen erzeugt. Und auch die irrationalen Sehnsüchte nach Sinn und Identität sind durch den »homogenen Universalstaat« (Fukuyama) nicht einfach still gemacht worden. Die großen Herausforderungen des nächsten Jahrzehnts sind der islamische Fundamentalismus auf dem arabischen und einem Teil des asiatischen Schauplatzes und der Wiederaufstieg des Vorkriegsnationalismus in Europa.

Daß diese letztere, europäische Gefahr noch kaum gesehen wird, hängt mit der Abwendung des Westens von Ostmitteleuropa seit 1945 zusammen. Der Begriff Mitteleuropa kam nur noch in Wetterberichten vor; es herrschte die Vorstellung, hinter der Berliner Mauer begänne das Reich der Hunnen. Die Sowjetunion hielt die ostmitteleuropäische Völkermischzone mit einer brutalen Version des »proletarischen Internationalismus« zusammen. So geriet für viele Beobachter in Vergessenheit, daß das ethnisch durchmischte Ost- und Ostmitteleuropa mit dem Westeuropa der großen, spätestens im neunzehnten Jahrhundert durchgesetzten Staatsnationen überhaupt nicht zu vergleichen ist. Wer in dieser Region einigermaßen homogene Nationalstaaten erzeugen wollte, müßte erneut Grenzverschiebungen, Vertreibungen und Zwangsassimilation in großem Stil praktizieren. Die neue Freiheit, die sich die Völker Ost- und Ostmitteleuropas erkämpft haben, ist ein großer Zuwachs an Selbstbestimmung, ein Ausbruch aus erzwungener Unmündigkeit. Aber es ist nicht anders als normal, daß diese Völker, nachdem der Druck des Marxismus-Leninismus und der Einparteienherrschaften von ihnen gewichen ist, zuerst einmal zurückkehren zu den Ideen, Gefühlen und Symbolen der vorkommunistischen Periode. Und da kommen alte Flaggen, alte Lieder, alte Parteien und alte Leidenschaften zum Vorschein. Die Sorge der Polen um die polnische Minderheit in Litauen hat ihre Wurzeln in einem alten polnisch-litauischen Konflikt; nach der Realunion von Lublin (1569) ging der litauische Staat völlig im polnischen auf. Die Letten und Esten haben nicht erst seit dem Hitler-Stalin-Pakt mit den Russen zu tun; die Letten gehörten ab 1710, die Esten ab 1721 (bis 1918) zum Russischen Reich, sie haben Erfahrung mit Russifizierung. Das Trauma der Bulgaren ist das über Jahrhunderte währende »türkische Joch«; deswegen sind sie so nervös, wenn die Turk-Bulgaren im bulgarisch-türkischen Grenzgebiet ihr eigenes Leben leben wollen. Und nicht erst die Ceauşescu-Clique, sondern schon die altrumänischen Oberschichten fühlten sich durch die selbstbewußten und kulturell hochstehenden deutschen und magyarischen Minderheiten in Siebenbürgen und im Banat bedroht; von den polnisch-deutschen Animositäten (in bestimmten sozialen Schichten der DDR ist das Wort »Polacken« immer noch populär) nicht zu reden. Sicherlich können diese alten Impulse in einem neuen europäischen »Zusammenhang« – in geopolitischen Zeiten hätte man gesagt: einer Raumstruktur, heute bevorzugt man den Begriff »Friedensordnung« – aufgefangen werden – aber dieser »Zusammenhang« muß erst einmal zustande gebracht werden – und derzeit ist ja, nicht ohne Grund, eher die »Auflösung« von Blöcken angesagt.

Dies ist aber nur die eine Seite der Medaille. Der im letzten halben Jahrzehnt wieder überaus erfolgreiche Prozeß der westeuropäischen Integration vergrößert die Beweglichkeit der europäischen Bevölkerung. Das verstärkt die ethnische Vermischung, und diese wiederum verstärkt die Fremdenangst, den Fremdenhaß und damit rechtspopulistische Bewegungen und Parteien. Dazu kommt als Abwehrreaktion gegen den verstandeskalten kosmopolitischen Modernismus der Europäischen Gemeinschaft und ihrer unvermeidlichen »Eurokratie« eine Verstärkung alter regionalistischer Strömungen. Die ETA im Baskenland und die IRA in Irland bedienen sich des Terrorismus; das tun die Scottish Nationalist Party und die Plaid Cymru (in Wales) nicht, aber man sollte sie genausowenig unterschätzen wie den katalanischen, flämischen, wallonischen, galizischen, korsischen, bretonischen und sogar einen »okzitanischen« Nationalismus. Neben die rohen, plebejisch-populistischen Organisationen eines Jean-Marie Le Pen und Franz Schönhuber sind längst feinere, intellektuelle Zirkel der »Nouvelle Droite« in Frankreich und der Neuen Rechten in der Bundesrepublik getreten. Und inzwischen gibt es neben dem alten, am Nationalstaat orientierten rechten Nationalismus auch eine linke oder grüne Variante, die sich Abkoppelungs- oder Volksnationalismus nennt (Henning Eichberg). Der neue Nationalismus entwickelt nicht nur neue Organisations- und Aktionsformen, neue »soziale Bewegungen«, sondern strengt sich auch theoretisch an. Herders romantischer Nationen-Begriff (die Nation als »ein Natürliches, ein Erzeugnis der Natur«) bekommt neue Anhänger und der Widerstand gegen »die wilde Vermischung der Menschengattungen unter einem Zepter«, damals gegen die monarchischen Nationalitäten- und Vielvölkerstaaten gerichtet, erhält in der Auseinandersetzung mit den von den Supermächten zusammengehaltenen übernationalen Bündnissen eine neue, vielleicht fadenscheinige, aber glitzernde Aktualität.

Hier ordnen sich die deutschen Probleme, meist zu einer einzigen »deutschen Frage« hochstilisiert, ein. Nichts ist verständlicher als die überschwengliche Freude der Bürger in der DDR und in der Bundesrepublik, sich wieder ohne viel Behinderung gegenseitig besuchen zu können. Ebenso begreiflich ist der leidenschaftliche Wunsch der erdrückenden Mehrheit der Bürger der DDR, ökonomisch nicht schlechter gestellt zu sein als die »Brüder und Schwestern« im Westen. Auch bemühen sich die Führungen der wichtigen politischen Parteien der Bundesrepublik um eine international abgestimmte, vorsichtige, die Statik des »europäischen Hauses« nicht gefährdende Politik. Die Kontinuität zu den wilhelminischen Eliten und den konservativ-nationalen Honoratioren der Weimarer Republik oder des Widerstands gegen Hitler ist durchbrochen; auch im konservativen Spektrum der Bundesrepublik hängt heute kaum mehr jemand an Träumen vom mitteleuropäischen Großmachtstatus Deutschlands. Die Denkkategorien des Nationalstaats sind aber, wie die Diskussionen der letzten Monate gezeigt haben, nach wie vor tiefer verwurzelt als überterritoriale Bindungen. Schon gibt es da und dort unwillige Töne gegen die »Besatzungsmächte«, wenn François Mitterand, Margaret Thatcher oder auch Michail Gorbatschow die Forderungen nach »Wiedervereinigung« relativieren. Zwar werden die entsprechenden Bemerkungen noch als »Warnungen« vor einem deutschen Nationalismus formuliert, den es noch nicht gebe, der aber entstehen könne. Zuweilen hören sich solche Warnungen allerdings auch schon wie Drohungen an. Noch stehen wir durchaus sicher und ungefährdet auf dem Drahtseil. Aber es ist gut, sich das Bewußtsein zu bewahren, daß man von Drahtseilen abstürzen kann; schnell und zuweilen tief.

Nationalstaat und überterritoriale Bindungen

Es gibt also zwei gegenläufige Bewegungen in Europa; die neue, zukunftsweisende der Europäisierung, die neue Integrationsformen und Souveränitätsverzichte der Nationalstaaten mit sich bringt, auf der einen und die Renationalisierung – entweder die Rückkehr zum Nationalstaat alter Art oder sogar die Sezession, die Abkopplung, den Separatismus – auf der anderen Seite. Um es an einem Beispiel zu fassen: Die Esten wollen (teils aus ökonomischen, teils aus libertären, teils aus nationalen Gründen) zu ihrer alten Kronen-Währung zurück, während die Deutschen drauf und dran sind, ihre Deutsche Mark dem ECU zu opfern. Mit welchem Konzept kann Europa diesen Widerspruch bewältigen?

Die Entwicklung von Kommunikation und Wirtschaft drängt eindeutig auf größere Strukturen. Wie im neunzehnten Jahrhundert der überlieferte absolutistische Kleinstaat dem Nationalstaat weichen mußte, weil die Kleinheit der Wirtschaftsgebiete zum Hemmnis der Entwicklungen der Produktivkräfte geworden war, verdrängen heute übernationale Ordnungsformen – wie die EG – die Nationalstaaten. Zwar behalten Nischen, regionale und lokale Märkte, kundenspezifische Schaltungen und elitäre Sonderentwicklungen eine große Bedeutung; aber nur auf der Grundlage weithin geltender kultureller Standards, technischer Normen und zusammenhängender Märkte. Was für die Ökonomie gilt, gilt auch für die Ökologie: Der Dreck aus den Braunkohle-Kraftwerken der DDR oder der Tschechoslowakei gefährdet auch die Bronchien der Menschen in der Bundesrepublik oder in Schweden. Das Umkippen der Nordsee ist durch die Anrainer nicht zu verhindern; es ist eine europäische Aufgabe. Und auch für die (in der Zukunft möglicherweise unwichtiger werdende) Aufgabe der militärischen Verteidigung sind die Nationalstaaten immer ungeeigneter. Das gilt für gestern und heute, wo für die Verteidigung längst übernationale Allianzen zuständig waren und sind. Es gilt erst recht für morgen, wo das Problem zu lösen sein wird, angesichts der Unmöglichkeit von großen Kriegen kleine Holocausts zu verhindern.

Einen Anschauungsunterricht bot schon die rumänische Revolution, bei der für einige Stunden die Gefahr bestand, daß Ceauşescus Geheimdienst »Securitate« gegen Bürger und Armee die Oberhand behalten könnte. Der ungarische Außenminister Gyula Horn hatte bereits eine Sitzung der zuständigen Gremien des Warschauer Pakts angeregt. Westliche Mächte hatten die Tolerierung einer gemeinsamen Aktion des Warschauer Pakts gegen Ceauşescu in Aussicht gestellt, der französische Außenminister Roland Dumas hatte internationale Brigaden in Erwägung gezogen. In jedem Fall wird man sich mit der Frage auseinandersetzen müssen, wie man durch übernationale Strukturen die Ermordung einiger tausend, einiger hunderttausend oder einiger Millionen von Kurden, Abchasen, Armeniern (oder welcher Minderheit auch immer) verhindern kann, ohne mit dem Schlachtruf »Einmischung in die Angelegenheiten eines souveränen Staates« mattgesetzt zu werden.

Es wäre allerdings ein Zeichen von Blindheit, wenn man die nationalistische Gegenbewegung einfach als krankhaft, unmodern und obskur abtun würde. Gerade mit dem Zerbröckeln von Heilslehren wie dem Kommunismus entsteht ein neues Bedürfnis nach Identität. Ist da die Gefahr nicht groß, daß die »Nation« mit all ihren echten und produzierten Mythen eindrucksvoller und erfüllender ist als komplizierte Superstrukturen wie zum Beispiel die Europäische Gemeinschaft? Das Vertrackte ist ja gerade, daß Staatsnationalismus und Volksnationalismus gemeinsam auftreten werden. Geschickte nationalistische Politiker werden versuchen, ganz unterschiedliche Gefühle miteinander zu amalgamieren: den Stolz auf eine große, geistig originelle, starke Nation mit der Liebe zu Dialekt und Folklore, das Bedürfnis nach eigener Geschichte mit dem Motiv der Erhaltung alter Stadtkerne mit menschlichen Proportionen. Es wäre fahrlässig und dumm, wenn die Repräsentanten der europäischen Institutionen sich einbilden würden, daß sie den Sprengsatz solcher Identitätsangebote mit ein paar vernünftigen ökonomischen Argumenten und einer blauen Fahne mit zwölf gelben Sternen entschärfen könnten. Zwar ist das berühmte Argument vom »Selbstbestimmungsrecht der Völker« keineswegs so unanfechtbar, wie die meisten Leute es seit der UNO-Resolution von 1952 meinen. Mit diesem Argument kann man vom sowieso schon klein gewordenen Staat Tschechoslowakei auch noch die Slowaken abtrennen; oder von den Schotten die Shetland-Inseln, in denen es ernsthafte Autonomiebestrebungen gibt. Wer allerdings zuließe, daß sich die Bedürfnisse nach regionaler Volksstruktur »von unten« mit dem nationalen Machtstaatsdenken »von oben« vereinigten, könnte trotz guter Argumente rasch ziemlich allein in der Landschaft herumstehen.

Es gibt nur eine Antwort auf dieses Dilemma: ein europäischer Föderalismus der Völker mit ausgebauten Minderheiten- und Volksgruppenrechten und darüber überwölbende, übernationale, überterritoriale Strukturen und Bindungen, die es Europa ermöglichen, im politischen und ökonomischen Kräftespiel der Weltpolitik weiterhin eine Rolle zu spielen. Wie schwierig der Weg dorthin selbst im Westen (der sich im Rahmen der Europäischen Gemeinschaft auf den Weg gemacht hat), erst recht aber im Osten (in dem nach den Erfahrungen der letzten vierzig Jahre die Renationalisierung als Befreiung verstanden werden muß) sein wird, ist unübersehbar. Das Hemmnis ist der zentralisierte nationale Territorialstaat, der – wenn es irgend geht – Kompetenzen weder nach unten noch nach oben abgeben will.

Deswegen ist es die entscheidende Frage des nächsten Jahrzehnts, ob es den europäischen Eliten gelingt, das verengte Denken in der Kategorie des Nationalstaats zu überwinden. Wenn man von den Managern und den Betriebsräten multinationaler Unternehmen sowie den Mitgliedern der Europäischen Bürokratie und einigen kosmopolitischen Intellektuellen absieht, hält die erdrückende Mehrheit der Entscheidungsträger in den europäischen Staaten und Gesellschaften den souveränen Flächenstaat immer noch für die »natürliche Ordnung«. In Deutschland ist das Gedächtnis besonders kurz; da können viele nur bis 1871, nämlich bis zur Bismarckschen Reichsgründung zurückdenken. Aber die Situation ist in Frankreich, Polen, Italien oder Großbritannien keineswegs besser. Auch bei denen, die mystische (und in den unteren Schichten weit verbreitete) Vorstellungen wie etwa die von der »ethnischen Reinheit« des jeweiligen Staatsvolkes ablehnen, hat sich offensichtlich zumindest der Gedanke festgefressen, daß politische Macht über ein bestimmtes, abgegrenztes Territorium nur aus einer Hand ausgeübt werden kann. Mit dieser Philosophie wird Europa weder Frieden bekommen, noch als Subjekt der Weltpolitik überleben. Aber sie ist zählebig und von einer gewissen bauernburschenhaft-unmittelbaren Kraft.

Dabei bietet die europäische Geschichte durchaus verschiedene Modelle der Staatlichkeit an. Die mittelalterliche, west- und mitteleuropäische Einheit von Imperium und Sacerdotium ist niemals eine zentralistische Machtanhäufung aus einer Hand gewesen; die Gegensätze von Kaiser und Papst waren eben nicht einfach Unordnung, sondern verschiedene Ordnungsreihen, diversi ordines. Die unifizierenden und zentralisierenden Ideen eines souveränen, räumlich in sich geschlossenen Flächenstaates kamen erst mit der Renaissance, Reformation und Gegenreformation auf, nämlich mit der Notwendigkeit der Überwindung des konfessionellen Bürgerkriegs. In Westeuropa entwickelten sich souveräne Territorialstaaten, wie wir sie heute für selbstverständlich halten, zuerst Schritt für Schritt zwischen dem zwölften und sechzehnten Jahrhundert. Das berühmteste Beispiel ist Frankreich. Die große Welle der entsprechenden Staatsgründungen kam dann nach der Französischen Revolution, im neunzehnten und im zwanzigsten Jahrhundert.

Noch das neunzehnte Jahrhundert war aber ganz entscheidend nicht von National-, sondern von Nationalitätenstaaten bestimmt: von dem langsam verfallenden Osmanischen Reich, vom russischen Vielvölkerstaat oder der österreichisch-ungarischen Monarchie. Auch das jagellonische Polen umfaßte mehrere Nationalitäten, und selbst Bismarcks Reichsgründung war niemals ein deutscher Nationalstaat. Es schloß einerseits Österreich (durch Krieg) aus und umfaßte im übrigen neben Deutschen auch Dänen, Polen und Franzosen. Die Geschichte des europäischen Nationalstaates ist kurz und nicht sehr ruhmvoll. Um so erstaunlicher ist die Macht, die diese einfache, fast primitive Idee in ganz Europa immer noch ausübt.

Zu Beginn der neunziger Jahre des zwanzigsten Jahrhunderts kann man sagen: Die Europäische Gemeinschaft ist dabei, die Idee und das Lebensmilieu des alten Nationalstaates schrittweise zu überwinden. Das geschieht in den vorsichtig-geschliffenen Formen der Diplomatie. Wenn Sir Geoffrey Howe, der frühere Außenminister Großbritanniens, am 19. Juli 1989 davon sprach, daß »die souveränen Nationen der Europäischen Gemeinschaft ihre Souveränität in Freiheit teilen« müßten, dann hält er im Begriff der souveränen Nation zumindest noch den Schein des alten Konzepts des »Europas der Nationen« (Giuseppe Mazzini) oder des »Europas der Vaterländer« (Charles de Gaulle) aufrecht. Der Präsident der Kommission der Europäischen Gemeinschaften ging drei Monate später schon deutlich weiter, als er die »absichtlich aufrechterhaltene Funktion der vollen Souveränität und damit absolute Wirksamkeit einzelstaatlicher Politik« kritisierte. Spätestens mit dem Inkrafttreten der (prinzipiell beschlossenen) Wirtschafts- und Währungsunion der Gemeinschaft wird ein Kernstück einzelstaatlicher Souveränität auf eine übernationale Institution übertragen. Die Frage, die sich nach den revolutionären Vorgängen in Ostmitteleuropa stellt, wird sein, ob dieser Prozeß der Europäisierung einzelstaatlicher Souveränität weitergeht, ja ob er sogar in einer langfristig angelegten Entwicklung vom Westeuropa der Zwölf auf Ostmitteleuropa und Osteuropa ausgedehnt werden kann. Hier liegt die ungeheure Chance des gegenwärtigen historischen Moments, der aber auch eine große Gefährdung birgt: Daß nämlich die Gegner dieser allmählichen Übertragung von staatlicher Souveränität den Verfall der Systemgrenze zwischen Ost und West als gute Gelegenheit betrachten, den Fuß zwischen die Tür zu bekommen und das Konzept des Nationalstaats zu revitalisieren.

Bisher schien die Entwicklung – in Westeuropa – vorprogrammiert. Der nationale Territorialstaat mußte nach zwei Seiten Kompetenzen abgeben: nach unten – zu den Völkern, den Regionen, den Stämmen – und nach oben, zu einem übernationalen Europa. Noch sieht diese Entwicklung harmlos aus. Der Gemeinschaftshaushalt der Europäischen Gemeinschaft beansprucht derzeit lediglich fünf Prozent der jeweiligen nationalen Budgets. Und manche der zentralistischen Staaten, Frankreich als Schulbeispiel, haben bisherAnsprüche der Regionen ziemlich erfolgreich abgewehrt. In Wirklichkeit aber ist ein Prozeß in Gang gesetzt, der die mächtigen Wesenheiten »Frankreich«, »Deutschland«, »Italien« und so weiter entleert, vergeistigt und sozusagen wohltätig schwächt. Für realistische Politiker muß klar sein, daß diese Wesenheiten noch für viele Jahrzehnte auf irgendeine Weise ihr Leben fristen werden. Aber im Grunde war ein neues Staatsbildungsprinzip, eine über den nationalen Gemeinwesen sich ausbildende föderative Struktur in Gang gesetzt.

Gesamteuropa – Sechs Thesen

Prag, Budapest und Warschau sind europäische Städte. Das ist nicht nur eine – banale – geographische Feststellung, sondern die Formulierung eines Kulturanspruchs. Auf lange Sicht hat György Konrad recht, wenn er sagt: »Vereinigte Staaten Westeuropas sind nicht möglich. Möglich sind nur Vereinigte Staaten Europas«. Wer diese kulturhistorische Maxime allerdings für eine politische Handlungsanweisung, sozusagen für eine Schaltskizze, einen Ablaufplan halten würde, müßte blutig scheitern.

1. Was kann man unter »Europa« verstehen? Es gibt professionelle Außenpolitiker, die den Begriff »KSZE-Europa« entwickeln; ihr Bestreben ist es, die Vereinigten Staaten und Kanada unlösbar mit Europa zu verkoppeln. Ein Bündnis zwischen Amerika und Europa ist sinnvoll; auch ein nie unterbrochener, gegenseitiger Lernprozeß. Aber die Vermischung des alten mit einem der neuen Kontinente ist geistig, geographisch und politisch Unsinn. Die Vereinigten Staaten und die Sowjetunion sind Flankenmächte Europas, nicht Europa. Zwar hat die Sowjetunion einen europäischen Teil. Wenn der eng mit »Gesamteuropa« kooperiert, wenn er sogar Teile (zum Beispiel die Baltischen Staaten) in diesen entläßt –

gut. Bis dahin sind alle Pläne, die auf eine Zerlegung der Sowjetunion hinauslaufen, selbst als Gedankenspiel lebensgefährlich.

2. Die eine »Flankenmacht« Europas, die Sowjetunion, ist in einer schweren wirtschaftlichen Krise. Nach der Meinung vieler Experten vollzieht sich ein bisher noch nicht beobachteter Prozeß – »die allmähliche Zersetzung eines Staates, dem nicht nur alle materiellen und organisatorischen Repressionsmittel einer modernen Macht zur Verfügung stehen, sondern der auch das Potential einer nuklear gerüsteten Supermacht besitzt« (Eberhard Schulz). In dieser Situation empfiehlt es sich, die Sicherheitsinteressen dieses Staates peinlich genau zu beachten. Eine neue gesamteuropäische Entwicklung hat nur eine Chance, wenn die Prozesse von Rüstungskontrolle, Abrüstung und Defensivorientierung der jeweiligen Streitkräfte auf beiden Seiten konsequent fortgeführt werden. Dieser Prozeß mag langfristig zu einer Auflösung der Blöcke führen. Wenn der Bankrott der professionellen politischen Eliten Ostmitteleuropas allerdings dazu führt, daß sozusagen freischaffende Künstler der lange unterdrückten Gegeneliten den Warschauer Vertrag aufkündigen und unwirksam machen, kann blitzschnell Kriegsgefahr aufkommen. Alle gesamteuropäischen Konzepte sollten deshalb davon ausgehen, daß die ostmitteleuropäischen Staaten in den neunziger Jahren nach wie vor dem östlichen Sicherheitssystem angehören.

3. Nur eine starke Europäische Gemeinschaft wird in der Lage sein, die politische Entwicklung in Ostmitteleuropa so zu stützen, daß Gesamteuropa überhaupt eine mögliche politische Perspektive wird. Deshalb muß derjenige, der eine Osterweiterung der Gemeinschaft anstrebt, zuerst für eine Stärkung der Gemeinschaft der Zwölf eintreten, vor allem für die Schaffung eines währungspolitischen Entscheidungszentrums. Die größte Gefahr für die Europäische Gemeinschaft ist heute ein Hinundherschwanken zwischen einer nach in-

nen gestärkten Gemeinschaft und ihrer Verwässerung innerhalb eines größeren Gefüges. Eine besondere Gefahr liegt in der gleichsam »natürlichen«, emotionalen Ablenkung des EG-Partners Bundesrepublik Deutschland durch nationale Pläne und Perspektiven. Die Europäische Gemeinschaft wird nur dann stark genug sein, Ostmitteleuropa zu inkorporieren, wenn sie die Grundzüge einer gemeinsamen Außen- und Sicherheitspolitik entwickelt hat. Dazu gibt es derzeit nur Ansätze.

4. Fortschritte zu »Vereinigten Staaten von Europa« sind nur denkbar über Ko-Evolution, nicht durch die überstürzte Osterweiterung einer nicht konsolidierten westeuropäischen Gemeinschaft. Erste Schritte für die Entwicklung einer »zweiten Europäischen Gemeinschaft« wäre die Öffnung der Europäischen Freihandelszone für die ostmitteleuropäischen Staaten, eine Multilateralisierung einiger Staaten des Rates für Gegenseitige Wirtschaftshilfe (RGW) und ein allgemeiner Assoziationsvertrag zwischen EG und Europäischer Freihandelsassoziation (EFTA). Die EG muß alles tun, was in ihrer Kraft steht, um den Staaten der EFTA (die prima vista ganz und gar unwillig sind, als »Wärmestube« für vormals kommunistisch regierte Staaten zu fungieren) eine katalytische Funktion interessant zu machen. Gleichzeitig braucht die Europäische Gemeinschaft eine koordinierte Ostpolitik, deren Ziel es ist, die ökonomische Situation in Ost- und Westeuropa auf mittlere Sicht einander anzunähern, um die ersten Voraussetzungen für engere Kooperation zu schaffen.

5. Die Europäische Gemeinschaft muß eine Politik der gesamteuropäischen Verflechtung beginnen. Diese umfaßt eine gleichberechtigte Mitwirkung der ostmitteleuropäischen Staaten im Europarat und an den unterschiedlichen Europäischen Programmen (wie zum Beispiel dem EUREKA-Programm, europäischen Normungsgremien und der Kooperation europäischer Medien). Die Schaffung gemeinsamer

gesamteuropäischer Institutionen (wie einer gesamteuropäischen Abrüstungsbehörde, einer gesamteuropäischen Umweltagentur oder einer zentraleuropäischen Kulturstiftung) ist sofort in Angriff zu nehmen.

6. Am Anfang des Prozesses zu »Gesamteuropa« kann offenbleiben, ob ein Europa von Brest bis Brest von einem einzigen Parlament und einer einzigen Bürokratie regiert werden kann. Es gilt, ein Konzept subregionaler Kooperation (Nordeuropa, Mitteleuropa, Westeuropa, Südosteuropa) weiterzuentwickeln – unter einem gesamteuropäischen Dach. Wichtig ist für Europa die »arte di arrangiarsi« (die Kunst, sich zu arrangieren – Hauptstadt Neapel); keine Perfektion, keine säuberlichen Aufteilungen, kein Ordnungsfanatismus, sondern Überlappungen, Arrangements auf Zeit, Notlösungen. Schöne Notlösungen funktionieren manchmal viele Jahrzehnte.

Exkurs zu Deutschland

Der Bundesrepublik und der DDR kommen bei der Entwicklung eines gesamteuropäischen Zusammenhangs entscheidende Bedeutung zu. Diese beiden deutschen Staaten sind der Osten des Westens und der Westen des Ostens. Wenn in ihnen die nationalen die europäischen Motive zu dominieren begännen, wäre die europäische Einigung ausgehebelt. Am klarsten hat Willy Brandt das Problem beschrieben. Er ist einerseits auf die deutsche Ungeduld eingegangen: »Nirgends steht geschrieben, daß die Deutschen auf einem Abstellgleis zu verharren haben, bis ein gesamteuropäischer Zug den Bahnhof erreicht hat.« Andererseits hat er aber präzise formuliert, daß die deutsche Frage eine europäische ist. Deswegen hat er hinzugefügt: »Allerdings müssen beide Züge, der gesamteuropäische und der deutsche, bei ihren Fahrten vernünftig koordiniert werden. Es brächte niemandem etwas, sollten sie irgendwo auf der Strecke zusammenstoßen«.

Brandt wirft hier ganz konkrete tagespolitische Fragen auf; wenn zum Beispiel eine deutsch-deutsche Währungseinheit gegen die Währungsunion innerhalb der Europäischen Gemeinschaft ausgespielt würde, würden der Gemeinschaft die Finanzinstrumente verweigert, mit denen allein der Weg nach Gesamteuropa geebnet werden kann. Brandt rührt aber gleichzeitig an tieferliegende Schichten, an den Gefühlshaushalt der Nation. Zwar war die deutsche Nation in ihrer Geschichte, von wenigen Jahren während des Dritten Reiches abgesehen, immer in mehreren Staaten organisiert; trotzdem ist die längst verloren geglaubte und plötzlich erneut am politischen Horizont auftauchende Möglichkeit eines größeren Deutschland (nicht identisch mit »Großdeutschland«) ein emotionaler Schock. Wenn die Deutschen in einer scheinbar natürlichen, in Wirklichkeit aber nur unhistorischen Reaktion das größere Deutschland wichtiger nehmen würden als das große Europa, wird es dieses große Europa nie geben. Deshalb hängt vom neu erworbenen Pragmatismus der unpragmatischen Deutschen in den nächsten Jahren sehr viel ab.

Eine Chance wird dieser Pragmatismus nur haben, wenn die beiden größten politischen Kräfte der Bundesrepublik, die CDU/CSU und die SPD, in der Europa- und Deutschlandpolitik eine vorsichtige Kooperation durchhalten. Die Basis dieser Übereinstimmung liegt in zwei Zugeständnissen: Die SPD hat Anfang der sechziger Jahre die Westintegration der Bundesrepublik durch Konrad Adenauer, die sie in den fünfziger Jahren aus nationalen Gründen heftig bekämpft hat, akzeptiert. Die CDU/CSU hat im Verlauf der siebziger Jahre die Ostpolitik Willy Brandts, die sie ihrerseits heftig befehdet hatte, übernommen. Ein Zurückschwingen der SPD auf einen Vorrang der nationalen Frage vor der Westintegration oder ein Zurückschwingen der CDU zur Ablehnung der Entspannungspolitik wären brandgefährlich; sie könnte sowohl das kleinere wie das größere Europa gefährden.

Europa nach dem Regen

Der mexikanische Schriftsteller Carlos Fuentes hat kürzlich an das große Gemälde von Max Ernst »Europa nach dem Regen« erinnert. Es war, nach dem Zweiten Weltkrieg, das Portrait eines darniederliegenden Kontinents am Rande des Todes, eines Europas, das zum Opfer seiner Blindheit geworden war. Heute ist Europa glücklich. Und zu Recht: Im Jahr 1989 sind Millionen von Menschen aus ungerechter Herrschaft befreit worden. Das Glück wird allerdings nur anhalten, wenn die europäischen Eliten kalten Realismus und blitzschnelles Reaktionsvermögen zeigen. Die historische Silvesterfeier 1989 am Brandenburger Tor als symbolische Veranstaltung: Wie verständlich ist die Freude der europäischen Jugend – und wie gefährlich kann sie werden, wenn einige allzu bedenkenlos auf allzu ungesicherten Gerüsten herumklettern.

Das letzte Jahrzehnt des zwanzigsten Jahrhunderts wird für Europa eine große Auseinandersetzung zwischen Europäisierung und Nationalismus sein. Es wird gleichzeitig die Wiedergeburt einer harten Rechten bringen. Noch ist es unsicher, ob ein Zusammenspiel der populistischen, plebejischen Rechten Westeuropas mit dem für vierzig Jahre unterdrückten, für vierzig Jahre von einer freien geistigen Auseinandersetzung ausgeschlossenen Bürgertum Ostmitteleuropas zustande kommt. Daß allerdings die Bandagen härter werden, mit denen in Europa gekämpft wird, kann man mit ziemlicher Sicherheit voraussagen. Es geht ja auch wieder um mehr. Nach vier Jahrzehnten, in denen die beiden Supermächte Europa festgezurrt hatten wie eine gut vertäute Ladung von Zementsäcken, beginnen sich Seile und Gurte an mehreren Stellen gleichzeitig zu lösen. Man könnte es die Rückkehr zur Vielfalt nennen; die flache Europa-Karte an der Wand wird wieder zum Relief. Es wird interessanter, also auch gefährlicher.

Und die Europäer sind nicht allein auf der Welt. Die Politik der Vereinigten Staaten ist derzeit erfreulich vorsichtig, aber auch erstaunlich rezeptiv. In der Sowjetunion zerfasert sich der Staat gegenüber den Bürgern immer mehr zu einer Vielzahl von Strängen, über die die Lebensbedürfnisse in minimalem Umfang und mit unglaublicher Ungerechtigkeit administriert werden; die ordentliche Versorgung über die allen Bürgern zugänglichen Wege ist mehr oder weniger zusammengebrochen, dementsprechend tendiert die Loyalität vieler dieser Bürger zu ihrem Staat gegen Null. In dieser Situation müßten die Europäer handeln. Aber in Europa sind die Nationen zu schwach, um Weltpolitik zu machen; und gleichzeitig noch stark genug, um eine wirksame supranationale europäische Politik zu verhindern. So könnte eine nie wiederkehrende historische Chance verpaßt werden.

Das Projekt Gesamteuropa kann in den neunziger Jahren entscheidend gefördert werden. Wenn es allerdings fehlschlägt, wird es für immer fehlgeschlagen sein.

(1990)

Literatur

Willy Brandt, Rede auf dem Berliner SPD-Parteitag, 18. Dezember 1989.
Jacques Delors, Rede zur Eröffnungssitzung des 40. Jahres des Europa-Kollegs, Brügge 17. Oktober 1989.

Henning Eichberg, Abkoppelung. Nachdenken über die neue deutsche Frage, Koblenz 1987.
Francis Fukuyama, The end of history?, in: *The National Interest*, Nr. 16, Sommer 1989.
Jürgen Habermas, Republikanische Gesinnung oder Nationalbewußtsein. Unklare Alternativen in der Deutschlandpolitik, November 1989.
Eric Hobsbawm, Betrachtungen zu Tom Naerns »Modern Janus«, in: Naern/Hobsbawm/Debray/Loewy, Nationalismus und Marxismus, Berlin 1978.
György Konrad, Antipolitik? Mitteleuropäische Meditationen, Frankfurt/M. 1985.
Carl Schmitt, Der Nomos der Erde, Köln 1950.
Eberhard Schulz, Erfahrungen und Eindrücke von einem Arbeitsbesuch in der Sowjetunion, 15.-28. 9. 1989 (Manuskript).
Giselher Wirsing, Zwischen-Europa und die Deutsche Zukunft, Jena 1932.

Achtung Europa!
Deutschland und Europa nach der mitteleuropäischen Revolution

Thomas Mann, dem die erste tschechoslowakische Republik das Bürgerrecht verliehen hatte, nachdem er von den Nazis verjagt worden war, publizierte Plädoyers für die europäische Idee. Der Band hieß »Achtung Europa!«. Hans Magnus Enzensberger hat diesen Titel ein halbes Jahrhundert später ironisch gebrochen. Schon 1987 rang er sich nur noch zu dem Seufzer »Ach Europa!« durch. Wie würde sein Titel heute, zwei Jahre nach der mitteleuropäischen Revolution von 1989, lauten, nachdem viele seiner hellsichtig-resignativen Prognosen aus einem »Epilog aus dem Jahr 2006« in Erfüllung gegangen sind?

An diesen Unterschied zwischen einer utopisch-konzeptionellen und einer utopie-skeptisch-regionalistischen Europadebatte (Paul Michael Lützeler nennt den Weimarer Denkansatz »modernistisch«, den späteren »postmodern«) mußte ich denken, als ich in den frühen März-Tagen 1991 Prag besuchte. Im Westen spielen die politischen Klassen business as usual. In Osteuropa ist die Lage dazu schon zu vertrackt. »Nennen Sie meinen Namen nicht«, sagte mir ein enger Berater des Präsidenten Havel, »aber wenn wir schon in der EG wären, würde ich sagen: Sollen die Slowaken doch gehen. Nur werden sie« – er meinte die EG – »uns so bald nicht nehmen«. Und der elegante, gebildete, sympathisch offene und radikal neoliberale Finanzminister Vaclav Klaus nahm vehement die britische Position ein: Polen, Ungarn und die CSFR müßten von der EG als Vollmitglieder akzeptiert werden; gleichzeitig seien alle »sozialistischen Utopien« zu dispensieren. Für »sozialistisch« hielt er Pläne für eine gemeinsame Währung und eine politische Union. Die »Brüsseler Bürokratie« müsse zurechtgestutzt werden, die Kompetenzen der nationalen Parlamente sollten soweit als möglich erhalten werden. Da hatte ich als deutscher »Modernist« mein Fett. Einerseits gehören einige ostmitteleuropäische Länder ganz unzweifelhaft zu »Europa«; andererseits besteht die Gefahr, daß die Osterweiterung der Gemeinschaft die Überwindung der Nationalstaaten in einen europäischen Bundesstaat endgültig ausschließt. Was tun?

Die europäische Politik steht an einer gefährlichen Wegkreuzung. Der Zerfall des Ostblocks, die deutsche Wiedervereinigung und der ökonomische Abstieg der Supermächte sind eine existenzielle Herausforderung für die EG, die dieser Mixtur von Chancen und Gefahren mit »zwei Linien«, also gespalten begegnet. Der Versuch vieler europäischer Großpolitiker, die Radikalität dieser Alternativen mit einer Mischung aus hohlem Optimismus und betriebsamem Management zu begegnen, wird nicht mehr lange gutgehen.

Die neue Lage Europas

Denn der bisher dominierende Trend zu supranationalen Strukturen (Binnenmarkt, Währungsunion, Politischer Union usf.) trifft seit 1989 auf eine säkulare Gegenbewegung, den verspäteten, nachholenden Nationalismus der vom Marxismus-Leninismus eingefrorenen ostmitteleuropäischen Mittelschichten. Zwar hat sich in der Zwischenzeit ein höchst internationales Colloquium von Beschwichtigern gebildet, das die Hoffnung nährt, dieser Nationalismus sei nur eine Art Fieberanfall, eine gesunde Reaktion der Immunsysteme jener Gesellschaften; der Sturm werde in drei oder vier Jahren vorbei sein. Nur wie? Die Europäisierungstendenz im Westen ist vor allem eine Konsequenz der ökonomisch-ökologischen

Notwendigkeiten entwickelter Industriegesellschaften auf ihrem Weg zu starken Informations- und Dienstleistungssektoren; zu einem solchen Sprung könnte man allenfalls der CSFR und Ungarn verhelfen, und das nur mit »Marshall-Plänen«, die niemand plant und schon gar keiner durchsetzen könnte. Das Dilemma der EG ist: Öffnet sie sich wirklich großzügig dem europäischen Osten, wird sie den einen oder anderen Pilsudski und Horthy verhindern, verbaut sich aber weitere Schritte zur Entwicklung supranationaler Strukturen. Das dürfte ihr erstens industriepolitisch die Chance nehmen, weltweit vom play-field zum player zu werden. Schlimmer aber: Europa als relativ loser Staatenbund bleibt anfällig für alte Entente-Strukturen, also für ein machtpolitisches Billard, das ganz »neoklassisch« mit verschiedenfarbigen Kugeln und über die Bande gespielt wird. Da nach dem – faktischen – Fortfall der nuklearen Parität »kleine Kriege« (zum Beispiel militärisch ausgetragene Nationalitätenkonflikte) wieder möglich sind, ist dies kein gutes Vorzeichen dafür, daß ein funktionierendes »Europäisches Sicherheitssystem« entsteht – zumal die Zukunft der für ein derartiges Sicherheitssystem wichtigen Sowjetunion in den Sternen steht.

Die deutsche Frage

Dieses prinzipielle Dilemma wird durch die deutsche Frage erheblich verschärft. Die Etikette der Eurokratie verbietet es, offen darüber zu sprechen – aber jeder Kundige weiß es natürlich: Das vereinigte Deutschland dürfte nach sechs oder acht Jahren ernster Beanspruchung durch die Integration seiner östlichen Länder als stärkste ökonomische Macht Europas wieder handlungsfähig sein. Entweder ist es dann als separierbare historische Gestaltung, sozusagen als »Staatskerl«, der sich mit anderen »Staatskerlen« mißt, verschwunden, weil integriert. Oder es wird zur regionalen Vormacht Europas, was auf dem Hintergrund deutscher Schuld selbst beim besten Willen aller Beteiligten – der kaum vorauszusetzen ist – zu endlosen und altvertrauten Verwicklungen (wenn auch in neuen Verkleidungen) führen dürfte.

Dieser Tatbestand – den am klarsten Frankreichs Präsident Francois Mitterand identifiziert zu haben scheint – wird in Deutschlands politischer Klasse nur hinter vorgehaltener Hand debattiert. Außenminister Genscher handelt im Bewußtsein dieser Gefahr; und sowohl der Bundeskanzler als auch die Führung der Opposition decken ihn dabei mehr oder weniger. Aber aus der bayerischen CSU und dem rechten Flügel der CDU fallen längst scharfe, wenn auch vereinzelte Schüsse. Wie sich diese Konstellation in ernsten wirtschaftlichen Nöten und unter dem Druck rechtspopulistischer Kräfte halten wird, ist ungewiß.

Denn selbstverständlich hat die Wiedervereinigung die psychische Disposition der Deutschen zu Europa verändert. Bisher war die Kampflage so: Die Protagonisten der Europäisierung waren das moderne Kapital, die politische Klasse und ein Teil des Bildungsbürgertums. Die literarische und sozialwissenschaftliche Intelligenz verharrte, bis auf die kleine postmoderne Fraktion (der Richtung Enzensberger und Nenning) passiv; genauso wie die große Mehrheit der Bevölkerung. Nur die Interessengruppen um die (kleiner werdende) Landwirtschaft und einige ökologische Strömungen kämpfen mit offenem Visier gegen »Brüssel«. Ergebnis: Die Regierung Kohl konnte es sich leisten, den Delorsschen Aktivismus gewähren zu lassen oder sogar zu unterstützen.

Inzwischen bilden sich die ersten nationalen Zirkel in der Intelligenzija; ein aggressiv-esoterischer Feuilleton-Nationalismus (um das Feuilleton der FAZ, die Zeitschrift »Merkur« und versprengte Renegaten der 68er-Bewegung) und eine eher pragmatisch-englisch ausgerichtete nationalstaatliche Schule, für die der renommierte Historiker Christian Meier (»Weitreichende Unionspläne verdienen große Skepsis; zuweilen kommt man langsamer schneller voran«) stehen mag. Diese Gruppen haben zwar noch keine Massenbasis. Sollte sich aber unter dem Druck hoher Arbeitslosigkeit im Osten des Landes eine migrationsfeindliche, auf deutsche »Identität« und Selbstbehauptung bedachte Stimmung ausbreiten, wird sie diesmal über eine Sprache – und bald auch über ernstzunehmende Sprecher – verfügen.

Wie prekär die deutsche Lage ist, konnte man an zwei Beispielen erkennen. Als Helmut Kohl wenige Wochen zögerte, die polnische Westgrenze anzuerkennen, lud Mitterand demonstrativ die polnische Führung ein: Ein altes Bündnis um Deutschland herum wurde für eine historische Sekunde erneuert. Als die Wiedervereinigung am Horizont erschien, verwandelte der italienische Außenminister de Michelis (mit vielen Hilfstruppen) eine Initiative südosteuropäischer Regionen in die Kooperation von fünf Nationalstaaten, die Pentagonale – mit einer Wendung gegen die allzu große Macht der Deutschen. Bayern, früher Teilnehmer dieser Initiative, wurde hinauskomplimentiert. Das sind die Symptome; die Fakten könnten folgen.

Noch hat die Strategie Delors in Deutschland ihre Chance. Aber die Zeit wird knapp. Wenn nicht rasch vollendete Tatsachen geschaffen werden (der point of no return wäre eine funktionierende Wirtschafts- und Währungsunion, WWU), könnte Deutschland als EG-Lokomotive über kurz oder lang ausfallen.

Die verschiedenen Dimensionen Europas

Nun kann man ja mit einiger Berechtigung darauf hinweisen, daß das Brüsseler »Europa« häufig technokratisch eingeengt argumentiert. Wolf Lepenies, der Rektor des Wissenschaftskollegs Berlin, der gerade ein »Collegium Budapest« seines »Institutes for advanced studies« aus dem Boden gestampft hat und einer der wenigen deutschen Intellektuellen ist, der (ohne Auftrag) die kultur- und wissenschaftspolitische Dimension »Europas« betreibt, hat einen wunderbaren Satz Jacob Burckhardts ausgegraben: »Die Europäer opfern, wenn es sein muß, all ihre speziellen Literaturen und Kulturen gegen ›durchgehende Nachtzüge‹ auf.« Wenn das zur herrschenden Linie würde, müßte man sich mit Enzensberger und Nenning in die Schützengräben der regionalen Kulturen verfügen; am besten in die kakanischen, also die im Donaubecken.

Europa ist, natürlich, nicht die EG. Europa ist ein Kulturanspruch. Man mag über die Elemente der europäischen Tradition, die der jüdische Religionsphilosoph Eugen Rosenstock-Huessy zusammengetragen hat, streiten. Er nannte die griechische, römische und frühchristliche Erfahrung, das nationale und religiöse Schisma von 1648, den Traum von souveränen Nationen und Nationalstaaten, die Selbstaufklärung der Aufklärung und vor allem die Individualisierung als Produkt von Renaissance und Reformation. Aber in jedem Fall braucht derjenige, der sich durch das Gewirr der Europabegriffe und europäischen Institutionen hindurchfinden will, Kriterien. Er landet sonst bei willkürlicher Machtpolitik. Wenn man zu dem Ergebnis kommt, daß Europa die Amerikaner (zum Beispiel militärisch) braucht, heißt das noch lange nicht, daß Amerika Europa »ist« (»KSZE-Europa«). Wer nicht begreift, wie tief sich das katholische Kroatien (das tausend Jahre zu Ungarn, vierhundert zu Österreich-Ungarn gehört hat) vom orthodoxen Serbien unterscheidet, wird die tödlichen Gegensätze innerhalb des Kunstprodukts »Jugoslawien« niemals schlichten oder auch nur moderieren können.

Das heißt zum Beispiel: Eine Europäische Gemeinschaft, die die Vielfalt der regionalen Kulturen, Literaturen und Traditionsstränge Europas nivellieren wollte, muß scheitern. Dogmatischer »Liberalismus«, der über EG-Richtlinien die Unterschiedlichkeit der Fernseh-, Buch- oder Filmförderungs-Systeme gleichschalten wollte, wäre – uneuropäisch. Die europäische Vielfalt und Vielsprachigkeit ist (einschließlich der ganz »unrationellen« Pflege der rätoromanischen, baskischen oder gälischen Sprache) Teil unserer Identität.

Das heißt auch: Es ist nicht beliebig, was »Europa« ist und was nicht. Natürlich kann man »pragmatisch« bestimmte Grenzen überspringen, zum Beispiel wenn man die Türkei – um sie an bestimmte Prinzipien der Demokratie zu binden – in den Europarat aufnimmt. Die Türkei hat europäische Züge; der kemalistische Nationalismus, der sie die Kurden unterdrücken läßt, ist ganz und gar europäisch. Die Türkei ist aber gleichzeitig ein islamisches Land; man kann deshalb den europäischen Universalismus mit seinen christlichen Wurzeln dort nicht umstandslos durchsetzen. Will man in Teilen »Europas« einfach auf ihn verzichten? Man muß sich nicht bei jeder institutionellen Einzelentscheidung an der historisch-kulturellen Tradition Europas orientieren; wer sie aber einfach beiseite schiebt, konstruiert auf Dauer lebensunfähige, friedensunfähige Gebilde. Rumänien, Bulgarien, Serbien, Albanien oder Mazedonien sind eine andere Welt als Böhmen, Litauen, Ungarn oder Polen. Wer all diese Länder pauschal für einen »Ostblock ohne Kommunisten« nimmt, muß scheitern; von »Block« keine Rede.

»Europa« hat viele Dimensionen. Europapolitik muß mit vielen Bällen spielen: Europa als Forum kultureller Vielfalt, als Friedensordnung, als Wirtschaftsraum. Dem entspricht die Vielfalt der Institutionen: sehr festgefügte wie EG, Europarat, NATO; Interims-Organisationen wie WEU und EFTA; regionale und subregionale Kooperationsformen wie Pentagonale, Nordischer Rat, die dreiseitige Zusammenarbeit CSFR/Ungarn/Polen und gesamteuropäische Netzwerke wie die KSZE. Nichts wäre für eine Einigung Europas hinderlicher als deutscher Ordnungssinn, der von heute auf morgen alle Überlappungen kappen wollte; oder gutherzige Beliebigkeit, die mit einem Schlag gegen fünfzig Völker glücklich machen wollte.

Es bleibt nämlich eine ernstzunehmende Frage, ob für ein geographisches Europa – der Westen Eurasiens – jemals aus einer Hand Politik zu machen ist. Das Glück über die Befreiung des – durch Zwang zusammengehaltenen – »Ostblocks« ist das eine; die Frage, ob man für dieses »Europa« eine gemeinsame Politik machen kann, das andere.

Erweiterung oder Vertiefung

Im EG-Europa wird dieses Problem derzeit unter den Stichworten: Erweiterung oder Vertiefung debattiert. Zu Recht. Eine rasche Integration ostmitteleuropäischer Staaten müßte die Entwicklung supranationaler Strukturen in der EG erheblich verzögern – wenn nicht gar verhindern. Wann hielte ein Land wie Polen eine Wirtschafts- und Währungsunion mit Frankreich und Deutschland aus? Müßte eine Aufnahme von Nachbarstaaten der Sowjetunion nicht auf Dauer die Behandlung verteidigungspolitischer Fragen in der EG blockieren, da man ja angeblich der Sowjetunion eine Ausdehnung anderer Bündnisse bis an ihre Westgrenze nicht zumuten kann? Und würde die EG nicht zum Wechselbalg? Die EG-Staaten haben ja längst wichtige Kompetenzen »nach Europa« abgegeben. Würden sie diese – statt sie in einem demokratisch einwandfreien Verfahren dem Europäischen Parlament zuzuweisen – im Niemandsland zwischen Europäischer Kommission und Ministerrat vagabundieren lassen, verlören sie viel an demokratischer Legitimation. Wer über einer Klamm am Seil hängt, kann nach vorn oder zurück. Bleibt er bewegungslos, ist er über kurz oder lang vielleicht pittoresk, aber tot.

Die Debatte »Erweiterung oder Vertiefung«, zumeist als Problem der Zeitachse behandelt (*wann* nimmt die EG Österreich, Schweden, wann die CSFR?), ist allerdings illusionär vordergründig. Wer behauptet – wie die EG –, er wolle eine Politische Union Europas und gleichzeitig insinniert, ein Europa von Brest (am Atlantik) bis Brest (Brest-Litowsk an der sowjetischen Westgrenze) sei von einem Parlament in Brüssel oder Straßburg regierbar, betrügt sich selbst. Er muß entweder zugeben, daß »Politische Union« für ihn ein loser Staatenbund mit einem lediglich symbolisch-dekorativen Parlament ist – oder er muß das große, das »geographische« Europa als Pluralität mehrerer Staatsverbände (Bundesstaaten, Staatenbünde oder Allianzen) begreifen. Denn: Ein »Europäisches Parlament«, das seinen Namen verdient und einige hundert Millionen Menschen mit vierzig oder fünfzig Sprachen repräsentieren sollte, ist keine »Utopie« mehr, sondern eine Zwangsvorstellung. Verglichen mit diesem Monstrum wäre das Österreich-Ungarn selbst des Jahres 1913 ein wohlgeordnetes Gemeinwesen.

Die Nationalstaatler werden die Argumentation mit satter Genugtuung konsumieren: Natürlich, werden sie sagen, das ist unsere Chance. Polen bleibt Polen – nicht nur kulturell, das sowieso, auch staatsrechtlich – und Deutschland Deutschland, Großbritannien Großbritannien; zuweilen treffen wir uns alle in Brüssel und koordinieren gemeinsame Interessen. Aber es gibt eine Alternative. Das ist François Mitterrands »Europa der verschiedenen Geschwindigkeiten«, das sich im Lauf der Jahre zu einem »Europa der verschiedenen Verdichtung« entwickeln mag.

Das Europa der verschiedenen Verdichtung

Man mag darüber streiten, ob die ökonomische, technische und ökologische Entwicklung industrieller und nachindustrieller Gesellschaften nicht generell auf größere und supranationale Strukturen drängt – so wie die Fliehkräfte des neunzehnten Jahrhunderts auf Nationalstaaten, jedenfalls auf die Überwindung der europäischen Kleinstaaterei gedrängt haben. In jedem Fall verlangt die konstruktive Einbettung des größten europäischen Nationalstaats, Deutschlands, im Westen Europas eine gemeinsame Ausübung der Souveränität – »pooled sovereignty«, wie das der Präsident der Europäischen Kommission, Jacques Delors, zutreffend charakterisiert hat. Diese gemeinsame Ausübung von Souveränität kann sich in Stufen entwickeln.

So ist es durchaus denkbar, daß die EG neutrale Staaten wie Österreich, Schweden oder die Schweiz, einige Jahre später auch die Tschechische Republik, die Slowakei, Ungarn oder Polen in den Mechanismus des Europäischen Binnenmarkts, das heißt also eines gemeinsamen Europäischen Wirtschaftsraums, einbezieht; im Vorfeld steht das Instrument der »Assoziation« zur Verfügung. Schon die endgültige Delegation der Geldpolitik an eine Europäische Zentralbank werden einige der EG-Aspiranten aber, möglicherweise auch Vollmitglieder der EG (wie England), nicht mitvollziehen wollen. Dann könnte es passieren, daß sich bereits 1997 Frankreich, die Bundesrepublik und die Beneluxstaaten zu einer Kern-Währungsunion zusammenfinden. Wer wirtschaftlich für eine volle Teilnahme (wegen seiner Inflationsrate oder seines Budgetdefizits) noch nicht reif wäre – oder den »Souveränitätsverzicht« ablehnte – bliebe in einer lockeren, weniger »verdichteten« Struktur. Der britische Premierminister Majors hat es für möglich gehalten, daß das Unterhaus einen derartigen Vertrag ratifizieren könne, auch wenn London nicht – oder noch nicht – an der vollen Währungsunion teilnehmen wolle.

Die eigentliche Entscheidungsfrage stellt sich bei der Entwicklung der »Politischen Union«. Denn die (seit 1970 existierende, seit 1987 durch die Einheitliche Europäische Akte abgesicherte) Europäische Politische Zusammenarbeit (EPZ) hat – im Gegensatz zu den Römischen Verträgen – keinen supranationalen Charakter; sie bedient sich intergouvernmentaler Methoden. Deren Merkmale sind Unterrichtung, Konsultation, Konsens. Die Golfkrise hat gezeigt, daß die EG mit diesem Instrumentarium machtlos bleibt; oder umgekehrt: daß die Gemeinschaft der Zwölf so uneinig ist, daß ein Saddam Hussein ihre Vermittlungsversuche kalt ignorieren kann. Wer diese Situation ändern will, muß springen: Für eine Übergangszeit mag man sich mit Parallelorganisationen – eine für die ökonomische Integration, eine für die politische, eine für Sicherheitsfragen – behelfen. Auf die Dauer kann die Gemeinschaft *politisch* nur Gewicht bekommen, wenn sie als »single community« auftritt. Das verlangt (mit vielen Übergängen) die Einführung des Mehrheitsprinzips. Es liegt auf der Hand, daß diesen Weg viele europäische Nationalstaaten verweigern werden; für einige Zeit oder auf Dauer.

Wer dies zur Begründung nimmt, das Ziel eines europäischen Bundesstaates aufzugeben, wirft Europa zurück auf die Kabinettspolitik der Zwischenkriegszeit. Die europäische Verflechtung mag inzwischen groß genug sein, um – jedenfalls auf westeuropäischem Boden – militärische Auseinandersetzungen zu verhindern. Der Status des losen Staatenbunds wird aber nicht nur »querelles allemandes«, sondern vor allem die Mediatisierung der Europäer durch die Supermächte, allen voran die USA, bringen.

Die integrationswilligen europäischen Staaten sollten deshalb für eine Politische Union, die den Namen verdient, so entschieden und wirkungsvoll eintreten wie die englische Premierministerin Margaret Thatcher zu ihrer Zeit für das, was sie als britische Interessen erkannte. Im Zweifel muß auch der gültige EG-Vertrag – der die Mitgliedsstaaten auf eine allerdings ungenügend definierte Politische Union verpflichtet – neu gefaßt werden. Es gibt politische Entscheidungssituationen, in denen nicht Engelsgeduld und diplomatische Raffinesse, sondern schroffe, fortreißende, scheinbar gewaltsame politische Maßregeln am Platze sind. Die mitteleuropäische Revolution von 1989 und die deutsche Vereinigung haben in der EG eine solche Situation geschaffen.

Gesamteuropa wird immer ein Schichten-Modell sein. Es wird *gesamteuropäische Institutionen* (zum Beispiel eine Umweltagentur, eine Rüstungskontrollbehörde, einen Konflikt-Schlichtungs-Mechanismus, eine Europäische Universität) geben, an denen alle oder fast alle europäischen Staaten beteiligt sind; daneben regionale (nord-, süd-, ost- oder mitteleuropäische) und funktionale Kooperationsformen. Wer »Europa« will, muß Abschied nehmen von der Idee einer einheitlichen europäischen Staatsorganisation vom Atlantik bis zur Westgrenze der Sowjetunion. Gerade die Vielfalt dieses Europas eröffnet die Chance für einen europäischen Bundesstaat, der sich nicht als Modell und Hegemon versteht, sondern als Partner unter Partnern.

Das Europa der Regionen

Erfolgreich zu Ende gebrachte politische Prozesse verlangen pragmatische Manövrier- und Kompromißfähigkeit; aber sie gelingen nicht ohne eine Leitidee. Das war bei Bismarck eben nicht »Deutschland«, sondern Preußen als europäische

Großmacht; bei de Gaulle nicht ein supranationales Europa, sondern ein französisch dominiertes »Europa der Vaterländer«. Die Leitidee für ein Europa jenseits der Nationalstaaten ist die sinnreiche Verbindung supranationaler und föderalistischer Strukturen, wie sie in neuerer Zeit am nachdrücklichsten Konrad Adenauer vertrat; dessen Radikalität läßt sich am ehesten an der (gescheiterten) EWG-Politik ablesen.

Adenauer bewegte sich, bewußt oder nicht, auf altem europäischem Terrain; die Reichsidee (die alte, nicht die von Hitler mißbrauchte) war allemal föderalistisch. Aber nicht die ehrwürdige Geschichte des sacrum imperium, sondern die ungebrochene Aktualität gibt einem europäischen Föderalismus die potentielle (meist unerkannte) Kraft. Wie sollen die radikalen Konflikte um die Slowaken in der CSFR, die Ungarn in der Slowakei, die Ungarn in Siebenbürgen, die Serben in Kroatien, die Kurden in der Türkei, die Iren in England, die Basken in Spanien und Frankreich usf. anders gelöst werden als durch eine Verbindung von föderalistischen und supranationalen Strukturen? Das gibt dem zitierten Satz jenes Beraters Vaclav Havels sein Gewicht: »Wären wir Mitglied der EG, würde ich sagen: Sollen die Slowaken doch gehen.«

Die – allerdings ferne – europäische Utopie ist ein föderalistisches Europa unter supranationalen Dächern. Das wären »Vielvölkerstaaten« mit weitgehender Autonomie der Regionen und einem Föderalparlament zur Entscheidung gemeinsamer (außen-, sicherheitspolitischer, ökonomischer, ökologischer) Fragen. Im Kampf der deutschen Bundesländer um eine Mitwirkung an der Legislatur der EG ist eine Vorform dieser Utopie erkennbar, bei der Gesetzgebungskompetenzen »nach oben« – nach Europa – und »nach unten« (zu den Regionen) verlagert werden und der »Nationalstaat« eines Tages verschwindet. Mag sein, daß noch viel Wasser die Seine hinunterfließen muß, bis zentralistische Staaten wie Frankreich diese Tendenz der historischen Entwicklung akzeptieren; aber wer weiß. Das Autonomie-Statut für Korsika ist ein für Frankreich revolutionärer – sehr weiser – Schritt. Es wäre ja auch denkbar, daß sich der europäische Westen von tschechisch-slowakischen, ungarisch-rumänischen, kroatisch-serbischen oder »sowjetischen« (zum Beispiel: russisch-georgisch-ossetisch-abkhasischen) Problemen belehren ließe. Aber will der Westen Europas vom Osten Europas lernen? Verlangte er es in den letzten tausend Jahren nicht immer anders herum? Es wird sich noch zeigen müssen, wo in der Zukunft der »geist- und formerfindende Genius Europas« (Nietzsche) seine liebste Heimat hat.

(1991)

Zur Literatur

Dieser Essay verdankt viele Anregungen dem Heft 1/1991 der »Neuen Rundschau« zum Schwerpunktthema »Das neue Europa. Aufbruch in eine schwierige Zukunft«; dort die Zitate von Lepenies, Lützeler und Meier. Die zentralen Begriffe »pooled sovereignty« und »single community« stammen von Jacques Delors: »European Integration and Security«, 1991 Alastair Buchan-Memorial Lecture, The International Institute for Strategie Studies, London, March 7th, 1991, in: Europe Documents, No. 1699, Atlantic Doc. No. 72, March 13th, 1991. Zum Denkansatz vgl. Eric I. Hobsbawm, »Nations and Nationalism since 1780. Programs, myth, reality«, insbesondere S. 163-184: »Nationalism in the late twentieth century«, Cambridge University Press 1990. Die Arbeit ist das Fazit einer Vorlesungsreihe »The Future of the Nation State in Europe« an der Marquette University Milwaukee.

Europa der Regionen

*Über große und kleine Vaterländer
Ein offener Brief an Ralf Dahrendorf*

Lieber Herr Dahrendorf,
 der Nationalstaat ist ein Irrweg, wenn auch ein breiter und ein langer, man kann zur Not 200 Jahre lang auf ihm dahinfahren. Es sieht dann aus wie auf deutschen Autobahnen morgens nach dem Berufsverkehr, viele tote Körper. Nur daß es auf den Autobahnen meist Katzen und Hasen sind, in der Politik meist Menschen. Mit den nationalstaatlichen Kriterien und Methoden (Souveränität, Nichteinmischung in innere Angelegenheiten, größtmögliche ethnische Homogenität) sind die Probleme der Zukunft nicht zu lösen. Deswegen mein (vorsichtiges) Plädoyer für eine Verbindung von supranationalen und regionalistischen Strukturen für ein *Europa der Regionen*.

Gegen diese Perspektive (die ja nicht meine Privat-Theorie ist, es gibt davon auch palästinensische, katalanische, bayerische, egerländische, deutsch-polnische Varianten) haben Sie im letzten Jahr mehrfach Einspruch erhoben; aus einer kühlen, pragmatischen, sozusagen englisch-nationalstaatlichen Sicht. Die neueste Äußerung stand in der August-Ausgabe des »Merkur«: Ich will ein paar Gegenargumente formulieren.

Zuerst einmal aber will ich Ihnen recht geben. Sie sind – in Ihrer Analyse der jugoslawischen Krise – einer der wenigen Kommentatoren, die nicht dem verfluchten deutschen Historismus und Relativismus opfern. Das verfolgt mich ja bis in meine eigene Partei hinein: dieses (historische) *Verstehen* des neu-alten Nationalismus. Natürlich kann man *begreifen*, warum die Herren Landsbergis, Milosevic oder Gamsachurdia nach vielen Jahrzehnten Marxismus-Leninismus auf die nationalistischen Denkmuster zurückfallen. Aber muß man es auch noch billigen? Muß man sich einbilden, besonders vorausschauend zu sein, wenn man das grausame Spiel (das man meist nicht verhindern kann) möglichst früh mitspielt? Der Rückfall auf die partikulare Konsensbasis des *Wir*, auf die Binnenmoral der *Nationen* ist eine Denunzierung, Obsoletierung von Vernunftsprinzipien. Wenn die Menschen angesichts der Verschiedenheiten von Sprachspielen und kulturellen Lebensformen die Konsensbildung aufgeben und sich trotzig auf die eigene Ethnie zurückziehen, fallen sie auf eine im alten Europa eigentlich überholte Stufe der konventionellen Moral zurück. Ich hadere zwar mit Ihrem Begriff des *heterogenen* Nationalstaats. Ich nenne das den *Nationalitätenstaat*. Man darf den Titularnationen keine Rechtfertigung dafür bieten, sich zur *Staatsnation* zu erklären. Aber in der Substanz bin ich ganz mit Ihnen einig. Die staatliche Organisation, die *verschiedenen* Nationen einen gemeinsamen Rechtsrahmen bietet, ist eine gewaltige geschichtliche Errungenschaft. Das sollten die Europäer nie vergessen; deswegen stimme ich Ihrem *Sittenkodex der Selbstbestimmung* (an den sich allerdings, wie wir beide wissen, kaum jemand halten wird) ausdrücklich zu.

Zu streiten beginne ich, wenn Sie in sanfter Polemik den Regionalismus mit dem *Stammesbegriff* identifizieren. Das ist zwar nicht falsch. Ernest Gellner hat, um die Leute mit der Nase auf die Wirklichkeit zu stoßen, die europäischen Nationalismen mit Tribalismen verglichen: Nationalismen seien die Tribalismen, die sich durchgesetzt haben. Und natürlich kann man auch Ihren Satz: »Stämme mögen Minderheiten nicht« empirisch immer wieder bestätigt finden. Auf der anderen Seite sollte uns Herder aber darüber belehrt haben, daß die Pflege der eigenen Sprache, Kultur, Geschichte nicht notwendigerweise zu Intoleranz, Fremdenhaß und Volkstümelei führen *muß*. Die Hochschätzung einer universalistischen, die Erfahrungen der ganzen Welt reflektierenden Kultur muß der Vertiefung in ein bestimmtes Milieu (Woody Allens jüdische Intellektuelle in New York) oder ein bestimmtes Land (Faulkners Yoknapatawpha County) nicht widersprechen.

Denn wenn wir einigermaßen realistisch Politik machen wollen, dürfen wir ja nicht verdrängen, daß die Nationalstaaten meist ziemlich künstliche Gebilde sind; und daß die Stämme oder Regionen weit vor ihnen da waren. Ich will nicht zu viel von mir selber reden; ich stamme aus Böhmen, lebe in Bayern und habe mich klaglos damit abgefunden, daß ich die Wiener als Angehörige einer fremden Nation, die Potsdamer aber als Angehörige meiner Nation betrachten soll, obwohl all meine Vorfahren aus Österreich-Ungarn stammen. Das liegt daran, daß die Bundesrepublik seit 40 Jahren funktioniert hat. Prinz Louis Ferdinand müßte die Reliquien seines Hauses schon monatlich durchs Land kutschieren, wenn er in mir wieder militante separatistische Gefühle erzeugen wollte. Aber wenn ich gelegentlich einmal darüber nachdenke, dann empfinde ich heute noch das Gewaltsame und Willkürliche am Staatsbildungsprozeß Bismarcks.

Oder denken Sie an die Franzosen, die wir heute alle als die Nationalstaatler *par excellence* ansehen. Was haben die Zentralstaatler dort für Gewalt eingesetzt, um das Land zu vereinheitlichen? Ich zitiere immer wieder einmal den Bericht des Abbé Grégoire, der 1794 dem *Comité d'Instruction l'ublique* berichten mußte: In vielen Teilen des Landes war Spanisch, Baskisch, Italienisch, Flämisch, Bretonisch oder Deutsch die offizielle Landessprache geblieben; und im übrigen wurde nur in etwa 15 Departments des Landes die französische Sprache ausschließlich benutzt. Darüber hinaus, so berichtete der Geistliche, gebe es noch ungefähr 30 *patois* mit eigenem Namen, also Sprachen, die dem französisch Sprechenden ebenso fremd blieben wie das Platt dem hochdeutsch Sprechenden. Darf man sich wundern, daß die Bretonen, die Korsen oder die Okzitanier immer noch nicht glücklich sind, wenn sie als Abarten der Pariser vereinnahmt werden?

Ich will sagen, daß ich unter einem *Europa der Regionen* bisher immer eine Europäische Gemeinschaft begriffen habe, bei der die deutschen Bundesländer (und vergleichbare Regionen aus anderen Nationalstaaten) im Ministerrat und in einer eigenen Länderkammer mitwirken – Ende der Veranstaltung. Aber inzwischen frage ich mich, ob das Katalanen und Basken, Iren, Schotten, Walisern, Lombarden, Flamen und Wallonen genug sein wird. Und ob es nicht weise wäre, Europa nach föderalistischen Prinzipien durchzuorganisieren? Felipe Gonzales zum Beispiel hat mit seinen föderalistischen Zugeständnissen den baskischen Nationalismus zwar nicht wegwischen können, hat dem ETA-Terrorismus aber viel Wasser abgegraben. Wäre das nicht ein Vorbild für die Lösung der Nationalitätenkonflikte, mit denen wir uns auseinandersetzen müssen? Können wir überhaupt die Probleme zwischen Sudetendeutschen und Tschechen oder zwischen der deutschen Minderheit in Polen und der polnischen Mehrheit anders lösen als durch einen modernen Föderalismus, zum Beispiel durch grenzüberschreitende Regionen, wie sie an der deutsch-holländischen Grenze oder um Basel herum längst existieren?

Sie sehen, ich argumentiere im Sinne jener Europäer, die den Schock der zwei Kriege noch in den Gliedern hatten, also zum Beispiel im Sinne von Jacques Maritain: »In Wahrheit ist eine Neubegründung der modernen Staatsauffassung der zwischenstaatlichen Beziehungen erforderlich. In demselben Maße, wie die europäischen Staaten über ihren Zusammenschluß zu einer Föderation in eine institutionell organisierte Gemeinschaft eintreten, müßten sie auch den *kleinen Vaterländern* innerhalb ihrer Grenzen eine höhere Autonomie zugestehen; denn um von vornherein jede totalitäre Gefahr auszuschalten, wäre es in der Tat notwendig, daß an Stelle der bis heute herrschenden Nationalstaatsverehrung ein gerechter Pluralismus das Gegengewicht zur Konzentration bildet, wie sie die Techniken der internationalen Organisation erfordern. Schließlich müßten zwei Prinzipien beseitigt werden, die beide dem Zeitalter des revolutionären bürgerlichen Individualismus angehören: das Nationalitätenprinzip im absoluten Sinne der Theoretiker des 19. Jahrhunderts einerseits und das Prinzip der Nichteinmischung andererseits.« Das wäre eine Philosophie für die Zukunft Europas.

Auf eins muß man allerdings achten – das ist Ihr stärkstes Argument: auf den Rechtsraum, den Rahmen für die Bürgerrechte, die Projektionsfläche der jeweiligen verfassungsrechtlichen Ordnung. Das waren bisher die Nationalstaaten; und wir müssen aufpassen, daß im Prozeß der Verfassungsrevision nicht Rechtsgarantien verloren gehen. Kein Zweifel, hier liegt eine Gefahr. Welche Rolle wird der Bundestag spielen, wenn Mitte der 90er Jahre 80 Prozent aller Regelungen, die das wirtschaftliche und soziale Leben der EG-Europäer betreffen, in Brüssel entschieden werden?

Aus all diesen Gründen glaube ich, daß wir beim Status quo nicht stehenbleiben können. Die EG-Staaten haben ja längst wichtige Kompetenzen *nach Europa* abgegeben. Würden Sie diese – statt sie in einem demokratisch einwandfreien Verfahren dem Europäischen Parlament zuzuweisen – im Niemandsland zwischen Europäischer Kommission und Ministerrat vagabundieren lassen, verlören sie viel an demokratischer Legitimation. Gleichzeitig ist längst die Gefahr entstanden, daß *die Geschichte* kühl über die Bundesländer hinweggeht. Schon heute debattieren viele Landesparlamente während der Hälfte der Zeit ihrer Plenarsitzungen über Fragen, in denen sie gar keine Kompetenzen haben. Uns bleibt nur der Weg einer entschiedenen Verfassungsrevision. Wenn wir eine solche Revision aber sowieso anpacken müssen, dann doch wohl eher nach föderalistischen denn nach zentralistischen Prinzipien. Deswegen ist das *Europa der Regionen* keineswegs ein *schlechter Rat*. Es ist eher eine notwendige – allerdings ferne – europäische Utopie.

Die Zukunft liegt nicht bei kompakten Nationalstaaten, sondern bei *shared homelands*, autonomen Provinzen, grenzüberschreitendem Regionalismus. Ob wir diese Zukunft allerdings heil erreichen, steht in den Sternen.

Was für eine Zeit! Die Vielvölkerstaaten (Sowjetunion! Jugoslawien!) zerbrechen; die Völker jagen auseinander, soziale Konflikte mischen sich mit ethnischen, das kleine Europa ist bedeckt mit stinkenden Abfallhaufen – und die EG konferiert im Stil des Jahres 1988; fast hätte ich gesagt: im Stil von 1815. Weiß Gott, ich kann Ihren Skeptizismus verstehen. Aber ob das Kerngehäuse in Oxford, inmitten Ihres britischen Apfels, Sie wirklich schützen wird? Das wünscht Ihnen jedenfalls, wenngleich ohne viel Glaubensstärke,

Ihr ergebener Peter Glotz (1991)

Europa am Scheideweg
Maastricht: Mehr Ende als Anfang

Der Epochenbruch von 1989 verlangt ein neues Konzept für die politische Union Europas. Im temperierten Klima der achtziger Jahre hätte man die teils technokratisch-nörgelnde, teils bösartig-populistische Kritik am Vertragswerk von Maastricht mit einer einzigen, entschiedenen Handbewegung vom Tisch wischen können. Dieser Vertrag markiert ohne Zweifel einen substantiellen Integrationsfortschritt. Die »Tempelkonstruktion« mit den drei Säulen – den Europäischen Gemeinschaften, die auf nochmals ergänzte Verträge gestützt werden, den Bestimmungen über die Gemeinsame Außen- und Sicherheitspolitik (GASP) und den Bestimmungen über die Zusammenarbeit in der Justiz- und Innenpolitik – ist zwar kompliziert; die klassischen Felder von Außen- und Innenpolitik bleiben intergouvernemental, nur die Ökonomie im weitesten Sinn wird vergemeinschaftet. Aber die konfliktdämpfende Verflechtung der EG-Staaten wird tiefer. Zum Tätigkeitsbereich der Gemeinschaft gehören jetzt auch so unterschiedliche Bereiche wie (allgemeine) Bildung, Kultur, Gesundheitswesen, Verbraucherschutz, transeuropäische Netze, Industrie- und Entwicklungszusammenarbeit. Der Vertrag führt eine Unionsbürgerschaft (mit voller Freizügigkeit und limitierten Wahlrechten) ein, er gibt dem Europäischen Parlament Mitwirkungsrechte bei der Bestellung der Kommission sowie ein (faktisches) Initiativrecht gegenüber der Kommission und verankert die Regionen und Länder im europäischen Mechanismus. Vor allem schafft er eine – wenn auch noch unsichere – Perspektive für eine gemeinsame europäische Währung; die Vorbedingung für ein erfolgreiches Behaupten der Europäer auf den Weltmärkten. Das sind feste Schritte in die richtige

Richtung. Die Deutschen, in der Gefahr, in die Rolle des beargwöhnten stärksten europäischen Nationalstaats hineinzuwachsen, haben allen Grund, diesen Vertrag geradezu ostentativ zu ratifizieren.

Auch die entschiedensten Europäer müssen sich aber klar machen, daß der Vertrag von Maastricht das proklamierte Ziel – die Integration der Nationalstaaten in eine Politische Union Europas – nicht erreichen wird. Das liegt nur vordergründig an der Tatsache, daß einige EG-Staaten den Vertrag vielleicht nicht passieren lassen. Das sind lediglich äußere Zeichen einer langsam ins Bewußtsein der Völker dringenden Ratlosigkeit. Auch die handfesten Patzer der Staatsmänner – die gefährliche Drift ins Intergouvernementale, die akzeptierte Sonderrolle der Briten bei Währungs- und Sozialpolitik, die Unterschätzung der regionalistischen Triebe Europas, die Mißachtung der parlamentarischen Entscheidungsrechte, die unzureichende Vergemeinschaftung der Finanzpolitik bei gleichzeitiger Kreation einer Europäischen Zentralbank – sind nicht die eigentlich historischen Gründe für die Melancholie, die künftig den Namen der unschuldigen Mittelstadt Maastricht umwehen dürfte. Auch diese krassen Unzulänglichkeiten wären – unter »normalen« Bedingungen – korrigierbar gewesen – 1996, 1999 oder eben im Jahr 2001. Das Problem liegt im Bruch der »Normalität«, den das Jahr 1989 gebracht hat. Dieses Jahr ist für das 20. (und das 21.) Jahrhundert so umstürzend wie das Jahr 1848 für das neunzehnte. 1989 ereignete sich ein Epochenbruch. Politiker, die das nicht begreifen und die Blaupausen aus den Jahren vor 1989 auf die Welt nach 1989 anwenden wollen, müssen scheitern, und zwar kläglich. Von Bismarck stammt der Satz »Die Geschichte können wir nicht machen, wir können nur abwarten, daß sie sich vollzieht.« 1989 vollzog sich »Geschichte«; da durften sich die entscheidenden Staatskanzleien Europas nicht in der Illusion wiegen, man könne den vorbereiteten

Spielplan bei mäßiger Ergänzung des Ensembles aus dem Osten einfach fortsetzen. Für die EG kam die Befreiung Osteuropas vom Kommunismus sozusagen ein Jahrzehnt zu früh. Scheitert die Europäisierung Europas am Sturz der Sowjetunion und seinen Folgen?

Man kann der Auffassung sein, daß schon der Plan, der Gemeinschaft der Zwölf eine eigene »Staatlichkeit« zu geben, schlecht vorbereitet war. Griechenland, Portugal und Irland sind von Deutschland und Frankreich sehr verschieden, eine gemeinsame Öffentlichkeit der Zwölf existiert nicht, die politischen Systeme, Kulturen und Philosophien sind selbst im Kern Westeuropas – der sich gern als »Kern-Europa« schlechthin begreift – höchst unterschiedlich. Auch war der europäische Einigungsprozeß allzu sehr als bessernde Reform von oben angelegt. Ministerrat und Kommission hatten nicht einmal die Parlamente zu einer systematischen Verfassungsdebatte eingeladen, geschweige denn die Völker oder ihre politisch interessierten Eliten. Nach der Öffnung der bewaffneten Grenzen zwischen West und Ost wurde die Unionsidee aber mit einem Schlag auf ihre Praxisfähigkeit getestet. Eine Politische Union aus 25 National- und Nationalitätenstaaten mit rund 30 Sprachen? Eine »Union« vom Atlantik bis an die ukrainische, gar an die russische Grenze? Ein handlungsfähiger Staatsverband, in dem das Polen der 30 Parteien, das zentralistische französische Präsidialsystem, die förderalistischen Staaten Belgien, Deutschland, Österreich, das verletzliche, vierteilige Staatskunstwerk Schweiz und viele weitere Besonderheiten zusammen handeln sollten? Das konnte nur bedeuten, daß man entweder den Unionsbegriff – entgegen den Festlegungen in der Einheitlichen Europäischen Akte und dem Maastrichter Vertrag – zu einer losen Konföderation verdünnen oder über kurz oder lang das Scheitern des großen Planes eingestehen mußte. Die Nagelproben kamen schneller als erwartet: Im Golf-Krieg fielen die

Europäer (zum Beispiel England und Frankreich im Sicherheitsrat der Vereinten Nationen) auseinander und wurden von den Vereinigten Staaten schließlich am Nasenring in den Feldzug geführt. In den postjugoslawischen Kriegen zeigte sich rasch, daß die Europäische Gemeinschaft nicht einmal eine gemeinsame Analyse zu entwickeln imstande war; von einem gemeinsamen »Security Council« oder gar einer wie auch immer gearteten militärischen Schlagkraft nicht zu reden.

Der bösartig-zynische Ton, mit dem die Europagegner von ganz rechts, ganz links und aus den »Small is Beautiful«-Idyllen unserer Vorstädte neuerdings die EG verhöhnen (»Esperanto-Geld«, »Gigantismus«) ist trotzdem fehl am Platze. Die EG kann nicht bleiben, wie sie ist. Aber selbst wenn sie nur eine Wirtschaftsgemeinschaft bliebe, wäre sie eine gewaltige politische Errungenschaft. Die ökonomischen Kosten der Desintegration übersteigen schon jetzt fast immer die möglichen politischen Gewinne. Selbst politisch hat die im Ernst handlungsunfähige EG schon manches bewirkt. Ohne den moderierenden Einfluß von Engländern und Franzosen hätten Deutsche, Österreicher und Ungarn vielleicht schon ein paar saftige antiserbische Dummheiten gemacht; keinen Krieg (zu dem wären sie nicht in der Lage), wohl aber unverzeihlich-unvergeßliche Drohgebärden. Die Europäische Gemeinschaft ist die große historische Leistung des alten Kontinents in der Nachkriegszeit. Sie muß bewahrt, sie könnte zum Stabilitätsanker Gesamteuropas entwickelt werden. Aber wie kann man verhindern, daß sie zerfasert, zerbröselt und zum Monstrum erstarrt wie einst, seit 1648, das Alte Reich?

Die neue europäische Konstellation nach 1989

Westeuropa war gegen Ende der achtziger Jahre, bis zur Mitteleuropäischen Revolution von 1989, in einem Prozeß des Zusammenwachsens. Natürlich, das Europäische Parlament war, in der Sprache des 19. Jahrhunderts gesprochen, nur ein Zollparlament. Die Gemeinschaftsorgane betrieben zuerst einmal – ökonomischen Steuerungsprinzipien folgend – den Ausgleich korporatistischer Interessen. Die Europäisierung des Sozialstaats war weit schwieriger als die europaweite Deregulierung. Die »Politische« Union blieb symbolische Politik. Aber man konnte die Hoffnung haben, daß die politischen den ökonomischen Strukturen folgen würden, wenn auch keineswegs in einem Automatismus. Die Überwindung dynastischer Interessen durch den Nationalstaat im 19. Jahrhundert war auch eine Konsequenz ökonomischer Prozesse der sich entwickelnden Industriegesellschaft.

Das Jahr 1989 brachte fünf neue Trends zur Wirkung. Teilweise hatten sie sich schon vorher abgezeichnet. Durch die Implosion der »realsozialistischen« Systeme wurden sie manifest.

1. Der Zusammenbruch der Doppelhegemonie USA/UdSSR hinterläßt im Ergebnis ein Europa ohne Vormächte. Zwar weiß niemand ganz genau, ob und unter welchen Herrschern Rußland (oder die Ukraine) sich wieder zusammenraffen; auszuschließen ist das keineswegs. Vorerst aber gibt es keine handlungsfähige Großmacht im Osten; das hat die europäische Politik inzwischen wahrgenommen. Daß der Kalte Krieg aber auch die USA an den Rand der Erschöpfung getrieben hat, wird in Europa geflissentlich verdrängt. Mag sein, daß der nächste amerikanische Präsident von den 300000 amerikanischen Soldaten, die auf dem europäischen Kontinent stehen, um 70000 da läßt – aber die letzte Weltmacht wankt. Europa muß, wie die agnostische Haltung der

USA zu den jugoslawischen Kriegen zeigt, seine Angelegenheiten selber regeln. Umgekehrt wird dies im Laufe der Zeit zu wachsender Kritik an amerikanischen Stützpunkten in Europa führen. Ist es legitim, daß die USA ihre Golf-Kriege über den Flughafen Frankfurt abwickeln? Die Kerze brennt an beiden Enden. Im Golf-Krieg von 1990/91 waren die USA (besonders wirkungsvoll gestützt von ihrem britischen Verbündeten) noch Führungsmacht des Westens. Jetzt werden Aufwand und Ertrag dieses Krieges abgewogen. Es ist nicht sehr wahrscheinlich, daß dieses Modell – amerikanische Initiative, amerikanische Kriegführung, Sanktionierung durch die Vereinten Nationen, Finanzierung durch Verbündete – noch häufig praktiziert werden kann.

2. Die kommunistische Herrschaft in Mittel- und Osteuropa hat die Ausbildung ziviler Gesellschaften verhindert: was jetzt ans Licht kommt, sind – von einer meist zu kleinen Zahl genuiner Demokraten, wenigen Westemigranten und Westimporten abgesehen – politische Biotope aus der Zeit vor Hitler. Das lebenskräftigste, kontrastreichste, erkennbarste ist der Nationalismus. Slobodan Milošević hat in Serbien vorgeführt. daß sich die autoritären Strukturen der kommunistischen Phase am ehesten unter nationalistischem Vorzeichen halten lassen. Wo das Volk mit nationalistischen Parolen gegen ein Brudervolk, einen Erbfeind oder eine Minderheit geführt wird, ist der Handlungsspielraum der jeweiligen Opposition höchst begrenzt: man vergleiche die Programme von Vladimir Meciar und Cernogursky in der Slowakei, von Franjo Tudjman und Savka Dabčević-Kuczan in Kroatien, von Milošević und Vuk Drašković in Serbien. Sie übertreffen sich geradezu an nationaler Zuverlässigkeit. Eine politische Kultur, die sich auf die Logik des Nationalismus erst einmal eingelassen hat, findet schwer zu Pluralismus und Toleranz.

Für Westeuropa bedeutet dies dreierlei: Erstens entsteht

östlich der EG ein Kordon von ökonomisch kaum lebensfähigen Staaten, die auf Hilfe der EG hoffen, dabei aber fast notwendigerweise enttäuscht werden müssen. Die neuen Staaten auf dem Balkan, die baltischen Staaten und die Slowakei sind Beispiele für derartige »Republikchen« (František Palacký), die – im Unterschied zu Luxemburg oder der Schweiz – keine »Nische« haben, aus der sich Handel und Wandel gestalten ließe. Zweitens dürfte die wirtschaftliche Not als Treibsatz für politischen Radikalismus wirken. Wer seinem Volk nicht genug zu essen bieten kann, offeriert als Ersatz nur allzu oft immaterielle Speisungen: Sprachradikalismus, Irredentismus, die rituelle Demütigung der Angstgegner. Es kommt wieder zu Völkermord und Landraub. Und drittens hat der Neonationalismus des Ostens verhängnisvolle Rückwirkungen im Westen. Nicht nur die nationalistischen, rechtspopulistischen und regionalistischen Parteien und Bewegungen bekommen Oberwasser. Gefährlicher ist die Verlockung für die nationalen Kräfte der liberalkonservativen Parteien. Längst verblichen geglaubte geopolitische und machtgeographische Ideen gelangen aus esoterischen Zirkeln und Zirkularen wieder in Parlamente und Regierungen. Die Nationalstaatler wittern Morgenluft. Die Delegitimierung des Nationalismus im Europa der Nachkriegszeit wird aufgehoben.

3. Während sich im Osten eine Renaissance des Nationalismus vorbereitet, wird der Süden von einer Welle des Fundamentalismus erfaßt. Die Deutschen neigen dazu, den Franzosen und anderen Mittelmeer-Anrainern Desinteresse an Osteuropa vorzuwerfen. Sie denken aber nicht daran, welch tiefer Schock die algerische Katastrophe für die Franzosen sein muß. Auch der wachsende Einfluß von Hamas und anderen fundamentalistischen Kräften im palästinensischen Volk sind für die politische Klasse in Deutschland kein Thema. Eine europäische Politik wird es aber erst geben, wenn die

Deutschen die Südpolitik der EG genau so wichtig nehmen wie die Franzosen oder Spanier die Ostpolitik – und umgekehrt.

Der Machtzuwachs des Fundamentalismus im Maghreb und im Nahen Osten bedroht Europa ebenso wie der Machtzuwachs des Nationalismus im Osten. Die Handelsbeziehungen werden wechselhaft, die Gefahr von Massenflucht und der Einwanderungsdruck wachsen. Die Probleme, die aus fundamentalistischem Einfluß auf muslimische Arbeitsemigranten entstehen können, hat der Fall Salman Rushdie schlaglichtartig gezeigt. Im übrigen gibt es auch die Gefahr einer Verbindung von Fundamentalismus und Nationalismus, wie die Unterstützung muslimischer Bevölkerungsgruppen auf dem Balkan aus Saudi-Arabien und anderen arabischen Staaten zeigt. Vor 1989 hätte das Korsett der Doppelhegemonie den Fundamentalismus regional eingekapselt. Heute wirkt er über die Ursprungsregion hinaus. Alle einsichtigen europäischen Politiker lehnen eine Abschottung der westeuropäischen Prosperitäts- und Stabilitätszone gegen Osten und Süden ab. Gleichzeitig scheint aber die große Anstrengung, die die Vereinigten Staaten nach dem Zweiten Weltkrieg mit dem Marshall-Plan gemacht haben, ganz und gar außerhalb der Reichweite der Politik der EG; nichts zeigt dies deutlicher als die Debatte um den »Kohäsionsfonds«, eine der Konsequenzen aus dem Maastrichter Vertrag. Die Gefahr, daß die Europäer beständig betonen, sie wollten keine »Fortress Europe«, ihnen aber sozusagen gar nichts anderes übrigbleibt, als sie zu organisieren, ist nicht gerade klein.

4. In dieser komplizierten Situation tritt ein altes europäisches Problem wieder hervor: das Gleichgewicht zwischen den Mächten, vor allem in der Mitte. In der Zeit, als sich die Europäer im Schatten von »Supermächten« verstecken oder auch räkeln konnten, schien dieses Problem ein für alle Male

passé. Seit 1989 aber wird wieder gerechnet und geargwöhnt. Plötzlich zeigt sich erneut, »daß Größe und Gewicht, Lage und Geschichte Deutschlands in nationalstaatlicher Form die Deutschen überfordert und die Nachbarn auch« (Michael Stürmer).

Wer so formuliert, gerät leicht in den Verdacht des Übersensiblen, einer falschen deutschen Bescheidenheit. Deswegen zitiere ich einen Robusten. der sein Deutschland schon einmal als »Modell« preisen ließ. Helmut Schmidt analysiert die europäische Lage folgendermaßen: »Bei manchen unserer Nachbarn machen sich deshalb alte Besorgnisse wieder bemerkbar... Falls es nicht zur Vollendung der Wirtschafts- und Währungsunion im Rahmen der EG kommen sollte, könnte Deutschland in eine ähnlich bedenkliche Isolierung geraten wie zur Zeit Wilhelms II.«

Die regierenden wirtschaftlichen Eliten in Deutschland wissen das; in der politischen Klasse war es (bisher) fast unumstritten. Inzwischen aber wird politischer Rohstoff, der über Jahrzehnte als unberührbar galt, wieder angefaßt. Zuerst formierte sich in der kulturellen Elite eine Art Feuilleton-Nationalismus. Ökologisches Denken wendet die Philosophie der kleinen Form gegen die EG. Neoklassische Ökonomen fechten mit dem Argument der Währungsstabilität für den Nationalstaat. Der alt-mittelständische und bäuerliche Protest lag schon Jahre ungenutzt herum; jetzt trauen sich die Populisten sogar das Hantieren mit explosivem ethnischen Material zu. Noch sind die Diskurse nicht zusammengefügt. Aber wer die Renationalisierung Europas verhindern will, muß rasch handeln.

5. Im übrigen vollzieht sich weltpolitisch ein von der professionellen Außenpolitik in Europa noch nicht ausreichend wahrgenommener Paradigmenwechsel, der keine direkte Folge des Umbruchs von 1989 ist, der aber im Schatten der Nuklearkriegsdrohung vor 1989 niemals voll ausgespielt wer-

den konnte. Die natürlichen Ressourcen eines Landes verlieren an Bedeutung, die neuen Quellen des Reichtums sind die Wissensproduktion durch Forschung und Entwicklung, die wirksame Verteilung des neugeschaffenen Wissens und seine rasche Umsetzung in Produkte und Produktionsprozesse. Militärische Macht wird unwichtiger, technologische wichtiger. Bei den wichtigen strategischen Technologien aber, der Informationstechnik, der Biotechnik, den neuen Werkstoffen, einer neuen Energietechnik, der Raumfahrt und der Umwelttechnik fallen die Europäer im Konkurrenzkampf der Triade mit Japan und den USA immer mehr zurück. Im Handel betrug Europas Defizit in der Elektronik 1979 erst 1,5 Milliarden Dollar, bis 1990 war es auf 40 Milliarden angewachsen, und bis 1996 dürfte es auf 58 Milliarden Dollar ansteigen. Das muß nicht von heute auf morgen zu einer demütigenden Abstufung der Europäer in internationalen Organisationen und bei weltpolitischen Entscheidungen führen, aber die Gefahr einer schleichenden Veränderung der Rangordnung – wie sie Frankreich und England seit 1945 erlebt haben – ist gegeben. Ein geeintes, handlungsfähiges Europa (mit einem Markt von sechs Billionen Dollar, der den amerikanischen an Kaufkraft übertrifft) könnte eine wichtige Rolle in der Weltpolitik spielen. Ein Europa rivalisierender Nationalstaaten könnte sich in schärfer werdenden Verteilungskämpfen und neu aufgebackenen Querelen verschleißen. Dieser Prozeß ist noch aufhaltbar, aber er verlangt ein rasches, planvolles und gemeinsames Handeln der europäischen Eliten von Politik, Wirtschaft, Wissenschaft und Kultur.

Wie die europäische Politik auf diese fünf Herausforderungen reagiert, ist offen. Erkennbar ist derzeit eher eine Tendenz zur rhetorischen Versöhnung realer Widersprüche und zum Posieren auf zeitweise attraktiv wirkenden Nebenkriegsschauplätzen. Aber das mag sich ändern. Nachdem das

Vertragswerk von Maastricht so verhandelt wurde, wie es nun vorliegt, sind jedenfalls drei unterschiedliche Szenarios der europäischen Entwicklung denkbar.

Drei Szenarios der europäischen Entwicklung

1. Die EG als europäischer Wirtschaftsraum

Die wahrscheinlichste Perspektive der Europäischen Gemeinschaft sieht folgendermaßen aus: Die Erweiterung um einige EFTA-Staaten, vor allem Österreich und Schweden, um Malta, Zypern, Ungarn, Polen sowie den neuen tschechischen Staat wird durchgezogen. Das hat zur Folge, daß eine engere außenpolitische und sicherheitspolitische Zusammenarbeit nicht zustande kommt. Aber auch die ökonomische Vergemeinschaftung bringt Probleme mit sich. Die Eingliederung einiger der neuen Staaten – vor allem aus Osteuropa – verlangt erhebliche Investitionen der zahlungskräftigen EG-Mitglieder in die Regional- und Kohäsionsfonds. Dies erzeugt immer mehr populistischen Protest in Deutschland, Frankreich, Spanien oder den Niederlanden, der ebenso pauschal wie wirksam gegen die Brüsseler »Superstruktur« gerichtet wird. Mitgetragen wird dieser Protest vom Regionalismus, der zwei Gesichter hat: ein fortschrittliches, das sozusagen hausväterlich-nüchtern auf die überschaubaren Verhältnisse im eigenen Kanton blickt, und ein reaktionäres, das haßerfüllt auf die armen Schlucker von nebenan starrt, die frech genug sind, auch noch Hilfe einzufordern. Im Konkurrenzkampf der Triade fällt dieses Europa zurück, weil es zwar ein aneinander gekoppeltes europäisches Währungssystem zustande gebracht hat (in dem die Deutsche Mark die stärkste Rolle spielt), aber keine gemeinsame Währung. Auch rafft sich dieser Typus der Gemeinschaft nicht zu einer gemeinsamen

Industriepolitik auf: Wer immer in England und Deutschland regiert, der neoliberale Einfluß bleibt groß genug, um die französischen Denkansätze zurückzuweisen. In der Sicherheitspolitik bleibt es bei einem raffinierten, aber auch hilflosen und ein wenig abgefeimten Spiel mit mehreren Bällen: NATO, WEU, Vereinte Nationen, KSZE. Dies bedeutet: Es entsteht weder ein legitimierter und handlungsfähiger Schlichtungsmechanismus, noch eine respektierte oder jedenfalls respektierbare militärische »Ordnungsmacht«. Die einzig handlungsfähige militärische Infrastruktur bleibt bei der NATO, die Amerikaner greifen gelegentlich – wenn es innenpolitisch möglich und erwünscht erscheint – in europäische Konflikte ein, lassen den alten Kontinent im übrigen aber im eigenen Saft kochen. Deutschland hat den stärksten Einfluß in Osteuropa, Frankreich im Süden; wo sie ein Tandem bilden, bestimmen sie die europäische Politik. Im Lauf der Zeit treten allerdings in beiden Ländern unterschiedliche Interessenrichtungen und Rivalitäten wieder stärker hervor: In beiden politischen Klassen festigen die Nationalstaatler ihre Stellung; sie begründen das damit, daß nur ein »natürliches« Verhältnis zur eigenen Nation den Rechtspopulismus im Zaum halten könne. So entstehen wieder Entente-Strukturen, die zwar nicht formalisiert werden, aber von einer erstaunlichen Haltbarkeit der Urteile und Vorurteile zeugen: England – Niederlande, Frankreich – Polen, Deutschland – Österreich – Ungarn, die Mittelmeer-Anrainer und so weiter. Europa bleibt eine Utopie, ein Symbol; immerhin hat es einen gemeinsamen Wirtschaftsraum zustande gebracht.

2. Die Regression ins Nationalstaatliche

Im schlimmsten Fall, eher unwahrscheinlich, ereignet sich ein rascher Zerfall der gemeinschaftlichen Strukturen. Entstehen könnte so etwas zum Beispiel aus dem formellen Scheitern des Maastrichter Vertragswerks. Eine Kettenreaktion: einige Staaten ratifizieren den Vertrag nicht, die anderen entscheiden sich, ohne die Ablehner weiterzumachen, daraus entsteht eine große politische oder auch rechtliche Auseinandersetzung, die die Arbeitsformen der EG für kürzere oder längere Zeit aushebelt. Viel wahrscheinlicher ist eine formelle Weiterexistenz der Gremien: Parlament und Ministerrat tagen sozusagen permanent, einige der zahlungskräftigsten Länder blockieren die EG aber so, wie einst die Vereinigten Staaten die UNESCO blockiert haben. Ergebnis: Ein Rückfall der Politik auf die nationalstaatliche Ebene. Europa wird im Westen von dem Tandem Frankreich/Deutschland und im Osten von dem Tandem Rußland/Ukraine bestimmt. Das wäre der Rückfall Europas in die klassische Entente-Struktur: Um mittelgroße Mächte gruppieren sich kleine. Die nach 1989 entstandenen, ökonomisch schwer lebensfähigen Kleinstaaten geraten in den Sog kräftiger Mittelstaaten. In einer solchen Welt würden um die Zentren herum die Wölfe des Nationalismus heulen: und in den Zentren würden die Beschwichtiger herumgehen und erklären, daß es gar keine Wölfe mehr gibt, es könne sich nur um verwilderte Hunde handeln. Ökonomisch wäre ein derartiges Europa nicht Spieler, sondern Spielfeld: ein interessanter, lebendiger, aber politisch unsicherer Käufermarkt in der Stimmung der späten Zwanziger.

Sicherheitspolitisch wären die Nationen die Akteure und die NATO bliebe für große, nur gelegentlich scheu erwähnte Aufgaben bestehen; damit auch ein begrenzter Einfluß der USA auf Europa. Das tägliche Geschäft aber – ethnische Purifizierungen, Völkermorde und Grenzkriege kleineren Ausmaßes – würden in der Verantwortung der Nationalstaaten bestritten. Das 21. Jahrhundert begänne wie das 20. Ob alles allerdings in einem »1914« enden müßte, wäre ungewiß. Die Erschöpfung – die Rede ist von der Zeit nach der Jahrtausendwende – wird größer sein als hundert Jahre davor; und Erschöpfung ist auch eine Art Erfahrung.

3. Cluster-Bildung

Wo es den Worst-case gibt, gibt es auch den Best-case. In der Krise der Politischen Union könnten sich die Europäer als lernfähig erweisen. Sie könnten die Europäische Gemeinschaft in ihrem »großen« Zuschnitt als Gemeinschaft der 16, 18, 20 oder 22 Staaten bewahren, genuin politische Zusammenarbeit aber in kleineren, überschaubareren, einander verwandteren Konfigurationen organisieren. Das Programm hieße »Cluster-Bildung«: Die Formierung mehrerer föderativer, multinationaler Staatsgebilde, die groß genug wären, in globalen Zusammenhängen (Weltwirtschaft, Ökologie, Drogenhandel, Terrorismus, Kriegsdrohung und Krieg) eine Rolle zu spielen und gleichzeitig überschaubar genug, um ihre eigene Komplexität bewältigen zu können. Die Folge wäre eine neue flexible Geographie Europas: In einigen Großregionen (Westeuropa, Skandinavien/Baltikum, Donauraum) könnten multinationale Föderationen entstehen, einzelne National- oder Nationalitätenstaaten (Großbritannien? Niederlande? Schweiz?) würden ihre Unabhängigkeit behaupten, in anderen Bereichen – auf dem Balkan zum Beispiel – könnten lose Konföderationen das Bild bestimmen. Das Ergebnis wäre ein Europa unterschiedlicher Dichtigkeit. Alle europäischen Akteure wären aber verbunden in einem großen Europäischen Wirtschaftsraum, der eine deutlich höhere Verbindlichkeit hätte als eine bloße Freihandelszone.

Dies bedeutete eine Trennung der Dimensionen. Wenn einige europäische Nationen ihre Souveränität vergemeinschaften möchten, andere aber nicht – das wäre der tragende Gedanke –, sollte man nicht destruktiv das ganze Einigungswerk in Frage stellen, sondern die Stränge der Kooperation entwirren und neu zusammensetzen. In der ökonomischen Dimension ist offensichtlich zwischen einer großen Zahl europäischer Nationalstaaten eine echte Vergemeinschaftung denkbar. Man sollte sie organisieren. Wenn auf dem Felde der Außen- und Sicherheitspolitik einzelne Nationalstaaten auf ihren althergebrachten Kompetenzen bestehen, ist dies zu respektieren. Umgekehrt muß respektiert werden, wenn andere auch diese Gebiete vergemeinschaften wollen. Man muß dort Vertragsgrundlage und Fahrplan der Europäischen Einigung verändern, kann aber am großen Ziel – der konstruktiven Zusammenfügung der natürlichen, intellektuellen und wirtschaftlichen Ressourcen Europas – festhalten.

Das klingt natürlich einfacher, als es sein wird. Die Staaten, die mit einer engen politischen Kooperation beginnen – jenseits der Römischen Verträge, weil sie im System von Rom ausgebremst worden sind – werden wilde Aggressionen auf sich ziehen. Dieselben Fraktionen, die bisher jeden Fortschritt der europäischen Einigung mit größter Skepsis betrachtet und – wenn möglich – behindert haben, werden sich zum Hüter der Römischen Verträge aufwerfen. In den Staaten, die eine enge außen- und sicherheitspolitische Kooperation suchen, werden sich heterogene, aber wirkungsvolle Oppositionsgruppen bilden, die die Argumente der Gegner des politischen Unionsgedankens von außerhalb aufgreifen. Für das Projekt der Cluster-Bildung, der flexiblen Geographie Europas wird es keine öffentliche Meinung geben – man wird sie schaffen müssen. Dieses Projekt verlangt also Führungsfiguren mit konzeptioneller Kraft und großem Einfluß in ihren jeweiligen Biotopen – und das in mehreren europäischen Staatskanzleien gleichzeitig. Eine denkbare, aber keine sehr wahrscheinliche Konstellation.

Baukasten für ein neues Konzept zur politischen Einigung Europas

Für einen realistischen Betrachter kann nicht mehr zweifelhaft sein: Der Weg über Maastricht führt nicht zur Politischen Union. Der eingeschlagene Weg der Erweiterung der Europäischen Gemeinschaft ist nicht mehr rückgängig zu machen, gleichzeitig ist eine echte Vergemeinschaftung der Außen-, Sicherheits- und Finanzpolitik von mehr als 20 Akteuren unterschiedlicher Größe, Struktur, Geschichte und politischer Kultur eine Chimäre. Es gibt nur zwei realistische Optionen: Sich mit einem Europa der – allerdings leidlich verflochtenen – Nationalstaaten auf Dauer abzufinden oder einen neuen Denkansatz zu versuchen, sozusagen die Flucht nach vorne anzutreten. Vor allem drei Gründe sprechen für die zweite Option:

– Europa muß sein altes Gleichgewichtsproblem in der Mitte lösen. Dazu muß es vor allem seinen größten und wirtschaftlich mächtigsten Nationalstaat, Deutschland, einbinden und die alte Rivalität zwischen Deutschland und Frankreich auf immer stillstellen. Das Ziel muß die dauernde Verwestlichung Deutschlands sein; dieses Ziel kann nicht erreicht werden, wenn man dieses Land erneut in eine Zwischenlage zwingt, es in die Illusion jagt, es könne die Brücke zwischen Ost und West sein, und es damit in eine exponierte Stellung bringt, die auf dem Hintergrund der europäischen Geschichte zu viel unverdiente Hoffnungen und zu viel unverdienten Haß auf dieses Land konzentriert.

– Die Europäer müssen von der Vorstellung Abschied nehmen, die USA seien eine Art großer Bruder, gegen den man gelegentlich stichelt, den man aber in allen Ernstfällen zu Hilfe rufen könne. Solange die Vereinigten Staaten von Amerika »zerstreuten« Staaten von Europa gegenüberstehen, wird dieser Bewußtseinssprung nicht gelingen. Ein Europa der Nationalstaaten bleibt Knetmasse für die Hausherrn des Oval Office, nach dem Muster des Golf-Krieges: die USA treffen die Entscheidung, die Briten stellen sich bedingungslos auf die amerikanische Seite, die Franzosen versuchen für einige historische Momente eine eigene europäische Politik zu formulieren, finden aber nicht genug Unterstützung – und schließlich trampelt ganz Europa hinter den Amerikanern her, die Deutschen trampeln am bravsten, am lautesten, aber nicht ganz im Takt. Der Kalte Krieg ist inzwischen ebenso zu Ende wie der Zweite Weltkrieg: Die Vasallen müssen Bündnispartner werden.

– Die multipolare Welt, die 1989 aus dem Einsturz der Doppelhegemonie hervorgegangen ist, braucht handlungsfähige Akteure. Die alten Nationalstaaten, krumm von der Last ihrer Geschichte, sind das nicht. Wo in Europa könnte Deutschland – in bester, humanitärer Absicht – »intervenieren«, ohne von einer der beteiligten Parteien das Hakenkreuz vorgehalten zu bekommen? Stehen Italien, die Türkei, Ungarn, Österreich und manch andere nicht vor ähnlichen Problemen? Hemmt die koloniale Vergangenheit Großbritannien und Frankreich nicht immer wieder an entschiedenen Bewegungen? In dieser Lage ist die alte Sehnsucht nach Völkerbünden – KSZE, UN – verständlich. Sie geht aber ins Leere, solange in den Vereinten Nationen eine Reform an Haupt und Gliedern nicht durchsetzbar ist und nachdem die KSZE binnen weniger Wochen aufgebläht worden ist. Europa braucht eine Zusammenfassung seiner Erfahrungen und Potentiale; da das ganze geographische Europa nicht auf einen einzigen Nenner zu bringen ist, muß man mit mehreren Formeln rechnen.

Die gegenwärtige Krise der Politischen Union Europas muß daher durch eine neuartige Initiative überwunden werden. Sie könnte sich – zum Beispiel – in einem Kommuniqué niederschlagen, das folgende Elemente enthalten könnte:

1. Die Regierungschefs der EG bekräftigen, die vertraglichen Verpflichtungen, die ihre Länder in der Gemeinschaft eingegangen sind, ohne jede Einschränkung zu erfüllen. Gleichzeitig geben sie der Auffassung Ausdruck, daß die politische Situation in Europa seit 1989 ein verstärktes gemeinschaftliches Handeln, vor allen Dingen auf den Gebieten der Außen-, Sicherheits- und Finanzpolitik unabdingbar macht. Die Kerngruppe der EG, also die sechs Gründungsstaaten, sollten in einer politischen Union zusammenarbeiten, die den Charakter von »Vereinigten Staaten von Westeuropa« hat.

2. Das Ziel der Initiative ist nicht die Auflösung der staatlichen Institutionen. Vielmehr sollen die Identität dieser Staaten, ihre historische Würde, ihre kulturelle Autonomie und ihre Institutionen gewahrt bleiben. Allerdings müssen Aufgabenfelder definiert werden, die gemeinschaftlich wahrgenommen werden, insbesondere die Außen-, Sicherheits-, Finanz- und Währungspolitik.

3. Angestrebt wird eine substantielle Annäherung der Völker durch die Entwicklung einer gemeinsamen politischen Kultur. Flämisch, Französisch, Italienisch und Deutsch sollten gleichberechtigte Amtssprachen werden. Unter Beachtung der Autonomie der Länder und der Regionen müßten Curricula geschaffen werden, die für alle beteiligten Länder gelten. Ein reformiertes Schulsystem müßte zum Ziel haben, die Bürger in der Gemeinschaft mehrsprachig zu erziehen. Europa-Universitäten müßten dieses Programm abrunden.

4. Ziel der Politischen Union muß eine Union der Völker sein, nicht der politischen Klassen. Daher sollte in Volksabstimmungen über die neuen Europa-Institutionen entschieden werden.

5. Bei der demokratischen Struktur des neuen Staatsverbundes sollte von einem Zwei-Kammer-Modell ausgegangen werden. Den freigewählten Parlamenten würde ein Senat als Zweite Kammer gegenüberstehen, der aus jedem Land bezie-

hungsweise aus jeder Region zwei Repräsentanten haben würde. An der Spitze der Vereinigten Staaten von Westeuropa sollte ein Präsident stehen, der von den Völkern direkt gewählt wird.

6. Das Ziel der Initiative sollte nicht als Ausschluß jener europäischen Partnerstaaten verstanden werden, die nicht zu den Gründungsmitgliedern der EG gehören. Daher wird eine Konföderation aller europäischen Staaten angestrebt, die in einem Europäischen Wirtschaftsraum miteinander kooperieren könnten.

7. Die Staats- und Regierungschefs der EG sollten die weitere Mitarbeit ihrer Staaten und Parlamente in allen europäischen Institutionen bekräftigen. Das Ziel Europa kann nicht durch eine einzige Institution repräsentiert werden, sondern besteht aus einem Institutionengeflecht. Allen ist jedoch das Ziel gemeinsam, ein geeintes, befriedetes und prosperierendes Europa zu schaffen.

Die Flucht nach vorn

Ist es nicht zu früh für die »Flucht nach vorn?« Zeigt die Geschichte der Europäischen Einigung nicht, daß man nur durch äußerste Zähigkeit Ergebnisse erzielt? Darf man das Projekt der Politischen Union der Zwölf jetzt schon opfern?

Natürlich wird sich das Establishment Europas bis zum Abschluß des Ratifizierungsprozesses von Maastricht nicht mit neuen Konzepten hervorwagen; zu Recht. Aber das Festklammern an Projekten, deren innere Logik zerstört ist, verrät nicht Charakter, sondern den Verlust der Orientierung. Der Versuch, die Idee der Politischen Union auf das geographische Europa – oder gar darüber hinaus bis zur Türkei – zu erweitern und sich gleichzeitig von der Agentur zum

Staat zu vertiefen, hat keinerlei Chance. Ihm gegenüber erscheinen die Nationalstaatler in all ihren antimodernen Obsessionen geradezu als Realisten. Wenn allerdings der Vertrag von Maastricht fällt und die Europäer in dieser schwersten Krise des europäischen Einigungsprozesses seit dem Scheitern der EVG im Jahre 1954 keinen Ausbruch versuchen, laufen sie Gefahr, in die Rolle der Ritter nach dem Zusammenbruch des Feudalismus zu geraten. Das große Epos, das dieses Schicksal darstellt, stammt von dem Spanier Cervantes.

Es ist eine fatale Situation. Die Europäer sind an sich Spezialisten für große, multiethnische Staatsorganisationen. Sogar Preußen war ein multinationaler Staat. Erst nach der Probe von 1848 setzten sich der Nationalismus und der Nationalstaatsgedanke endgültig (und auch in der Mitte Europas) durch; die Welt der Pariser Vorortverträge, von Wilsons idealistischer Idee des »Selbstbestimmungsrechts der Völker« motiviert, bricht jetzt zusammen. Trotzdem ist nicht auszuschließen, daß sich in diesem Europa nicht ein zukunftsträchtiger moderner Föderalismus, nicht eine sinnreiche, aber notwendig komplexe Verbindung von »Vielvölkerstaaten«, multinationalen Staatsorganisationen durchsetzt, sondern eine lockere, strukturlose Ansammlung von Republikchen. Der Weg Böhmens – von der Einbindung in den großen Vielvölkerstaat über den kleinen Vielvölkerstaat zum Nationalstaat en miniature – sollte schrecken. Aber die Europäer scheinen stumpf geworden; sie erschrecken – wie das nachträgliche Zetern um die Opfer der balkanischen Nationalismen zeigt – in neuerer Zeit immer erst, wenn es zu spät ist.

Natürlich birgt der Sprung in eine Politische Union, die den Namen verdient, erhebliche Risiken und Probleme. Deutschland und Frankreich zum Beispiel, ohne deren engste Kooperation jedes Vorhaben dieser Art scheitern müßte, sind trotz eines über Jahrzehnte praktizierten Freundschaftsvertrags einander fremder, als ihre Staatsmänner zugeben. Französischer Zentralismus und deutscher Föderalismus, die Nostalgie der »Grande Nation« und der latente Pazifismus in der Enkelgeneration der Nazis sind schwer in eine einzige »Philosophie« zu fassen; ein Staat ohne eine solche ist aber nur eine Agglomeration von Menschen, Gütern und Dienstleistungen. Auch ist die allmähliche Loslösung der Europäer vom Großen Bruder Amerika ein höchst schwieriges Unterfangen. Die Parlamente dürfen ihren Völkern nicht mit höheren Kosten für die Armeen kommen; man erwartet eine Friedensdividende. Also werden die Europäer noch manches Jahr auf die Infrastruktur der NATO zurückgreifen müssen; eine eigene »C^3-Struktur« (control, command, communication) ist nicht finanzierbar. Man könnte an eine »doppelköpfige« NATO denken; keine amerikanischen Truppen mehr in Europa, nur Liaison-Gruppen. Die unangemessen aufgeregte Reaktion der Regierung Bush auf das deutsch-französische Korps zeigt allerdings, wie viele Minen da herumliegen. Ein bequemer Weg ist diese »Flucht nach vorn« nicht; es geht über Stock und Stein.

Europa steht vor der Entscheidung. Auf dem konventionellen Weg wird es nicht mehr vorangehen; wenn es aber nicht vorangeht, droht nicht nur Stagnation, sondern der Rückschritt. Auf der Rechten wird der Nationalstaatsgedanke neu zugeschliffen; die Antwort darauf ist die »single community« (Jacques Delors), nicht der universalistische Völkerbund. Auf die Dauer kann die Regression ins Nationalstaatliche nur durch die realistisch gemachte Idee der Union vermieden werden, und das heißt: retour aux sources, zurück zu den Ursprüngen. An die Deichsel dieses Karrens müssen wir uns spannen!

(1992)

Literatur

Otto Schmuck, Der Maastrichter Vertrag zur Europäischen Union, in: EA 4/1992, S. 99.
Gerda Zellentin, Die Schimäre des europäischen Superstaats, in: *Blätter für Deutsche und Internationale Politik*, Heft 6/1992, S. 703.
Michael Stürmer, Die Grenzen der Macht, Berlin 1992, S. 82.
Helmut Schmidt, in: *Die Zeit*, 10. 4. 1992.
Reinhard Rummel, Toward political union, in: Rummel, Beyond Maastricht, Boulder, San Francisco, Oxford 1992.
Ernst-Otto Czempiel, Pax universalis, Variationen über das Thema der neuen Weltordnung, in: *Merkur*, Heft 8, August 1992, S. 680 ff.

Integration und Eigensinn
Kommunikationsraum Europa – eine Chimäre?

1.

Nimmt man die offiziellen Beschlüsse und Dokumente der Europäischen Gemeinschaft beim Wort, so kann kein Zweifel darüber bestehen, daß die europäische »Integration« den »Eigensinn« der vielfältigen europäischen Kulturen nicht aufheben will. Von den Römischen Verträgen über die Einheitliche Europäische Akte bis hin zum Vertragswerk von Maastricht ist die offizielle Lesart eindeutig. Die Vergemeinschaftung der Mitgliedsstaaten soll immer enger werden, bis hin zum Fernziel einer europäischen Staatlichkeit, also Vereinigten Staaten von Europa; die in Sprache, Kultur und gemeinsamen Selbstverständlichkeiten, »Sitten und Gebräuchen« verfestigten Identitäten aber sollen erhalten bleiben. Deswegen der Kampf, den insbesondere föderalistisch organisierte Staaten wie Deutschland, aber auch Belgien für die Eigenständigkeit der Kulturpolitik, in etwas vorsichtigerer Form auch der Medienpolitik geführt haben. Die Gemeinschaft bleibt, vermutlich ohne es zu wissen, auf der Linie des deutschen Philosophen Herder, der um das Jahr 1770 herum in Riga, umgeben von kleinen slawischen Kulturen, den Eigenwert einer Sprache und ihrer Erzeugnisse gegen den Utilitarismus der Aufklärung entdeckt hatte. Wenn Friedrich II. von Preußen oder der Habsburger Joseph II. Dekrete erließen, die die deutsche Sprache förderten, so taten sie das nicht aus einer nationalistischen, sondern eben aus einer utilitaristischen Motivation: Sie brauchten größere Wirtschaftsräume und förderten darum die Vergrößerung der Kommunikationsräume. Die Debatte zwischen den Aufklärern und Herder zittert heute noch nach, wenn in der EG über Subsidiarität oder eine

Richtlinie über grenzüberschreitendes Fernsehen debattiert wird.

Nun folgt die Wirklichkeit den offiziellen Planungen und Dokumenten allerdings nur höchst unzureichend. Das geht schon damit los, daß die Engländer und Dänen die gemeinsamen Dokumente anders interpretieren als Deutsche und Franzosen. Entscheidener ist: Die vertragliche Festlegung, daß eine bestimmte Entwicklung eingeleitet werden soll, führt diese Entwicklung nicht automatisch herbei. Damit sind wir mitten in der großen politischen Kontroverse, die derzeit die EG erschüttert. Auf politische Begriffe gebracht, geht diese Kontroverse um die Erweiterung oder Vertiefung der Gemeinschaft. Soll die Chance des Epochenbruchs von 1989 genutzt werden, um die ostmitteleuropäischen Staaten, genauso wie die südeuropäischen, in die EG zu integrieren? Oder ist es wichtiger, die EG zuerst einmal handlungsfähiger zu machen, die intergouvernementale Zusammenarbeit auf möglichst vielen Gebieten durch eine Vergemeinschaftung zu ersetzen und auf diese Weise eine übernationale Staatsidee zu realisieren?

Aufgeworfen hat solche Fragen zum Beispiel der Soziologe Ralf Dahrendorf. Gegen die Idee einer schrittweisen Auflösung der Nationalstaaten in einem übernationalen Staatsgebilde, einem »Europa der Regionen« hat er u. a. eingewandt, daß eine kritische Öffentlichkeit auf europäischer Ebene derzeit nicht bestehe. Die zivile Gesellschaft, die Bürgerrechte garantiere, sei national organisiert. Die Debatte um das Für und Wider politischer Entscheidungen vollziehe sich englisch, französisch, deutsch, aber nicht europäisch. Um es an einem plausiblen, aktuellen Beispiel zu erläutern: Die Abkommen von Schengen und Dublin zur Zuwanderungsfrage haben sehr viel geringere Kontroversen ausgelöst als die Asyldebatte in Deutschland und die Einwanderungsdebatte, die derzeit in Frankreich geführt wird. Man kann Dahrendorfs Thesen zu der Behauptung zuspitzen: Eine wirksame Kritik des Volkssouveräns an den Planungen der Regierenden ist im Schnitt-Muster der Nationen möglich, im Schnitt-Muster der Europäischen Gemeinschaft (noch) nicht, von Gesamteuropa zu schweigen. Man sollte sich klarmachen, daß dies das plausibelste Argument der Nationalstaatler ist. Zwar kann man über die Radikalisierung dieses Arguments – aufgrund fehlender sprachlicher und institutioneller Voraussetzungen sei kritische Öffentlichkeit überhaupt nur national, nicht übernational organisierbar – heftig streiten. Es gab in der Geschichte und es gibt in der Realität übernationale Staaten. Allerdings waren und sind diese Staaten zumeist autoritär. Es macht also durchaus Sinn, die Frage, ob zivile Gesellschaften übernational organisierbar sind, sorgfältig und auf empirischer Grundlage zu erörtern.

Wenn man diese Frage kommunikationswissenschaftlich formulieren will, ist man damit beim Begriff des Kommunikationsraums. Kommunikationsräume entstünden, so sagt Otto B. Roegele im Hinblick auf empirische Untersuchungen, zum Beispiel im Gefolge von Kommunalreformen – »mit politisch administrativen Grenzen, mit Anlage und Ausbau von Verkehrswegen, mit Wohnungsbau und Arbeitsbeschaffung, mit Technik und Freizeitanlagen. Sie bilden sich dort, wo lebensweltliche Strukturen entstanden sind, die Anlässe für Kommunikation bieten, und sie festigen diese Strukturen, weil sie die Menschen an sie binden, durch die lebensnotwendigen Informationen und durch überflüssige, aber dauernd nachgefragte Anlässe zur Gemütsbewegungen, auch durch Kritik und Lob«. Aber Roegele weiß natürlich, daß Kommunikationsräume eben nicht automatisch entstehen. Die Veränderungen von Grenzen, die Anlage von Verkehrswegen oder der Wohnungsbau mögen die Entstehung neuer kommunikativer Strukturen begünstigen. Erzwingen tun sie sie nicht. Deswegen formuliert Roegele vorsichtig: »So wäre einfach abzuwarten, bis sich aus dem Wirtschafts- und Tourismusmarkt

Europa der zugehörige Kommunikationsraum entwickeln wird.« Und er fügt dann fragend hinzu: »Oder muß sich noch anderswo manches ändern, im Bildungswesen, im Kulturbetrieb, in der Kommunikationsindustrie, damit der von den Politikern ausgespannte Rahmen inhaltlich ausgefüllt und ausgenutzt wird?«

Man wird diese Frage bejahen müssen. Eine europäische Staatlichkeit wird nur entstehen, wenn eine europäische Öffentlichkeit geschaffen wird. Eine solche europäische Öffentlichkeit existiert heute noch nicht.

2.

Analysiert man die kommunikative Situation der Europäischen Gemeinschaft, dann muß man in der Tat erhebliche Kommunikationsdefizite konstatieren. Auf den Politikfeldern Kultur, Verteidigung, Gesundheit und Sozialpolitik liegen die wesentlichen Kompetenzen nach wie vor auf nationaler Ebene; hier entsteht selten ein Problem. Nimmt man aber Bereiche wie das Lebensmittelrecht, den Umweltschutz oder das Wirtschaftsrecht, dann kommt man nicht umhin, festzustellen: Hier trifft die Europäische Gemeinschaft die wesentlichen Entscheidungen, ohne daß diese Entscheidungen regelmäßig einer systematischen öffentlichen Debatte unterzogen würden. Selbst die nationalen Parlamente versäumen ihre Kontrollaufgabe oft genug; die einen wollen ihre Regierung, die schon zugestimmt hat, nicht desavouieren, die anderen durchschauen den komplizierten Zeit- und Fahrplan nicht exakt genug. So entstehen Entscheidungen, die nur sehr indirekt vom Souverän der Demokratie, dem Volk, gebilligt worden sind.

Der Grund für diese Entwicklung ist gut erklärbar – aber erklärbar heißt nicht legitimierbar. Die wesentlichen Entscheidungen werden vom Europäischen Rat getroffen; das heißt hinter verschlossenen Türen. Der Rat arbeitet nach einer vordemokratischen Struktur. Als man die Prozedur schuf, ging man davon aus, daß Richtlinien der EG so etwas ähnliches seien wie Rechtsverordnungen auf nationaler Ebene. Davon kann in der Zwischenzeit aber keine Rede mehr sein. Richtlinien konstituieren bindendes Gemeinschaftsrecht. Nationale Regierungen, die gegen Richtlinien verstoßen, können vor den Europäischem Gerichtshof gezogen werden. Eine Entscheidung des Europäischen Rats aber ist um vieles diskreter als eine Abstimmung in einem Parlament. Die Möglichkeit, solch eine Entscheidung öffentlich zur Debatte zu stellen, ist deshalb bedenklich begrenzt.

Dies liegt vor allem daran, daß die Entscheidungsabläufe nicht transparent sind. Der Ablauf der Entscheidungen ist zeitlich entzerrt. Die Verfolgung des Wegs, den ein Vorschlag der EG-Kommission über das Parlament, den Rat, zurück zum Parlament und wieder in den Rat nimmt, ist kompliziert. Dazu ist die Kompetenzsituation bei unterschiedlichen Materien unterschiedlich. Selbst die Mitglieder der nationalen Parlamente sind häufig überfordert, wenn sie sagen sollen, in welchem Fall welche Entscheidung der Europäischen Gemeinschaft welche Verbindlichkeit hat. Erst recht gilt das für die Medien. Nur der journalistische EG-Spezialist mit Sitz in Brüssel oder Straßburg kann den Weg einzelner Gesetzesvorhaben in der Europäischen Gemeinschaft einigermaßen vollständig überschauen. Dieser Spezialist (oder »Korrespondent«) findet aber in seinem Medium nur bei seltenen Ausnahmefällen die Resonanz, die notwendig wäre, um einen bestimmten Prozeß vollständig durchsichtig zu machen. Die Entscheidungsabfolge im kompliziertem Instrumentarium der Europäischen Gemeinschaft ist sozusagen portioniert. Der point of no return ist höchst schwierig festzustellen. Die Verfolgung einer kompliziert gesprühten Kaskade aber findet in den Heimat-Redaktionen der Medien nur selten das ausreichende Interesse. Die Folge: In vielen Fällen wird selbst die politische Klasse – die Europa-Abgeordneten, die Europa-Ministerien der Länder und die zuständige Bürokratie des Bundes ausgenommen – von bestimmten Entscheidungen kalt erwischt. Nur die hochbezahlte Lobby der Industrie ist in der Lage, dem komplizierten Entscheidungsprozeß systematisch zu folgen und ihn an der richtigen Stelle zu beeinflussen. Sie weiß jedenfalls, wann wer was entschieden hat. Aber auch sie ist nur selten in der Lage, die ziselierte und kleinteilige Entscheidungspraxis der EG so zu emotionalisieren, daß *Massen*kommunikation in Gang kommt. Gelungen ist dies zum Beispiel bei der Europäischen Währungsunion. Ob die Argumente, die in der Massenkommunikation durchschlagen, in diesem Fall mit den Argumenten identisch waren, die in einer kompetenten Fachkommunikation ausschlaggebend gewesen sind, sei dahingestellt. Diese Inkongruenz ist allerdings kein Spezifikum der europäischen Kommunikationsprozesse.

Die dargestellten Probleme hängen sicher damit zusammen, daß wirksame europäische Medien kaum existieren. Murdocks englischsprachiges »Sky TV« scheiterte ebenso wie das von der European Broadcasting Union initiierte Europa TV, das 1986 nach nur 14 Monaten wieder von den Bildschirmen verschwand. Die Kultur-Zeitschrift »Liber«, ein Experiment verschiedener großer Zeitungen wie »Le Monde«, »El Pais« und der »Frankfurter Allgemeinen« ist jedenfalls in Deutschland nicht fortgeführt worden. Das gleiche gilt für die europäische Kulturzeitschrift »Lettre International«, die in Deutschland eine gewisse Zeit vom Verlag der Berliner Tageszeitung »TAZ« herausgegeben wurde. Eine Kooperation von »El Pais«, »INDEPEDENT« und »Süddeutsche Zeitung« wird vom deutschen Partner kaum genutzt. Es bleiben bestimmte Spartenprogramme (Euro-Sport, Euro-News) und wackelige Projekte wie »The European« oder der deutsch-französische Kulturkanal »Arte«. Sie erreichen nicht einmal die Durchschlagskraft einer europäisch-amerikanischen Initiative wie der »International Herald Tribune«, die jedenfalls in den *politischen* Klassen Europas eine gewisse Resonanz erreicht. Selbst wenn man in Rechnung stellt, daß ein kleiner Teil der europäischen Funktions-Eliten Methoden der Verständigung gefunden hat – die einen lesen regelmäßig die Sonntagsausgabe des »Observer«, die anderen behelfen sich mit Branchen-Informations-Diensten, dritte arbeiten mit großen Wochenzeitungen oder informieren sich sporadisch über fremdsprachige Kabelprogramme – man wird konstatieren müssen, daß eine medial vermittelte europäische Öffentlichkeit nur in ersten Ansätzen existiert.

Nun wäre es natürlich falsch, die Netzwerke europäischer Kommunikation nur danach zu beurteilen, ob ein europäisches System der *Massen*medien existiert. Natürlich praktizieren der Europäische Gewerkschaftsbund und die europäischen Industrieverbände ebenso Kommunikation wie die Euro-Kolleg-Veranstaltungen der Friedrich-Ebert-Stiftung oder das Wissenschaftskolleg zu Berlin oder das Institute for Advanced Study in Wassenar, die regelmäßig wissenschaftliche Eliten aus dem europäischen Raum zusammenbringen. Der Tourismus stiftet eine vielfältige, durchaus massenhafte Kommunikation in Europa; natürlich sorgt die Übersetzung von Sachbüchern, Lyrikbänden, der Austausch von Artikeln großer Zeitungen und die internationale Kommunikation von Akademien, Sommerschulen und Universitäten für vielfältige Kontakte. Hans S. Kleinsteuber hat schon recht, wenn er sagt: »Europa kann als Raum einer verdichteten Kommunikation interpretiert werden.« Ein systematischer, *regelmäßig mobilisierbarer* und allgemein zugänglicher Zusammenhang der vielen verschiedenen nationalen Kommunikationsräume besteht aber nicht einmal in der Europäischen Gemeinschaft, geschweige denn in Gesamt-Europa.

3.

An dieser Stelle will ich deutlich sagen, daß ich die These, eine kritische, die Bürgerrechte sichernde Öffentlichkeit sei übernational nicht organisierbar, für resignativen Unsinn halte. Der moderne, demokratische Vielvölkerstaat ist – wie zum Beispiel die Schweiz zeigt – durchaus darstellbar. Man muß sich ein modernes Kakanien zumindest als Utopie erhalten; und es wäre ein interessanter Auftrag an Kommunikationsgeschichtler, zu analysieren, wie die Kommunikationsprozesse im – allerdings nicht demokratisch organisierten – Österreich-Ungarn des späten neunzehnten oder frühen zwanzigsten Jahrhunderts verliefen. Die Abstoßung und Anziehung der Metropole Wien und der kleinen Metropolen Budapest, Prag, Agram, Laibach und so fort müßten ein hochinteressanter Forschungsgegenstand sein. Wir Heutigen müssen uns allerdings fragen, wer in *unseren* Vielvölkerstaaten die Rolle des übernationalen Adels spielen soll, wie wir das Problem der Gemeinsprache der Bürokratie lösen und wie wir erreichen wollen, daß – symbolisch gesprochen – die wesentlichen Posten der Armee nicht alle durch Serben besetzt werden. Wohin das führt, hat man in Jugoslawien gerade besichtigen können.

Ich habe die genannte kommunikationsgeschichtliche Studie nicht gemacht, ich kann hier nur rohe Hypothesen formulieren. Welche Bedingungen müssen gewährleistet sein, wenn Bürgerrechte in einem übernationalen Staatsgebilde garantiert werden sollen, wenn also übernational kritische Öffentlichkeit hergestellt werden soll?

Meine Vermutungen gehen in die folgenden Richtungen:

– Ein übernationales Staatsgebilde müßte über ein dichtes Institutionengeflecht verfügen. Am Beispiel der Gewerkschaften deutlich gemacht: Die Betriebsräte der unterschiedlichen Standorte transnationaler Unternehmen müßten miteinander in einem so engen Kontakt stehen, daß sie miteinander vereinbaren können, zum gleichen Zeitpunkt eine Verkürzung der Arbeitszeit für ihre Tarifverträge verlangen zu können. Zur Not müßten sie in der Lage sein, zum gleichen Zeitpunkt in unterschiedlichen Ländern des gleichen übernationalen Staates zu streiken. Das aber heißt: Der Europäische Gewerkschaftsbund dürfte nicht nur eine Adresse sein, ein Kontaktbüro, ein zeremoniöser Zusammenhang. Der Zusammenhang müßte operationell werden.

– Das Minimalerfordernis kritischer Öffentlichkeit in einem übernationalen Staat wäre deshalb eine übernationale Kommunikation der unterschiedlichen Funktions-Eliten. Karl Lamers und Karsten Voigt lesen heute in der »Herald Tribune«, was Les Aspin oder Joe Biden über den bosnischen Krieg denken und verarbeiten es in den Arbeitsgruppen ihrer Parlaments-Fraktionen. Ein übernationaler europäischer Staat bräuchte also allgemein akzeptierte Medien, die die entsprechende Aufgabe auf den vergemeinschafteten Politikfeldern leisteten. Der »European« leistet dies noch nicht; eher schon der BBC-World-Service oder Channel Four. Die Schaffung solcher Medien wäre für eine entschlossene europäische Politik keineswegs eine unlösbare Aufgabe. Ein solcher Plan verlangte allerdings eine gezielte europäische Kommunikationspolitik, sozusagen eine Medien-Industrie-Politik, die es derzeit in der Realität nicht gibt. Sie existiert allerdings in den Köpfen einiger französischer Politiker, die immer dann, wenn sie diese Ideen äußern, von deutschen und englischen Politikern zänkisch beschimpft werden.

– Zwei klassische Beispiele für das Verfehlen einer Europäischen Kommunikationspolitik sind die Europäische Filmpolitik und HDTV. Die französischen Bestrebungen zur Etablierung einer Europäischen Filmpolitik – unter den Stichworten EURIMAGES-Fund und EFDO – waren einerseits eher feierlich als praktisch und wohl auch zu stark auf europäische

Konkurrenz mit den amerikanischen Major companies angelegt. Die Förderung deutscher, italienischer, französischer Filme für ein europäisches Publikum wurde gelegentlich zu Gunsten einer unklaren »europäischen Identität« vernachlässigt; bösartige Menschen sprechen gelegentlich vom »Eurobrei«. Andererseits ließen sich die europäischen Partnernationen auf Francois Mitterands und Jack Langs Ideen nicht systematisch ein. »Prospero's Books« von Peter Greenaway oder »The Suspended Step of the Stark« von Theo Angelopoulos waren durchaus ernstzunehmende Projekte. Das Ergebnis: Bisher ist die europäische Filmpolitik ein nur zweifelhafter Erfolg. Schlimmer steht es um die Bemühungen um den großen Bildschirm und eine einheitliche europäische Norm für das hochauflösende Fernsehen. Die Deutschen waren völlig außerstande, die Interessen der Hardware- und der Software-Industrie aufeinander abzustimmen. Die Fernsehanstalten, und zwar die öffentlich-rechtlichen wie die privaten, torpedierten die Norm D2 MAC brutal – ein Vorgang, der in Japan völlig unvorstellbar wäre. Das Ergebnis: Das Rennen dürfte nun eine digitale Norm machen, vermutlich aus den USA. An dieser könnten dann große europäische Konzerne (wie Philips) mit beteiligt sein. Um ein europäisches »Unternehmen« würde es sich dann aber nicht mehr handeln. Europäische Kommunikations-Politik existiert derzeit nicht.

– Die Kommunikation der Funktions-Eliten müßte soweit in die jeweiligen Großgruppen diffundierbar sein, daß eine *prinzipielle* Mobilisierungsmöglichkeit entstünde. Die Elektronik-Industrie müßte also nicht nur in *einer* der diesem übernationalen Staat angeschlossenen Nationen, sondern in allen, und zwar gleichzeitig, in der Lage sein, »Feuer« zu schreien, wenn die Handelspolitik zu einer japanischen Dominanz bei bestimmten Halbleitern oder Flüssigkristall-Bildschirmen führte. Flüchtlingsorganisationen müßten ein so dichtes internationales Netzwerk aufgebaut haben, daß sie die Zuwanderungs-Gesetzgebung in diesem Vielvölkerstaat beeinflussen könnten. Die Organisationen der zivilen Gesellschaft müßten sich in den Stand versetzt haben, die Beteiligung dieses Vielvölkerstaats bei einem Golfkrieg zu befürworten, zu verhindern, jedenfalls zu debattieren. In der Sprache der EG ausgedrückt: Der Europäische Rat müßte auch noch auf anderen Feldern wie der Agrarpolitik fürchten müssen, daß ihm bestimmte Entscheidungen an allen Ecken und Enden des Staatsgebildes um die Ohren gehauen werden könnten. Die Bauern – als eine inzwischen kleine, höchst homogene, auch international kommunikationsfähige Interessengruppe – haben das geschafft. Aber wer sonst?

– Es kann gar keinen Zweifel geben, daß diese Bedingungen bestimmte Veränderungen »im Kulturbetrieb« (Roegele) verlangten. Eine dieser zivilisatorischen Voraussetzungen wäre die Einigung auf eine Gemeinsprache, die von allen nationalen Funktions-Eliten beherrscht würde. Für Europa würde das bedeuten: Der Sprachenstreit müßte beendet werden. Wahrscheinlich wäre es am einfachsten, das Englische zur europäischen Gemeinsprache zu machen, was immer Deutsche oder gar Franzosen dazu sagten. Das wäre keine Vernichtung von Eigensinn: Die Tatsache, daß alle Politiker, alle Manager, alle Professoren und alle Schriftsteller Europas englisch sprächen, würde sie nicht daran hindern, sich in ihren eigenen Sprachen auszudrücken und in diesen Individualsprachen auch ihre Identität auszuleben. Die heutige Realität des Sprachenstreits aber ist so: Auf Englisch als Gemeinsprache, sagt der Portugiese, können wir uns leicht einigen. Auch auf Englisch und Französisch, sogar auf Englisch, Französisch und Deutsch. Wenn allerdings Spanisch dazukäme und Portugiesisch nicht, dann wäre der große Konflikt gegeben. Internationale Staatlichkeit wird nur funktionieren, wenn diese Art von Konflikten überstanden werden. Im übrigen müßte die Bildungspolitik aller Nationen auf eine großzügige Förderung bilingualer Schulen orientiert werden. Es ist zum Beispiel gut, daß es im deutsch-polnischen Grenzgebiet – dem Land Brandenburg – inzwischen fünf Gymnasien mit bilingualen Klassen (deutsch-polnisch) gibt. Aber es ist eine Schande, daß es in Kreuzberg und anderswo von deutsch-türkischen bilingualen Schulen nicht geradezu wimmelt. Die Morde von Mölln und Solingen sind unter anderem auch ein Ausdruck dieses Versäumnisses.

Natürlich garantierten die genannten Minimalvoraussetzungen keineswegs eine handlungsfähige kritische Öffentlichkeit in einem modernen Vielvölkerstaat. Auch die besten technischen Voraussetzungen zur Kommunikation garantieren Kommunikation nicht. Die Deutschen zum Beispiel debattieren Tag für Tag die Frage, ob ihre Armee nicht in Bosnien intervenieren müßte. Der Grund liegt in der täglichen Berichterstattung über die Greuel von serbischen, kroatischen und muslimischen Söldnern. In Portugal spricht über dieses Thema kein Mensch. Dafür debattiert die portugiesische Nation Tag für Tag über die Schändung der Menschenrechte in Osttimor. Der Unterschied der Perspektiven hängt mit der Geschichte beider Völker zusammen. Die Portugiesen wissen fast nichts über Bosnien. Die Deutschen wissen fast nichts über Indonesien und Osttimor. Es ist deswegen ein wenig naiv, wenn man sich darüber wundert, daß die Europäische Gemeinschaft – mit den Mitgliedsstaaten Deutschland und Portugal – nicht zu gemeinsamem Handeln in Jugoslawien kommt. Es handelt sich um ein kommunikatives Problem.

Ich habe mit Ralf Dahrendorf begonnen, ich will mit Ralf Dahrendorf auch enden. In seinem interessanten »Europäischen Tagebuch« in der Zeitschrift »Merkur« faßt er das eben diskutierte Problem folgendermaßen: »Ich teilte« – so schreibt er – »Bronislaw Geremek eine Erkenntnis aus der

Lektüre von Richard Cloggs Geschichte Griechenlands mit: Am Ende ist Europa eine lateinische Veranstaltung; die Grenze liegt dort, wo die Orthodoxie und/oder das Osmanische Reich beginnt.« – »Das mag ja sein«, entgegnete der stets ironische (und ganz und gar lateinische) Historiker Geremek, »aber meinst Du denn, daß Spanien schon zu Europa gehört?«

Eine kauzige Anekdote. Sie macht einerseits klar, welche Rolle kulturelle Selbstverständlichkeiten für interkulturelle Kommunikation spielen. Die abendländische Radikalisierung, daß nur die kooperationsfähig seien, die schon seit Jahrhunderten miteinander kooperiert haben, ist sicher fragwürdig. Jugoslawien, in dem die »lateinischen« Nationen Slowenien und Kroatien mit den orthodoxen und muslimischen Partnern zusammenarbeiteten, ist zwar gescheitert. Daß es notwendigerweise scheitern mußte, ist keineswegs bewiesen. Die Anekdote zeigt aber andererseits, daß ein allzu voluntaristisches Zusammenschmeißen unterschiedlicher Kommunikationsräume fragwürdig ist. Geremek fragt: Gehört Spanien zu Europa? Genauso könnte Jorge Semprun fragen: Ist Walesa ein Europäer? Die Lehre aus dieser Anekdote ist: Wer allzu schmissige und große Pläne entwickelt, läuft Gefahr, eine Katastrophe zu produzieren.

Damit bin ich schon bei meiner Schlußfolgerung. Ich will mich nicht so weit überheben, daß ich den Streit zwischen den Erweiterern und den Vertiefern der Europäischen Gemeinschaft kommunikationswissenschaftlich entscheiden wollte. Wohl aber behaupte ich, daß Vielvölkerstaaten, die demokratisch funktionieren sollen, auch eine funktionierende Kommunikations-Infrastruktur und darüber hinaus ein Minimum gemeinsamer Werte, Standards und Erfahrungen benötigen. Wer glaubt, daß er das ganze geographische Europa in ein übernationales Staatsgebilde pressen könnte, verkennt nicht nur die Verschiedenheit, sondern auch die Abstoßungskraft der unterschiedlichen Kommunikationsräume. Europa, heißt das für mich, wird renationalisiert werden oder bestenfalls als lose verbundene Freihandelszone enden, wenn es weiterhin nur über den Binnenmarkt, nicht aber über die unterschiedlichen Kommunikationsräume redet. Kommunikativ ist eine enge Kooperation einer – sagen wir – Südosteuropäischen Wirtschaftsgemeinschaft mit einer Westeuropäischen Politischen Union und einer Donau-Föderation der Visegrad-Länder denkbar. Das Kunstprodukt einer Union vom Atlantik bis an den Ural allerdings dürfte kommunikativ auch von Kommunikations-Genies wie de Gaulle und Churchill nicht zustande zu bringen sein – ganz abgesehen von der Tatsache, daß wir über de Gaulles und Churchills derzeit gar nicht verfügen.

(1993)

Die Lateinamerikanisierung Europas
Melancholische Notiz nach Maastricht

Maastricht war – wenn man, wie einst bei Versailles, eine unschuldige Stadt zum Symbol eines historisch-politischen Prozesses macht – ein Ende, kein Anfang: Das Ende einer Konstruktion Europas von oben, aus europäischen Regierungen, das Ende einer Anstückelungspolitik, bei der supranationale Kompetenzen durch Rechtsfortbildung auf der Grundlage eines Gründungsvertrages – des Römischen – an den Völkern vorbeigeschmuggelt wurden, schließlich das Ende der Tragfähigkeit der Nachkriegsideen von Europa. Churchills Konzept der »Vereinigten Staaten von Europa«, Adenauers und Schumanns deutsch-französische Versöhnungsgedanken oder die alteuropäischen, immer wieder neu gewendeten, kulturalistisch argumentierenden Visionen vom »Abendland« haben ja immerhin ein halbes Jahrhundert gehalten. Die mitteleuropäische Revolution von 1989 hat die Karten neu gemischt. Die politischen Klassen Europas müssen die alten Begriffe, die zu Worthülsen geworden sind, mit neuem Leben erfüllen. Wenn sie damit – wie es derzeit aussieht – scheitern, ist der Traum von einer »Einigung Europas« wieder einmal ausgeträumt. Wir bekommen dann lauter »Wiedergeburten«: kroatische, serbische, tschechische, litauische, polnische, vielleicht sogar eine deutsche – und eine Lateinamerikanisierung Europas.

Kein Zweifel – der eilfertige Opportunismus, mit dem geschichts- und ideenlose »Praktiker« allüberall den rohen Stimmungen und drückenden Blähungen ihrer Völker nachgeben, ist erschreckend. Sympathischer als das populistische Taktieren von Whips wie Schäuble oder Stoiber ist die nachdenkliche Offenheit des deutschen Bundespräsidenten, der im Dezember 1993 so formuliert hat: »Die Europäische Union wird ihr eigenes, europäisches Gesicht haben. Sie wird sich ohne Zweifel schon in ihrer Struktur gründlich von den Vereinigten Staaten von Amerika unterscheiden. Aber sie wird mehr sein als ein Europa der Vaterländer. Die von Churchill alsbald nach dem Krieg proklamierte Hoffnung auf die ›Vereinigten Staaten von Europa‹ bleibt unser Ziel.« Auch das ist eher weise Vagheit als ein Konzept (das allerdings auch niemals aus dem Kopf eines einzelnen Politikers entspringen könnte). Was es jetzt bräuchte, wären ein paar Leute vom Schlage Jean Monnets, Robert Schumanns, Max Kohnstamms und die verteilt auf einige der wichtigsten Kanzleien Westeuropas. Sichtbar ist nur der einzige, vereinsamende Jacques Delors.

Dem deutschen Verfassungsgericht, das mit seinem Urteil über den Maastricht-Vertrag den Spielraum der europäischen Einigungspolitik stärker eingeengt hat als die deutsche Linke zugibt, darf man keinen Vorwurf machen – das Urteil ist nüchtern, in sich logisch und der schwebenden, von Unklarheit in der Politik bestimmten Lage angemessen. Was blieb dem Gericht anderes übrig als der Leitsatz, daß den nationalen Parlamenten Befugnisse von substantiellen Gewicht bleiben müssen, solange die souveränen Partner des »Verbundes« sich keine wirksame demokratische Struktur auf europäischer Ebene gegeben haben? Den Widerspruch, der zwischen der Erweiterungseuphorie vieler europäischer Politiker einerseits und dem Demokratie- und Effizienzprinzip andererseits besteht, hat das Gericht nicht zu verantworten. Die Verweigerung einer Kompetenz-Kompetenz für die Gemeinschaft wird das Tempo der Vereinigung zwar – vor allem bei einer erwartbaren Vergrößerung der Zahl der Vollmitglieder der Europäischen Union – dramatisch drosseln. Aber aus demokratietheoretischen Gründen war es nicht hinnehmbar, wenn sich ein nicht ausreichend im Willen der Völker verankertes Machtgebilde ohne parlamentarische Rechtsanwendungsbefehle zu einer Staatlichkeit mit nicht genau vorausbestimmbaren Hoheitsrechten entwickeln würde. Und wenn die politisch verantwortlichen Instanzen die Währung vereinheitlichen wollen, ohne vorher die Finanz- und Wirtschaftspolitik zu vergemeinschaften, dürfen sie sich nicht wundern, wenn ein ans Demokratieprinzip gebundenes Gericht entscheidet: Kein Automatismus, die Währungsunion setzt eine weitere parlamentarische Zustimmung, und zwar in allen Mitgliedsstaaten, voraus. Es ist schon richtig: Das deutsche Verfassungsgericht hat kühl festgestellt, daß die »Europäische Union« nichts anderes ist als ein auf Fortentwicklung angelegter »Verbund« souveräner Staaten, aus dem man notfalls auch wieder ausscheiden kann – wer dieses Urteil bedenkt, mag zu dem Schluß kommen, daß die jahrzehntelang fast widerspruchslos proklamierte Überwindung der nationalstaatlichen Struktur Europas nahezu ausgeschlossen ist. Das ist dann aber nicht die Schuld dieses Gerichts; es ist die Konsequenz einer in blinder Entschlossenheit vor sich hinwerkelnden europäischen Einigungspolitik, die nicht begriffen hatte, daß das Jahr 1989 – wie vorher die Jahre 1945, 1918, 1878, 1849 oder 1815 – eine historische Wendemarke, einen Strukturbruch markierte.

Eine Europäische Union, die ihren Namen verdient, wird nur entstehen, wenn die Nachkriegsideen von Europa an die radikal veränderte Lage in Europa angepaßt werden; dazu wird man sie regelrecht umpflügen müssen. Ein »Bundesstaat«, das heißt also eine demokratisch legitimierte Staatlichkeit, braucht zum Beispiel eine funktionierende Öffentlichkeit – und also eine ganz andere Sprachen- und Medienpolitik, als sie in der Europäischen Gemeinschaft derzeit angelegt ist. Ein »Bundesstaat« wird auch nicht funktionieren wenn er zu komplex wird, also zum Beispiel drei- oder vierhundert Millionen Menschen organisieren soll, die dreißig oder mehr Sprachen sprechen und in ganz unterschiedlichen politischen Kulturen aufgewachsen sind. Der Wunsch, ein ganzes Archipel unterschiedlichster Groß- und Kleinstaaten mit Demokratie und Wohlstand à l'allemagne zu beglücken, ist ethisch grandios, aber politisch ohne Chance. Kern-Europa muß sich zusammenfinden, zur Not auch ohne Zögerlinge wie die Engländer oder Exzentriker wie die Griechen. Nur eine schlagkräftige Europäische Union kann dem Osten wirklich helfen. Die Aufblähung der wenigen noch funktionierenden Strukturen (nach dem abschreckenden Beispiel der KSZE) bedeutete die Selbstzerstörung des alten Westens.

Die einzig realistische Chance für eine wirksame Einigung Europas – eines Europas, das mit den USA oder Japan konkurrieren könnte – wäre eine neue Europäische Bewegung. Sie dürfte sich nicht weniger vornehmen als die Auslösung einer liberalen Revolution. Liberale Revolutionen nennen die Amerikaner zum Beispiel ihren Staatsgründungsprozeß, die Abschaffung der Sklaverei, die Überwindung der Weltwirtschaftskrise durch Roosevelts »New Deal« in den Dreißiger Jahren oder Erfolge der Bürgerrechtsbewegung von Martin Luther King. Ein handlungsfähiges Europa – über dessen »Versagen« in Jugoslawien und anderswo man nicht greinen müßte wie ein gemischter Chor von Klageweibern – könnte nur durch solch eine »Revolution« entstehen – durch entschlossenen Antinationalismus, den Mut zum plebiszitären Kampf für eine konkretgemachte europäische Idee und eine rücksichtslose Überprüfung hergebrachter Institutionen. Es gibt Länder in der Welt, wo derzeit solche Revolutionen stattfinden, im Süden Chinas zum Beispiel, in Singapur, in Santiago de Chile und morgen vielleicht in Palästina. Dort ist der Leistungsdruck allerdings ungleich größer als auf dem alten, blutgetränkten, mürben, aber auf irgendeine Weise immer noch ertragreichen Boden Europas. Wir stehen vor der Alternative, die europäische Idee neu zu formulieren oder ein

Geschichtsmuseum, eine Geisterbahn mit hundert ethnopathetischen Sensatiönchen zu werden. Die Entscheidung über unser Schicksal fällt im nächsten Jahrfünft.

(1994)

Deutsche Fragen

Der Geist von Potsdam
Sehnsucht nach der Staatsidee?

Potsdam, die ehemalige Slawensiedlung am Ufer der Havel, ist eine wunderbare Stadt; ein wenig heruntergekommen jetzt, wie viele Städte der einstmaligen DDR, aber doch mehr als eine nostalgische Erinnerung. Vom holländischen Viertel, das der berühmte Architekt Boumann 1742 vollendete, stehen immerhin noch 134 rote Backsteinhäuser mit geschwungenen Giebeln. Die alte Mühle, deren Besitzer einst gegen den König höchstselbst die Erlaubnis erstritt, sein Geschäft unmittelbar neben Sanssouci fortführen zu dürfen, wurde gerade wieder aufgebaut. Und selbst die Brutalität der ersten Hälfte des 20. Jahrhunderts konnte nicht alle Zeugnisse vernichten, die der Architekt Schinkel und der Landschaftsplaner Lenné in dieser Stadt mit großer Vergangenheit und ungewisser Zukunft geschaffen haben.

Auch politisch läßt sich Potsdam nicht einfach zum Hort der preußischen Reaktion erklären. Das Edikt von Potsdam vom 8. November 1685 gewährte Glaubensflüchtlingen Asyl. Holländer und Franzosen, Russen und Tschechen wurden hier schon vor Jahrhunderten beherbergt, erhielten sogar eigene Wohnviertel. Und im Jahre 1912 gewann den Kaiserwahlkreis Potsdam-Spandau-Osthavelland immerhin ein Sozialdemokrat, und zwar ein Linker: Karl Liebknecht. Natürlich, die Potsdamer Tageszeitung wetterte: »Wer in Potsdam, fast im Angesicht unseres geliebten Kaiserpaares, einem Sozen die Stimme gibt, hat das Recht verwirkt, sich noch ein guter Deutscher zu nennen.« Aber es wäre ganz falsch, vom Soldatenkönig, der Potsdam zur Garnisonsstadt machte, bis zu Adolf Hitler eine gerade Linie zu ziehen und so die Stadt und ihre Bewohner zu verunglimpfen. Der Ungeist steckt nicht in Städten, sondern in Menschen – und die sind mobil.

Das Problem ist, daß Städte von Menschen zu Symbolen gestempelt werden. Dachau ist eine wunderschöne kleine Stadt an der Amper; aber seit dort ein Konzentrationslager stand, ist der Name auf der ganzen Welt verpönt. Als der Neubau des Goethe-Instituts in München an der Dachauer Straße errichtet wurde, änderte die Stadtverwaltung mit einem Trick die Adressen, die Auswärtige Kulturpolitik Deutschlands sollte nicht mit dem Namen Dachau in Verbindung gebracht werden. Ähnlich geht es Potsdam. Die Verherrlicher einer bestimmten Preußenlegende haben die unschuldige Stadt zum Altar ihres Mythos gemacht. Die Stadt wird das Scheinbild des »Geistes von Potsdam« so wenig los wie Dachau das KZ. Was in Erinnerung bleibt, sind gestellte Bilder mit Massensuggestion: Otto Gebühr als Friedericus Rex vor der Garnisons-Kirche, Hitler und Hindenburg, am 21. März 1933 am selben Ort – und hinter ihnen stand ein trottelhafter Sohn Wilhelms II. in SA-Uniform. Und auch die »Aktion Sarg und Asche« (wie der »Spiegel« das nannte) spielt in Potsdam. Die Hohenzollern ließen im Jahre 1991 die Gebeine zweier Vorfahren unter dumpfen Trommelwirbeln und in Anwesenheit eines Bundeskanzlers in den Garten des Schlosses Sanssouci umbetten. Der Schoß ist fruchtbar noch, aus dem das kroch – man sieht es an den Sprüchen eines Vorstandsmitglieds der Deutschlandstiftung: »Es ist noch nie preußische Sache gewesen«, schrieb dieser Herr im September des Jahres 1991, »sich an Illusionen zu hängen oder zu resignieren. Polen hat 123 Jahre auf seine Wiederherstellung warten müssen; es blieb am Leben, weil seine Staatsidee lebendig blieb. Auch die preußische Staatsidee wird überleben, weil ohne sie die Aufgaben der Gegenwart und Zukunft nicht zu bewältigen sind.«

Aber geht von Preußen überhaupt noch irgendeine Gefahr

aus? Der Staat Preußen wird nicht wieder entstehen. Manfred Stolpe, die stärkste politische Figur in Berlin und Brandenburg, steht nicht in dem Verdacht, den »Geist von Potsdam« wiederbeleben zu wollen. Der einzig wirkungsmächtige deutsche Intellektuelle, der sich unumwunden zu Preußen bekennt, ist der Verleger Wolf Jobst Siedler, und der ist im Laufe der Jahre zum realistischen Melancholiker geworden und weiß: »Das Land im Osten ist endgültig verloren... Auch das jetzt entstandene Gesamtdeutschland geht schon an die Grenzen dessen, was Europa zuzumuten ist.« Bleibt Franz-Josef Strauß, der sich gelegentlich als letzten Preußen stilisiert hat; aber der war ja auch der deutsche Thatcher. In Wirklichkeit blieb er sein Leben lang ein katholischer Europäer, zwar autoritär und mit einer gewissen Bewunderung für preußische Sekundärtugenden, aber in seiner ganzen Existenz ein populistischer Volksmann aus der Münchener Schellingstraße, Lichtjahre entfernt von der Tradition des verdammten preußischen Reserveoffiziers. Muß man über Preußen überhaupt noch ein Wort verlieren?

Im Zeitalter der beschleunigten Geschichte wäre es leichtfertig, die Sehnsucht der Menschen nach »Sinn« zu unterschätzen. Im Osten Deutschlands ist – wie im ganzen östlichen Mitteleuropa – der Zwang, von heute auf morgen neue politische Eliten aus dem Boden zu stampfen, mörderisch; die Versuchung, »blind« in die große black box der Vergangenheit zu greifen und das herauszuziehen, was man eben noch zu fassen bekommt, ist gewaltig. Dazu kommt die wachsende Lust an Geschichtspolitik; die Sehnsucht unserer mittelständischen Intelligenz nach Ästhetik des Staats. Wäre da Preußen – nicht der reale, im Februar 1947 mit einem Kontrollratsgesetz endgültig aufgelöste preußische Staat, sondern die »Preußen-Legende« – nicht ein verführerisches Angebot? Braucht das wiedervereinigte Deutschland, so fragen sich unsere Feuilleton-Nationalisten, nicht eine neue Identität? War die Bonner Republik nicht doch rheinischer Separatismus? Mit einem Wort: Könnte die Potsdamer Doppelgrablegung der beiden Hohenzollernkönige nicht der Beginn einer neuen Preußen-Legende sein, einer neu gezeichneten Traditionslinie, die von Friedrich II. als dem König eines Einwanderungslandes über den Freiherrn vom Stein und ein paar der Offiziere des 20. Juli bis zu jenen evangelischen Pastoren reicht, die sich in den achtziger Jahren mit Erich Honecker anlegten?

Die Beschimpfung der Geschichte ist immer dumm. Es kann nicht darum gehen, den Geist von Potsdam so zu definieren, wie Joseph Goebbels ihn in seiner kalkulierten Ausstattungsrevue des »Tages von Potsdam« am 21. März 1933 interpretiert hat: »Der Nationalsozialismus darf mit Fug und Recht von sich behaupten, daß er Preußentum sei. Wo immer wir Nationalsozialisten auch stehen, in ganz Deutschland sind wir Preußen. Die Idee, die wir tragen, ist preußisch. Die Wahrzeichen, für die wir fechten, sind von Preußengeist erfüllt, und die Ziele, die wir zu erreichen trachten, sind in verjüngter Form die Ideale, denen Friedrich Wilhelm I., der große Friedrich und Bismarck nachstrebten.«

Man sollte zwar nicht vergessen, daß diese Art der Deutung vielen Preußen, darunter einem ganzen Schock preußischer Generale, wunderbar gefiel, aber man sollte es nicht als Geschichtsschreibung nehmen, sondern als das, was es ist: eben als Geschichtspolitik. Und die Gefahr für die Zukunft ist nicht nazistische Geschichtspolitik, sondern preußisch-deutsche. Zum Beispiel im Sinne von Arnulf Baring, der schon wieder folgendermaßen formuliert: »Wir haben uns nach 1945 zu einseitig neu orientiert, haben einfach das Gegenteil dessen, was vorher galt, für richtig gehalten. So einfach liegt es aber nicht... Nur ein Beispiel: ich las neulich in einer Zeitung die Überschrift ›Zurück zur Würde des Dienens‹. Der Ton hat mich getroffen, mir sofort eingeleuchtet. Solche

Worte und Gedanken sind jetzt fällig... Fehlt uns nicht heute überall der Sinn für die angemessene, stilsichere Selbstdarstellung unseres Gemeinwesens, eben das Gespür für die Erfordernisse schlichter Würde, würdiger Schlichtheit der Repräsentanz des Staates, wie sie Preußen in seinen besten Zeiten auszeichnete?« Wer garantiert uns, daß dem Vordenker Baring demnächst nicht ganze Scharen von Nachdenkern hinterherlaufen?

Der Trick, die Institutionen und Arrangements des preußischen Staats zu »Tugenden« zu verdünnen, darf in der Zukunft nicht mehr verfangen. Ein paar Entwicklungszüge preußischer Geschichte müssen unvergessen bleiben – damit wir nicht dazu verurteilt werden, sie zu wiederholen. Dazu gehören die Militarisierung von Staat und Gesellschaft in Preußen, der überwältigend große Einfluß der Beamtenschaft auf die Gesellschaft und ein patriarchalischer Männerkult, der erst durch die Kulturrevolution von 1968 ernsthaft – und auch da nur im Westen Deutschlands – in Zweifel gezogen wurde.

Von all diesen Tendenzen war die Militarisierung die erste und die wichtigste. Sie begann schon Mitte des 17. Jahrhunderts, als der »Große Kurfürst« von Brandenburg sich erstmals entschloß, seine 1644 ausgehobenen Truppen nach Abflauen der Kriegshandlungen nicht mehr wie bisher zu entlassen – und wurde im 18. Jahrhundert das Schwungrad an der Staatsmaschine. Der Prozentsatz der Heeresausgaben stieg auf zwei Drittel und mehr der Staatseinnahmen. Die Ausrichtung auf militärische Zwecke forderte die Reglementierung der Wirtschaft und die straffe Ordnung des Soziallebens. Schon der Große Kurfürst hatte zeitweilig – bei 1,5 Millionen Einwohnern seines Fürstentums – 40 000 Mann unter Waffen. Im Todesjahr Friedrich II. hatte der preußische Staat 5,8 Millionen Einwohner; die Armee war auf 195 000 Mann angewachsen. Das würde heutzutage einer Stärke der

Bundeswehr von 2 Millionen entsprechen. Gestützt wurde die Militarisierung durch das Institut der Gutsherrschaft; die Ritter-Gutsbesitzer hatten die Polizeigewalt und die Gerichtsbarkeit über ihre Hintersassen. So führte der altpreußische »Kantonist« zwischen Rittergut und Regiment ein Dasein, das ihn »zu einem stets zur Unterordnung bereiten, für militärische Zwecke disziplinierten Teil des Militärsystems als soziales System machte« (Otto Büsch). Heute kann jeder wissen, wo diese Entwicklung endete: beim konsequenten Eindringen militärischer Denkweisen in das Bürgertum, vor allem durch die Figur des »Reserveoffiziers« und zur Anbetung militärischer Macht als Fundament ersehnter nationalstaatlicher Größe. Die Angriffskriege Preußens gegen Dänemark 1864, gegen Österreich 1866 und gegen Frankreich 1870 bereiteten den Boden für die europäischen Katastrophen, die 1914 und 1939 ihren Ausgang nahmen – nicht ausschließlich verschuldet durch die preußisch-deutsche Mentalität, wohl aber wesentlich von ihr beeinflußt.

Die Ausrichtung der Gesellschaft auf das Militär beeinflußte auch die Ideen, wie man eine Gesellschaft rational leiten könnte: durch einen geschulten Beamtenapparat, eine Bürokratie, die Max Weber später als »ehernes Gehäuse der Hörigkeit« analysiert hat. Selbst »Reformen« waren in Preußen immer Erlasse – und gelegentlich, wie in den Jahren nach 1807, sogar Revolten – der Spitzenbürokratie. Das war anders nicht gut möglich; denn es gab im Preußen des ausgehenden 18. oder des beginnenden 19. Jahrhunderts keinen wirtschaftlich starken und selbstbewußten Bürgerstand. Aber warum gab es ihn wohl in Frankreich, nicht aber in Preußen? Die Reformen, die man später nach dem Freiherrn vom Stein und dem Fürsten Hardenberg benannt hat, hatten zwar bemerkenswerte Züge – man denke an die Bildungsreform Wilhelm von Humboldts. Der größte Erfolg war aber ohne Zweifel die Heeresreform Gneisenaus, d. h. die Umwandlung des friederizianischen Söldnerheers in ein Heer der allgemeinen Wehrpflicht. Die Finanzreform ist gescheitert, die Wirtschafts- und Gesellschaftsreform auf halbem Weg stehengeblieben, und der Weg der kapitalistischen Agrarentwicklung war weitgehend ein Herrschaftskompromiß zwischen Bürokratie und Gutsbesitzern. Daß Modernisierung ohne Demokratisierung möglich ist, das war eine Lektion, die die preußischen »Reformer« ihren Preußen und später ihren Deutschen für anderthalb Jahrhunderte eingehämmert hatten. Ein Stück von dieser Mentalität lebt immer noch; z. B. in deutschen Professoren, denen das Herz aufgeht, wenn von der »Würde des Dienens« die Rede ist.

Den Beitrag Preußens zur Mentalitätsgeschichte des Deutschen braucht man nur anzudeuten; die deutsche Literatur hat ihn aufgearbeitet. Ob es um die pädagogische Idee des Soldatenkönigs ging, dem Thronfolger Ungehorsam und Homosexualität dadurch auszutreiben, daß man ihn zwang, an der Hinrichtung des Freundes höchstpersönlich teilzunehmen, oder um die Prügelorgien der Armee, die Uli Bräker, ein Opfer der preußischen Aushebungen im Siebenjährigen Krieg, dargestellt hat; um die Motive, die der größte preußische Dichter, Heinrich von Kleist hatte, um eine Gefährtin mit in den Tod zu nehmen, oder um die Sexualmoral der wilhelminischen Oberschicht, der Heinrich Mann in der Figur des Untertanen Diederich Heßling ein wahrlich unvergängliches Denkmal setzte – die Erbschaft Preußens zittert in vielen von uns noch nach. Zugegeben, in den Generationen, die seit 1960 geboren sind, wird es weniger und weniger. Aber ist es ganz ausgeschlossen, daß die Nostalgiker wieder Oberwasser bekommen und deutsche Großväter wieder preußische Tugenden predigen?

Natürlich (der ausgewogene deutsche Leser dürstet jetzt nach Gerechtigkeit) hatte dieser Staat auch bewundernswerte Züge. So war Preußen ein Einwanderungsland. Friedrich II.

importierte, da sein Staat selbst kein Wirtschaftsbürgertum herangebildet hatte, ein Ersatzbürgertum: Hugenotten, Böhmen, Juden. Zwar hielt 1807 der preußische Staatsphilosoph Fichte, der eine bedeutende Wissenschaftslehre vorgelegt hatte, schreckliche »Reden an die deutsche Nation«, in denen er die Vermischung verfluchte; kleinere Hetzer wie Ernst Moritz Arndt und Friedrich Ludwig Jahn haben gegen Franzosen, Juden und anderes Gelichter bösartig vom Leder gezogen. Aber gelegentlich ist der Fremdenhaß heutzutage schärfer als in Preußen, jedenfalls vor 1871. Das ist durchaus ein Grund für die politische Klasse von heute, auf Preußen zurückzuschauen.

Ähnlich ist es mit der Religionstoleranz in Preußen. Die Behauptung, daß in diesem Staat jeder nach seiner Façon selig werden konnte, ist ein wenig übertrieben. Schutzjuden wurden in den großen Städten nur geduldet, wenn sie »sehr reich« waren, ärmere Juden sollten ihren Hausierhandel an der polnischen Grenze betreiben, Moses Mendelssohn, ein großer Aufklärer, durfte nicht Mitglied der Preußischen Akademie werden. Aber auf seine Art war dieser Staat in einer Zeit, da sich Menschen wegen ihrer Religion gelegentlich den Schädel einschlugen, ziemlich polykonfessional. Es ist ja gut, wir wollen auch das nicht vergessen. Nur geht es hier nicht um gerechte Noten fürs Geschichtsbuch. Es geht um die Zukunft. Und da gibt es nur eine einzige Frage, die interessant ist. Sie lautet: Was kann wiederkehren von Preußen? Welche Traditionsstränge könnten wiederbelebt werden von den Nachgeborenen, die so schrecklich unbelehrbar und so wunderbar nonchalant willkürlich sind?

Was nicht wiederkehren wird, ist der Militarismus und der Franzosenhaß. Die Bundeswehr ist eine konservative, aber keine undemokratische Armee. Die Gefahr, daß sie sich die Rolle eines Präzeptor Germaniae anmaßt, ist gering. Und die Geschichte vom Erbfeind Frankreich ist in den Köpfen einer aussterbenden Generation verkapselt. Junge Franzosen verstehen zwar nicht viel von Deutschland, und junge Deutsche verstehen nicht viel von Frankreich – das ist schlimm genug. Aber Haß? Davon kann keine Rede sein.

Es sind drei Gefahren, die von der preußischen Legende ausgehen können.

– Die eine ist preußischer Zentralismus. Den alten deutschen Föderalismus haben uns die Besatzungsmächte wiedergegeben; schon Adenauer, in diesem Sinn Preuße, hat ihn nicht geliebt. Über das Berlin der zweiten Hälfte des 19. Jahrhunderts hat Wolf Jobst Siedler, ein unbestreitbarer Befürworter der Hauptstadt Berlin, gesagt: »Es ist, als ob die Hauptstadt, wie Frankreich Paris oder England London, Preußen ausgesogen habe.« Wird uns das wieder passieren? Schon rümpfen viele Intellektuelle ihr Näslein und ziehen gegen den deutschen »Provinzialismus« zu Felde. Sie sehnen sich nach einem Romanischen Café, in dem Franz Steinkühler, Günter Grass, Richard von Weizsäcker und Edzard Reuter die »gewachsene deutsche Verantwortung« erörtern und, wenn möglich, ein paar kleinere Kampfeinsätze in Bosnien oder sonstwo planen. Sie verachten inbrünstig Kohl, Lafontaine, München und Düsseldorf. Sind wir in der Gefahr, in die wilhelminische Variante des Preußentums zurückzufallen?

– Die zweite Drohung heißt: Beamtenherrschaft. Das fehlte noch: der Freiherr vom Stein, gerahmt, über dem Schreibtisch von Peter Gauweiler oder Günther Krause. Die etatistische Tradition in Deutschland ist zu stark, nicht zu schwach. Jede nostalgische Wiedererinnerung an Preußen könnte die mühsam genug gewachsene zivile Gesellschaft in Deutschland erneut gefährden. Schon sehnen sich einsame Schriftsteller wie Botho Strauß wieder knabenhaft nach den »Prinzipien der Entbehrung und des Dienstes«. Wir hatten gehofft, diese Stimmungsmixtur sei spätestens 1945 im Blut untergegangen.

– Die dritte Versuchung heißt: Mitte. Deutschland sollte alles tun, um Mitteleuropa zu stützen, zu fördern. Es sollte aber der Versuchung widerstehen, selbst Mitte zu spielen – Vermittler zwischen Ost und West, Brücke zwischen Asien und Europa, Vormacht einer zwischeneuropäischen Staatenwelt. Nichts wäre gefährlicher als der Versuch, hinter der Rolle des Samariters Mitteleuropas kleine Großmachtgelüste zu verstecken. Bismarcks Spiel mit den vielen Bällen war schon zu seiner Zeit ein Hazardspiel. Wer es heute versuchte, setzte die wiedergewonnene Seriosität der Bundesrepublik aufs Spiel. Deswegen keine Träume von der Mittellage, auch nicht in der gemäßigten Fassung von Michael Stürmer. Ein Deutschland, das Teil Westeuropas ist, kann für Mitteleuropa eine entscheidende Rolle spielen. Ein Deutschland, das nicht weiß, wohin es gehört, wird Gesamteuropa in schreckliche Querelen stürzen. Also zum Teufel mit Preußen? Vielleicht eher mit denen, die die Preußen beerben wollen, denn die Preußen existieren ja nicht mehr, sie geraten mehr und mehr in die Rolle der Goten. Die Gefahr sind nicht Totila und Teja, die Gefahr sind die Felix Dahns. Vor ihnen müssen wir uns hüten.

Ein Nachruf auf Bonn

Aufstieg und Fall eines Regierungssitzes

Es war zwei Tage nach der dramatischen Schlacht im Deutschen Bundestag, in der am Schluß Berlin mit 18 Stimmen Bonn schlug. Die große Metropole nahe der deutschen Ostgrenze wird künftig Hauptstadt, Regierungs- und Parlamentssitz sein; an jenem Abend des 20. Juni 1991 endete die Bonner Republik. Und eben zwei Tage danach schrieb, in einem Nachruf, die »Neue Zürcher Zeitung«: »Grandiose Gesten waren in der schmalen Talsohle zwischen Rhein und Kottenforst, abseits der imperialen Kulissen Berlins, nicht denkbar; der kleinstädtische Hintergrund mahnte zu bescheidenem Auftreten, auch als das Wirtschaftswunder die Kargheit der frühen Jahre vergessen ließ.«

Keine schlechte Beschreibung. Denn Regierungssitze sind nicht nur Arbeitsorte; sie sind auch Bühnen. In ihnen visualisieren sich Herrschaftsideen, sie werden zu Symbolen. So ist die Entscheidung gegen Bonn auch keine, für die sich praktische Gründe anführen ließen. Das Vokabular der Befürworter war eindeutig. Sie sprachen von »Glaubwürdigkeit«, »Zuwendung«, »Geschichte«, gar von der »Zukunft Deutschlands«. Dagegen klangen die Argumente für den Regierungssitz Bonn merkwürdig trocken. Da war von Föderalismus, vom Geld, von Regional- und Strukturpolitik und eben von Kargheit, Bescheidenheit und Zurückhaltung die Rede. Am Ende siegte der hohe Ton. Das Provisorium Bonn, das sich gerade vor wenigen Jahren dazu aufgerafft hatte, das Provisorische abzustreifen und sich als Bundeshauptstadt zu fühlen, sinkt wieder in den Zustand einer normalen rheinischen Mittelstadt zurück. Es teilt sein Geschick mit Städten wie Siena oder Verona, Dresden oder Karlsruhe, die alle einmal Hauptstädte waren, ohne Metropolen zu sein. Ob allerdings die vierzig Jahre der Bonner Republik ausgereicht haben, der Stadt ihren Stempel aufzudrücken, oder ob Bonn in einem halben Jahrhundert eine Durchschnittsstadt von 250000 Einwohnern und einigen Solitären, mit seltsam vom Stadtbild abstechenden Bauresten aus der Regierungszeit sein wird, muß offen bleiben. Es hängt davon ab, wie schnell die Politiker Bonn vergessen werden – und ob die Bonner sich durch die Niederlage vom 20. Juni in die Verbitterung fallen oder herausfordern lassen.

Kein Zweifel, Bonn ist aufgrund von vielen Zufällen Regierungssitz der Bundesrepublik Deutschland geworden. Die Legende schiebt diese Entscheidung ziemlich ausschließlich dem alten Konrad Adenauer zu, der in Rhöndorf lebte und einen Regierungssitz gesucht habe, der direkt vor seiner Tür lag. In Wirklichkeit spielten die Querelen der damaligen Besatzungsmächte eine erhebliche Rolle; und dann natürlich – in einer Zeit, in der halb Deutschland in Trümmern lag – ganz praktische Fragen. In Bonn stand eine Pädagogische Akademie von 1930 als Kern von Parlamentsgebäuden zur Verfügung. Und kleine benachbarte Orte wie Beuel, Bad Godesberg oder Duisdorf schienen geeignet, Abgeordnete, Beamte, Journalisten und Diplomaten aufzunehmen. Man lebte in Zeiten, wo man materielle Fragen nicht mit großer Geste beiseite schieben konnte. So war es nur zum Teil die kluge Regie des Alten von Rhöndorf oder des geschickten Bonn-Lobbyisten Hermann Wandersleb, die schließlich den Ausschlag dafür gaben, daß am 3. November 1949 zweihundert Abgeordnete den sozialdemokratischen Antrag, Frankfurt zum vorläufigen Sitz der Bundesorgane zu machen, mit 200 zu 176 Stimmen ablehnten. Bonn, die Stadt, die schon den Parlamentarischen Rat beherbergt hatte, konnte Sitz von Bundestag und Bundesregierung werden.

Aber natürlich hatte die Entscheidung für Bonn auch programmatische Züge. Der Widerstand gegen Berlin hatte eine alte Tradition. Schon 1919 hatte Theodor Heuss, damals Mitglied der Deutschen Demokratischen Partei, in einer Wahlrede als Kandidat für die Nationalversammlung wenig Sympathie für die Reichshauptstadt gezeigt: »Der Bayer, der Schwabe, der Hesse will nicht nur von dort regiert werden; Deutschland wird also Bundesstaat bleiben, und die Deutschen Glieder wollen darin die Gewähr ihres kulturellen Eigenlebens besitzen, in der Ablehnung einer Uniformierung des deutschen Typus.« Ganz ähnlich waren die Motive Adenauers, der 1949 Jakob Kaiser schrieb, »daß es für den Westen und für den Süden Deutschlands ganz ausgeschlossen sei, daß nach einer Wiedererrichtung Deutschlands die politische Zentrale des neuen Deutschlands in Berlin ihren Sitz finde. Dabei ist es ganz gleichgültig, ob und von wem Berlin und der Osten besetzt ist.« Hier mischten sich Großstadt-Angst und föderalistisches Selbstbewußtsein. Die Überschaubarkeit der Stadt wurde als Vorzug gesehen. Sie würde, so dachte man, die Landeshauptstädte atmen lassen und gleichzeitig ein nüchternes Regieren ermöglichen, das vom Babylonischen, Chaotischen und Gewaltigen von Berlin (oder anderer Metropolen) nicht beeinflußt wäre. Nach einem halben Jahrhundert, das von zwei Kriegen und einer Demokratie ohne Demokraten bestimmt war, sah man in der Windstille Bonns einen großen Vorteil. 1991 waren vierzig Jahre des Friedens vergangen; und plötzlich wurde die Überschaubarkeit auch als Begrenzung, die nüchterne Arbeitsatmosphäre auch als Langeweile verstanden.

Natürlich birgt der nostalgische Rückblick auf den Regierungssitz Bonn und die Bonner Republik die Gefahr der plumpen Vereinfachung. Am schnellsten könne man ihr erliegen, wenn man Hans Schwipperts Plenarsaal des Deutschen Bundestags an der Bonner Rheinaue mit der wilhelminischen Architekturphrase des Wallotschen Reichstages vergleichen würde. In Bonn eine umgebaute Turnhalle; und als Maxime des Architekten der Satz: »Die Politik ist eine dunkle Sache, schauen wir zu, daß wir etwas Licht hineinbringen.« In Berlin dagegen steingewordene Repräsentation; viel Raum, doch – wie der frühere Reichstagspräsident Paul Löbe gesagt hatte – darin kein Platz. Aber dieser Vergleich wäre grob ungerecht. Denn Berlin ist nicht nur die Stadt kaiserlicher Protz-Architektur, sondern genauso die Stadt Wilhelm von Humboldts und Schinkels. Und in Bonn gibt es nicht nur die Pädagogische Akademie Martin Wittes und den neuen Plenarsaal Hans Schwipperts, sondern auch die Halbherzigkeit der zögerlichen Hauptstadtplaner. Die härtesten Sätze zu diesem Thema stammen von einem der bedeutendsten Abgeordneten, den die Bonner Demokratie hervorgebracht hat, Adolf Arndt, der 1960 in einem klassisch gewordenen Vortrag über die »Demokratie als Bauherr« sagte: »Mir fällt ein, daß wir der Mode nach zwar alle heute uns Demokraten nennen, aber die peinlichste Pfennigfuchserei beginnt, sobald es sich um das bauliche Herz der Demokratie handelt, um die Parlamentsgebäude. Mich beunruhigt, daß ich aus den Millionen jährlicher Besucher des Bonner Bundeshauses noch niemals von einem hörte, der die Sparsamkeit dabei nicht gelobt, aber die Frage gestellt hätte, ob denn jenes wirr und billig aneinandergestückte Gehäuse nicht einen sinnlosen Verschleiß an Zeit und Arbeitskraft verursache, ja, ob ein Mißgebilde, solch ein Mißgebilde überhaupt die eigenste Stätte des Volkes, wenn auch nur für eine Zeit des Übergangs während der Spaltung, sein könne. Mein verstorbener Kollege, der spätere Botschafter Pfleiderer, sagte mir einmal, als er Landrat im schwäbischen Remstal gewesen sei, habe ihm ein ganzes Amtshaus mit einer Hierarchie von Beamten zu Gebote gestanden; seit er, um mit der Verfassung zu sprechen, zum Vertreter des ganzen Volkes gewählt sei, besitze er nichts mehr als ein Schließfach.« Das ist radikal formuliert, aber weiß Gott nicht falsch.

Um das Gute an Bonn zu rühmen: Man setzte am Anfang dieser Bonner Demokratie nicht auf die große Geste; man setzte auf menschliche Dimensionen, Multifunktionalität und klare Linien. Nichts von falscher Erhabenheit. Das barocke Erbteil der Wittelsbacher – die Poppelsdorfer Allee, das Schloß, die Residenz und die Hofgartenwiese – wurden der Universität gelassen. Man ging mit dem Regierungsviertel hinaus vor die Stadt und ermöglichte so eine akzeptable Arbeitsteilung. Die wachstumsstarken westlichen Gemeinden um Duisdorf, Lengsdorf und Röttgen fühlten sich zur Bildung einer neuen Stadt animiert, gründeten einen sogenannten »Zweckverband Hardtberg« und entfalteten eine bemerkenswerte Eigendynamik, deren Motor der Bund war. Bad Godesberg übernahm die Rolle der Diplomaten-Stadt. Und während Alt-Bonn die Rolle des Handels- und Dienstleistungszentrums spielte und Beuel sich als Industrie- und Gewerbestandort weiterentwickelte, entstand zwischen Bonn und Bad Godesberg eine Art Campus-Viertel für Regierung und Parlament. Das fing alles schwierig an; unter den Bedingungen von krasser Finanznot und kommunaler Zersplitterung. Am Ende hatte sich aber ein Regierungs- und Parlamentssitz herausgebildet, der ein funktionales Arbeiten der Bundesorgane ermöglichte und die alte Stadt und den Bund der um sie herum liegenden Dörfer nicht zerstörte, sondern leben ließ.

Aber leider war der (inzwischen abgerissene) erste Plenarsaal des Bundestages in all seiner Schlichtheit und Eleganz nicht der Anfang einer durchgehaltenen Tradition, sondern schon der Höhepunkt Bonner Bauens. Über ihn sagte der bedeutende Kunsthistoriker Heinrich Lützeler: »Das Bundeshaus, fern allen Pathos und aller stilistischer Romantik, bekennt sich in seiner Gestaltung ganz zu unserer Zeit, die von der Wirtschaft und der Maschine unablösbar, die architektonischen Vorhaben vom Zweck her zu beurteilen pflegt.« Will

Grohmann bezeichnete es als das modernste und gleichzeitig bescheidenste Parlamentsgebäude der Welt, welches der politischen Arbeit restlos angepaßt sei. Und die »Süddeutsche Zeitung« schrieb: »Unter den europäischen Parlamentsgebäuden ist das Bonner Bundeshaus eine rühmliche Ausnahme, weil es auf alle falschen, nicht mehr recht glaubhaften Gesten verzichtet.« Schwippert, der eng mit Mies van der Rohe befreundet war, war ein Mann des Neuen Bauens, des Dessauer Bauhauses und des Internationalen Stils. Er löste die Seitenwände durch Glas gänzlich auf, baute eine schlichte und gleichzeitig graziöse Wandelhalle, die sich von den repräsentativen Vestibülen und Treppenhäusern des Historismus abhob, und sorgte schließlich auch noch dafür, daß die Armlehnstühle des Präsidiums in Form und Aufmachung dem Abgeordnetengestühl entsprachen. Der Plenarsaal war ein Symbol der neuen Bonner Republik. Die Herrschaftsidee, die da visualisiert wurde, war eine ziemlich egalitäre, ziemlich zurückhaltende, ziemlich haushälterische Demokratie.

Aber leider ging es so nicht weiter. Schon Egon Eiermanns »Langer Eugen«, das Abgeordnetenhochhaus, war zwar sachlich und formschön, dafür aber auch unpraktisch und inkonsequent. Die Verlegung der Tagungsräume in die obersten Stockwerke bedingt noch heute endlose Wartereien vor den Liften. Und die Arbeitsräume der Abgeordneten sind eng und schachtelförmig, während im Kern des Gebäudes große Raummassen für schwer nutzbare Vorräume verschenkt wurden. Auch das von Horst Ehmke ungeduldig durchgesetzte Bundeskanzleramt ist zwar demokratisch-transparent, aber auch phantasielos, düster verkleidet und vielfach unzweckmäßig. Der Hauptvorwurf gegen Bonn ist aber sicherlich nicht das Mißlingen einzelner Bauten. Es ist die Zögerlichkeit, mit der sich die verantwortlichen Planer (und das heißt vor allem das planende Parlament und die planenden Regierungen) zur Hauptstadt-Funktion Bonns bekannten. Man ließ sich – schon in den fünfziger Jahren – von Berlin-Kampagnen verunsichern und schob notwendige Planungen hinaus. Man beschloß – nach 1969 – große Lösungen und nahm die entsprechenden Beschlüsse im Zuge kleinerer Wirtschaftskrisen wieder zurück. Als sich schließlich endgültig die Erkenntnis durchsetzte, daß der Regierungssitz eines wirtschaftlich so starken Staates wie der Bundesrepublik systematisch und großzügig geplant werden müsse, war es historisch zu spät. Der bedeutende Architektur-Kritiker Heinrich Klotz fragte zu Recht, »ob denn diese versammelte Architekturärmlichkeit in Bonn – das so offensichtlich improvisierte Allerlei, tatsächlich das Regierungszentrum eines nicht gerade unbedeutenden Landes sein solle«. Er warf den Bundesbauten Kleinmütigkeit, Flickschusterei, Einfallslosigkeit, Provinzialismus und Popeligkeit vor. Als am 20. Juni 1991 die Entscheidung gegen Bonn getroffen wurde, spielte dieser Eindruck im Unbewußten vieler Abgeordneter zweifellos eine Rolle. Und es half wenig, daß der lange Weg zur Bundeshauptstadt – wie Wolfgang Pehnt 1979 berechtigterweise sagte – auch ein Abbild der Gesellschaft war, die ihn ging. Pehnt sagte: »Widersprüchlichkeit in ihren Interessen, bald kleinmütig, bald zu großen Zielen aufgelegt, die sich dann wieder nicht realisieren lassen. Doch immerhin auch offen für Revisionen, für neue Ideen; gezwungen, aber auch fähig zu Kompromissen in der Hoffnung, daß es letzten Endes ein guter Kompromiß wird oder doch ein halbwegs erträglicher.« In der Tat, das war der Gang der Dinge in Bonn: sehr realistisch, sehr praktisch, sehr durchschnittlich. Im nachhinein wird man sagen müssen: zu praktisch, zu realistisch und zu durchschnittlich, um die Sehnsucht nach Geschichte, nach Pathos und Würde ausreichend zu befriedigen.

Bonn, kein Zweifel, war eine nützliche, eine ungefährliche, eine erfolgreiche Hauptstadt. Zwar sagte man Bonn nach, daß es ein »Raumschiff« sei; eine Kapsel voller Politiker, Journalisten und Diplomaten, aber ohne Raum für Intellektualität, Urbanität, große Kunst. Aber ist die Idee, daß sich der Kanzler in irgendeinem Romanischen Café mit einem großen Schriftsteller über die Zukunft des Landes austauscht, nicht eher eine Illusion? Ist die Isolation der Eliten in Deutschland wirklich der Tatsache geschuldet, daß die Hauptstadt keine Metropole war? Könnten die Sprachschwierigkeiten zwischen Vorstandsvorsitzenden, Soziologen, Abgeordneten und Komponisten nicht noch andere Gründe haben als Bonn, die Mittelstadt am Rhein, in der Peter Stein niemals inszeniert hat und in die Hans Magnus Enzensberger seinen Fuß nicht setzen mag?

Die Entscheidung ist gefallen, Berlin wird Hauptstadt, Regierungs- und Parlamentssitz, und man kann hoffen, daß die deutsche Demokratie diese Entscheidung verkraftet. In einem Nachruf auf das Provisorium Bonn wird man ihm allerdings zugute halten dürfen, daß es niemals von Großsprechern gefeiert wurde. Das passiert nun Berlin. So schrieb die »Frankfurter Allgemeine Zeitung« in einem triumphierenden Leitartikel über die »historische Entscheidung« für Berlin: »Das neue Deutschland hat mit der Entscheidung für Berlin zu erkennen gegeben, daß es die halbsouveräne Vergangenheit endgültig abstreifen und eine seiner veränderten Stellung in der Welt angemessene Rolle übernehmen will... Es geht nicht länger an, mit möglichst niedrigem Profil aufzutreten, das Wort Nation nur flüsternd auszusprechen und die Kastanien der Konflikte in dieser spannungsgeladenen Welt andere aus dem Feuer holen zu lassen wie jüngst am Golf.« Das Positivste, was man über Bonn sagen kann, ist, daß es solche Äußerungen niemals provoziert hat.

Bonn hat es, wie der Publizist Thomas Schmid zu Recht bemerkt, nicht verstanden, einem auf Unauffälligkeit hin angelegten politischen Geschehen dennoch Gestalt und öffentliche Anziehungskraft zu verleihen. Deswegen hat es Spott,

Verachtung und gelegentlich auch beißende Kritik auf sich gezogen. Deswegen hat es auch den Regierungssitz verloren. Das Schönste, was sich über Bonn bemerken läßt, hat Hans Schnier gesagt, eine Gestalt des Kölners Heinrich Böll, ein gestrandeter Clown und Industriellen-Sohn. Diesem Ton sollte man nachhören, wenn man an Bonn und die Bonner Republik denkt: »Es ist mir immer unverständlich gewesen, warum jedermann, der für intelligent gehalten werden möchte, sich bemüht, seinen Pflichthaß auf Bonn auszudrücken. Bonn hat immer gewisse Reize gehabt, schläfrige Reize, so wie es Frauen gibt, von denen ich mir vorstellen kann, daß ihre Schläfrigkeit Reize hat. Bonn verträgt natürlich keine Übertreibung, und man hat diese Stadt übertrieben. Eine Stadt, die keine Übertreibung verträgt, kann man nicht darstellen. Immerhin eine seltene Eigenschaft. Es weiß ja auch jedes Kind, daß das Bonner Klima ein Rentnerklima ist, es bestehen da Beziehungen zwischen Luft und Blutdruck. Was Bonn überhaupt nicht steht, ist diese defensive Gereiztheit: Ich hatte zu Hause reichlich Gelegenheit, mit Ministerialbeamten, Abgeordneten, Generalen zu sprechen – meine Mutter ist eine Party-Tante – und sie alle befinden sich im Zustand gereizter, manchmal fast weinerlicher Verteidigung. Sie lächeln alle so verquält ironisch über Bonn. Ich verstehe dieses Getue nicht. Wenn eine Frau, deren Reiz ihre Schläfrigkeit ist, anfinge, plötzlich wie eine Wilde Can-can zu tanzen, so könnte man nur annehmen, daß sie gedopt wäre – aber eine ganze Stadt zu dopen, das gelingt ihnen nicht. Eine gute alte Tante kann einem beibringen, wie man Pullover strickt, Deckchen häkelt und Sherry serviert – ich würde doch nicht von ihr erwarten, daß sie mir einen zweistündigen, geistreichen und verständnisvollen Vortrag über Homosexualität hält oder plötzlich in den Nutten-Jargon verfällt, den alle in Bonn so schmerzlich vermissen. Bonns Schicksal ist, daß man ihm sein Schicksal nicht glaubt.«

Wir Komplizen

*Über die Prozesse gegen Erich Honecker
und die Ostpolitik*

1.

Meine erste Aufwallung war Wut, Hohn und Zynismus: Einem Staat, der statt der kommunistischen Religion einem alten, verholzten Mann mit einem 11,5 cm großen Tumor in der Leber den Prozeß macht, ist nicht zu helfen. Ich bin Praktiker genug, um Helmut Kohls Problem zu verstehen: Gegen die rabiaten Strafbedürfnisse seiner Klientel und die schreienden Balkenüberschriften der »Bild«-Zeitung, gegen die juristischen Zwirnsfäden sozialdemokratischer Senatorinnen und die moralische Betroffenheit tapferer Dissidenten konnte er nicht gut wie Wolf Biermann argumentieren: »Rente statt Rache«. Im übrigen sind in einem Rechtsstaat Staatsanwaltschaften nicht von oben dirigierbar – obwohl sie bei Straftaten, die ins Politische spielen, gelegentlich geradezu flehentlich nach oben schauen. Eine kluge Regierung hätte es deswegen einfach nicht verhindern können, daß Boris Jelzin Erich Honecker nach Pjöngjang abgeschoben hätte. Aber wir haben keine kluge, sondern nur eine gelegentlich tüchtige und vor allem gründliche Regierung. So gaben wir dem Achtzigjährigen mit seinen zehn Jahren Hitlerzuchthaus auf dem Buckel die Chance zu einer tragischen Rolle kurz vor dem Ende. So riskierten wir die Verachtung, jedenfalls das Unverständnis von Spaniern, Engländern, Chilenen, Niederländern..., so verwechselten wir die Kategorien und taten so, als seien die Totschlagsvorwürfe gegen Honecker in Modus und Logik die gleichen, die man erheben müßte, wenn er Margot wegen einer Frau B. mit dem Hackl erschlagen hätte; armes Deutschland.

2.

Als ich die erste Aufwallung meines Zynismus – einer déformation professionelle – überwunden hatte, fragte ich mich, ob ich nicht einfach Angst habe. Der moralisierende Rigorismus der Spätachtundsechziger – »wer hier von einem politischen Prozeß spricht, der tut so, als gäbe es für die Straftaten von Politikern keine juristische Verantwortung mehr« – verschlingt sich ja immer inniger mit der seit 1945, erst recht aber seit 1989 wieder anschwellenden Tendenz zu einer Naturrechts-Renaissance. Wenn also das Rückwirkungsverbot des Strafgesetzes (*nulla poena sine lege scripta*: Honecker kann – auch gemäß dem Einigungsvertrag – nur nach DDR-Recht abgeurteilt werden) durch einen Griff des Staatsrechts in den Himmel des überpositiven Normenreichs gerechtfertigt wird – nach dem Motto: Honeckers Republikfluchtgesetz war so unmenschlich, daß es in Analogie zu den Massenmorden Hitlers einen Bruch des Rückwirkungsverbotes rechtfertigt –, ja, dann kann es heiter werden für unsereinen. Ich habe zweimal parlamentarisch für eine Fristenlösung bei Schwangerschaftsunterbrechungen gekämpft. Muß ich demnächst vor den Strafrichter? Eine Schwankung des politisch-moralischen Zeitgeistes, weg vom Laizismus der alten Bonner Republik, hin zur christlichen Weltanschauung eines – sagen wir – Robert Spaemann, ist ja nicht ganz ausgeschlossen. Sie wäre kleiner als der Sprung von Vasil Bilak zu Václav Klaus, von Janos Berecz zu Josef Antall, von Tito zu Tudjman und Milošewić. Wer schützt mich künftig vor dem Vorwurf, ich hätte hunderttausendfachen »Kindermord« legalisiert?

Davor werde ich mich schützen. Meine Argumente sind gut. Die Mehrheit der Leute ist ähnlicher Auffassung, vor allem die erdrückende Mehrheit der Frauen. Wie aber steht es mit dem Vorwurf der Packelei? Habe ich mich an den Verbrechen Honeckers nicht mitschuldig gemacht, weil ich vor den täglichen Menschenrechtsverstößen der DDR die Augen verschloß? Habe ich, wie der mainstream der westlichen Politik, nicht immer auf die Machthaber gesetzt? Kritisierte ich den Honeckerprozeß vielleicht nur deshalb, weil er den Blick freigeben könnte – auf uns, die Ostpolitiker, die Komplizen des drögen Erich?

3.

Die sozialdemokratische Ostpolitik war ein Produkt der Verzweiflung aus den frühen sechziger Jahren. Die – durchaus von gesamtdeutschem Patriotismus und nationalen Sentiments beflügelte – Mannschaft um Brandt und Bahr hatte zusehen müssen, wie die Westalliierten den Bau der Mauer stoisch zuließen. Adenauer war in den entscheidenden Augusttagen des Jahres 1961 in Westdeutschland geblieben. Die Hoffnung, daß die Sowjetunion auf eine durch Widerstand und Flucht geschwächte DDR verzichten könne, war geschwunden, die »Politik der Stärke« auf unabsehbare Zeit gescheitert. Das war die Geburtsstunde eines neuen Kalküls, das später als »Ostpolitik« berühmt wurde: Den Kommunisten sollten gegen staatsrechtliche und ökonomische Zugeständnisse eine Lockerung des Ausreiseverbots, eine Intensivierung der Kommunikation, eine Zivilisierung des politischen Strafrechts abgerungen werden. Diese Politik konnte in den zwanzig Jahren ihrer konkreten Anwendung – von 1969 bis 1989 – viele sichtbare Erfolge verzeichnen: Passierscheine, Rentnerreisen, die Verklammerung West-Berlins mit der Bundesrepublik, Abrüstungsvereinbarungen, neue Grenzübergänge und die Etablierung eines immer dichter werdenden Beziehungsgeflechts zwischen West und Ost, das dem Marxismus-Leninismus schließlich zum Verhängnis wurde. Die kommunistische Scholastik zerbrach an Hunderttausenden Dialogen unter vier, sechs oder acht Augen, die die Stasi zwar aufzeichnen, aber nicht mehr auswerten konnte. Die Tatsache, daß die christdemokratisch geführte Regierung seit 1982 die von der Sozialdemokratie begonnene Politik ziemlich geradlinig fortführte, zeigt, daß der Erfolg dieses Konzepts für sich zu sprechen schien. Die prinzipiellen Skeptiker – der Verleger Axel Springer, ein paar amerikanische Republikaner, einige wenige Rechtsintellektuelle, die aus dem Kalten Krieg übrig geblieben waren, Außenseiter wie Dieter Haack in der SPD oder Jürgen Todenhöfer in der CDU und kleine Initiativgruppen aus der grünen und evangelischen Landschaft – waren in der hoffnungslosen Minderheit. Springer zum Beispiel hatte etwas von Don Quijote an sich: würdevoll in seinem Kampf gegen Windmühlenflügel, aber eben ein letzter Ritter in einer Welt, in der die Ritter zu verschwinden hatten.

Diesen schwer bestreitbaren Entwicklungszug kann man nun mit Legenden uminterpretieren. Man kann – von links – so tun, als hätten die Sozialdemokraten immer schon auf die sanfte Zersetzung des Kommunismus spekuliert. Das haben sie nicht; sie rechneten mit der langfristigen Koexistenz unterschiedlicher, sich mäßig annähernder Systeme. Man kann – von rechts – die fundamentalen Differenzen zwischen Leuten wie Springer und Todenhöfer auf der einen, Weizsäcker und Kohl auf der anderen Seite zu Stilunterschieden verkleinern. Das widerspricht den Tatsachen. Die Wahrheit ist, daß die erdrückende Mehrheit der Täter und Merker in Deutschland und Westeuropa – von links bis rechts – die Ergebnisse der Konferenzen von Jalta und Potsdam auf unabsehbare Zeit für nicht veränderbar hielt. Dieses Urteil war – vielleicht seit 1987, vielleicht auch seit 1988 – falsch; paradoxerweise ist es allerdings höchst unsicher, ob es Europa gut bekommen wäre, wenn seine politischen Eliten den Bruch in der sowjetischen Nomenklatura schneller begriffen hätten. Eine ruckartig-visionäre Politik hätte auch in den Krisenjahren 1987/

1988 noch leicht bissige Machtkämpfe im Kreml und eine lebensgefährliche Situation herbeiführen können.

Die nachträgliche Idealisierung der antikommunistischen »Visionäre« verkennt: In den siebziger und den meisten achtziger Jahren bestand ein reales nukleares Kriegsrisiko. Die konsequent-brutale Politik der Sowjetunion 1953 (Berlin), 1956 (Ungarn), 1968 (ČSSR) und 1981 (Polen) war keine Spielerei. Die internen Oppositionsbewegungen waren – bis auf eine einzige Ausnahme, die im Schatten des polnischen Katholizismus agierende Solidarność – moralisch argumentierende kulturelle Gegeneliten ohne Verankerung im Volk, ohne Organisationserfahrung und ohne konsistentes politisches Programm. Die Entwicklung Lech Walesas, Franjo Tudjmans und Vytautas Landsbergis' zeigt, wieviel Nationalismus, Populismus und wieviel – verständlicherweise – verzweifeltes Abenteurertum in diesen Bewegungen steckte. Wer heute so tut, als ob das, was die CIA oder Radio Free Europe damals taten, die einzig »richtige« Politik gewesen sei, urteilt nicht nur »with the benefit of hindsight«, sondern auch verblasen und versponnen. Es wäre der Versuch, an der damaligen Realität vorbeizukommen, obendrein mit sittlichem Pathos.

Das heißt nicht, daß im Vollzug der Ostpolitik keine Fehler gemacht worden wären. Der regelmäßige Umgang sozialdemokratischer und kommunistischer Funktionäre hat zu gelegentlicher Kameraderie geführt. Der (höchst berechtigte) deutsche Schuldkomplex gegenüber den Polen hat den polnischen Kommunisten vom Typ Gierek allzulang deutliche Kritik erspart. Ceaușescus nepotistische Diktatur hätte früher angeklagt werden müssen. Und gelegentlich duldeten wir eine halbgare Doppelstrategie: Wir schickten die mit allen Wassern gewaschenen Profis (Egon Bahr) zu den Politbüros, die idealistischen Menschenrechts-Spezialisten (Gert Weisskirchen) zur Opposition. Am fragwürdigsten waren ein paar späte Fototermine von Landespolitikern in der Residenz Erich Honeckers; sie sind auch nicht durch historische Schnappschüsse zu entschuldigen, die die Vollblutpolitiker Strauß und Schalck-Golodkowski bei der Schwerarbeit der Vertrauensbildung zeigen. Man darf es sich aber nicht zu einfach machen. Die rechtspopulistischen Hinterbänkler, die die CSU verließen, weil sie den Milliardenkredit des Franz-Josef Strauß verurteilten, sind auch aus der Rückschau keine Heldennaturen. Die Verketzerung der sozialdemokratischen Abrüstungsinitiativen als »Nebenaußenpolitik« ist auch »with the benefit of hindsight« dürr und dürftig.

Ich weiß nicht, warum es kaum jemals offen ausgesprochen wird: Daß in der Kreml-Hierarchie einer zur Nummer eins aufsteigen konnte, der das Riesenreich Sowjetunion fast gewaltlos dem Zerfall preisgeben würde, war nicht vorherzusehen. Nicht einmal die engsten Mitarbeiter Gorbatschows haben es für möglich gehalten; sie sagten uns zum Beispiel bis in die Kaukasus-Verhandlungen zwischen Kohl und Gorbatschow hinein, daß Ostdeutschland niemals NATO-Gebiet werden könne. Ein verantwortlicher Politiker, der Gorbatschows reale Politik zwischen 1987 und 1990 vorhergesagt hätte, wäre für ganz unverantwortlich erklärt worden. Man hätte ihn für einen gefährlichen Irren gehalten, für einen haltlosen Naivling. Zu Recht. Michail Gorbatschow hat viele Menschen vor dem Sterben bewahrt. Auf einen Gorbatschow an der Spitze der KPdSU zu setzen wäre aber russisches Roulette gewesen.

4.

Wir haben natürlich gewußt, daß die DDR 1968 das Recht auf Auswanderung aus ihrer Verfassung gestrichen hatte und daß sie es de facto mit Füßen trat. Wir wußten, daß »an Mauer und

Stacheldraht«, wie die Formel der rechten und der rechtsliberalen Presse hieß, geschossen wurde. Und es gab niemanden von uns, eine winzige Minderheit von getarnten Kommunisten und Halbkommunisten ausgenommen, der das gebilligt hätte. Warum bin ich trotzdem nach Ost-Berlin gefahren, um mit Axen, Hager, Herrmann, Reinhold und anderen Spitzenfunktionären der SED zu sprechen? Ich will versuchen, meine damalige – eher intuitive als explizite – Güterabwägung zu rekonstruieren.

Sozusagen vor der Klammer stand meine Ablehnung des dortigen Zwangsstaates, der vor allem eine Konsequenz der mehr oder weniger erfolglosen Zwangswirtschaft war. Dieses Verdikt war für mich abgehakt; auch in den Jahren des plötzlich aufrauschenden Neomarxismus hatten mich keinerlei Zweifel befallen. Aber ich hielt den Kommunismus, anders als manche Gesprächspartner aus der Rechten, für ein (vermutlich mißlingendes) soziales Experiment, nicht für Schwerkriminalität. Ich kannte die Brutalitäten eines ungesteuerten, ja selbst unseres halbwegs gezähmten Kapitalismus. Eine »Evidenz« (wie Ronald Reagan, für den der Kommunismus die Welt des Bösen war) hatte ich nicht. Vor allem war ich davon überzeugt, daß jedenfalls meine Generation einen Zusammenbruch des kommunistischen Imperiums nicht erleben würde. Man hörte schon gelegentlich sich verdüsternde Prognosen über die wirtschaftliche Lage der COMECON-Staaten. Aber Diktaturen, so sagten wir uns, können bei ihren Leuten auch Einschränkungen durchsetzen. Im Zweifel werden sie schießen lassen. Schießen lassen, lautete der erfahrungsgesättigte Cantus firmus.

Ich sagte mir also: Es ist falsch, den Leuten Gleichheit zu versprechen. Wenn man das aber tut – und die Brutalitäten begeht, die dazu nötig sind –, dann bleibt einem gar nichts anderes übrig, als dafür zu sorgen, daß der jeweilige Staat nicht ausblutet. Nicht nur an Honeckers Grenze wurde geschossen. Selbst alte Demokratien (zum Beispiel die USA) haben ein rigoroses Grenzregime, wenn auch zur Verhinderung der Ein-, nicht der Auswanderung. Ist der hungernde Mexikaner, der über den Rio Grande schwimmt, weniger Wert als der in seiner Freiheit eingeschränkte Thüringer, der durch das Niemandsland robbte? Ich habe die Schießerei an der Grenze niemals akzeptiert. Aber auf den Gedanken, deshalb Verhandlungen (über Abrüstung, Ökologie, Menschenrechtsprobleme, Grenzregelungen) abzulehnen, bin ich nicht gekommen.

Manchmal sprachen wir mit den Kommunisten über dieses Problem. Die Altkommunisten aus der Schule von Teddy Thälmann notierten sich jedes Argument altväterlich und versuchten, unsereinen Satz für Satz zu widerlegen: mit Formeln, die man als Leitartikel im »Neuen Deutschland« hätte drucken können. Die Prozedur dauerte zwanzig Minuten. Zwanzig Minuten, die für die Lösung von Problemen verlorengingen. Knapper machte es Krenz. Als ich ihm einen Grenzzwischenfall vorhielt, unterbrach er mich und wies auf ein »Berufsverbot« hin, die ziemlich hanebüchene Ablehnung einer sozialdemokratischen Juristin in Bayern. »Wollen wir so weitermachen?« fragte er. Wir machten eine Zeitlang weiter, ohne Drive. Die Kommunisten ließen über vieles mit sich reden, aber nicht über ihre Existenz.

Ich gestehe, daß ich Anfang der achtziger Jahre, als ich das Graue Haus gelegentlich besuchte, die Debatte des Parlamentarischen Rates zu einem Grundrecht auf Auswanderung nicht nachgelesen hatte. Der Parlamentarische Rat hat es abgelehnt. In der Not Deutschlands, sagte am 29. 9. 1948 Carlo Schmid, drohe ein Massenexodus: »Deutschland stelle aber jetzt eine Schicksalsgemeinschaft dar, aus der es keine Flucht geben dürfe. Jedenfalls solle man versuchen, das in Deutschland befindliche Vermögen von Auswanderern ... zu fassen.« Reinhard Merkel, bei dem ich dieses Zitat gefunden habe, schließt daraus: »Es gibt keinen Staat der Welt, der eine Bedrohung seiner Existenz durch den Massenexodus seiner Bevölkerung hinnähme.« Das ist keine Rechtfertigung der Politik der deutschen Kommunisten, wohl aber ein gutes Argument für die Legitimierbarkeit der Ostpolitik.

5.

Der Vorwurf, wir Sozialdemokraten hätten es nur »mit den Machthabern« gehalten, geht von falschen Voraussetzungen aus. Natürlich neigen Menschen mit Erfahrungen in staatlichen Apparaten zur Verteidigung der professionellen Diplomatie und Politik. Sie glauben nicht so recht daran, daß sich die Welt ändert, wenn jemand – Petra Kelly – vor Honekker die Jacke aufreißt und ein T-Shirt zeigt, auf dem ein Spruch der Dissidenten steht. Diese Geringschätzung demonstrativer und symbolischer Gestik ist gelegentlich philisterhaft. Kollektive »Erlebnisse« können das Bewußtsein von Menschen für eine gewisse Zeit verändern; an den – allerdings seltenen – Stromschnellen der Geschichte spielen solche »Aufklärungen« dann eine Rolle. In der Regel aber reagiert Macht nur auf Macht. Weder die Charta 77 in Prag noch die evangelische Friedensbewegung der DDR hat die kommunistischen Regime gestürzt, von bulgarischen, rumänischen, serbischen oder ukrainischen Oppositionsbewegungen zu schweigen. Gorbatschow selbst hat das Geschäft erledigt, von oben, durch Spaltung der Apparate.

Deshalb ist die Vorstellung, man hätte die mitteleuropäische Revolution, die im Frühwinter 1989 losbrach, durch geregeltere und demonstrativere Beziehungen zu den Oppositionsbewegungen fördern oder beschleunigen können, falsch. Man kann über die moralische Frage sprechen, ob wir den Mut einsamer, in hoffnungsloser Lage widerstehender

Regimegegner immer ausreichend gewürdigt haben. Das haben wir nicht. Aber die Vorstellung, die deutsche Sozialdemokratie hätte – zum Beispiel – 1981 durch kräftige Unterstützung Walesas das polnische Blatt wenden können, ist naiv. 1981 herrschte im Kreml Breschnew; er hätte marschieren lassen. Die ganze Entspannungspolitik – einschließlich der deutsch-deutschen – wäre auf Jahre zerschlagen worden. Dieser Preis wäre zu hoch gewesen, für die Polen übrigens genauso wie für die Deutschen. Selbst die im polnischen Volk verwurzelte Solidarność wäre damals noch weggeräumt worden. Wie die tschechischen Kommunisten mit der Charta, die Ostberliner mit den vereinzelten Friedens- und Umweltkämpfern umgegangen wären, kann man sich vorstellen. Der Gefahrenpunkt war ein Temperatursturz, in dem die kommunistischen Regime auf ihre Reputation nicht mehr hätten achten müssen, weil sie – beispielsweise durch eine Intervention in Warschau oder Danzig – eh wieder einmal verspielt war. Daß die Ostpolitiker vom Schlage Helmut Schmidts diesen Temperatursturz verhindert haben, zeugt nicht, wie der Zeitgeist seit 1989 vermutet, von Feigheit, sondern von Verstand.

Natürlich haben wir fragwürdige Handelsgeschäfte betrieben. Als ich Mitte der achtziger Jahre einen Besuch Willy Brandts in Prag vorzubereiten hatte, stellten wir zwei Forderungen: Jiři Hayek, eine der zentralen Figuren der Charta, sollte eine Ausreisegenehmigung für Skandinavien bekommen, mit Rückfahrkarte; Rudolf Battek, ein seit sechs Jahren eingesperrter Oppositioneller sozialdemokratischer Prägung, sollte aus dem Gefängnis entlassen werden. Beide Bedingungen wurden, wenn auch höchst zögerlich, erfüllt. Uns war klar, daß ein Besuch Brandts das Regime von Husák aufwerten würde. Der konservativ-katholische Flügel der Charta, zum Beispiel der suspendierte Priester Václav Maly, der damals in der Opposition eine gewisse Rolle spielte, riet ab. Die linksliberal-sozialdemokratischen Strömungen um Jiři Dienstbier, Jrři Hayek, Mylos Hayek und andere rieten zu. Brandt selbst sah die Oppositionellen nicht, beauftragte mich aber zu einem Treffen. Ich überbrachte einen Brief Brandts an Jiři Hayek. Eiertänze? Vielleicht. Aber wir kamen mit der Debatte über chemiewaffenfreie Zonen, westböhmisch-oberpfälzische Verkehrsanbindungen und einen intensivierten Delegationsaustausch weiter. Das kann man »with the benefit of hindsight« alles als Schnickschnack verachten: Linsengerichte. Aber man ist heißhungrig, auch auf Linsengerichte, wenn auf Hummerfrühstück keine Aussicht besteht.

Die Oppositionsbewegungen in Osteuropa waren verständlicherweise fragile, in sich widersprüchliche, höchst vielfältige Gebilde. Da gab es fanatische Nationalisten, mit denen man nichts zu tun haben wollte; der serbische Faschist Vojislav Šešelj ist dafür das plastischste Beispiel, aber vergleichbare Figuren fanden sich in der Slowakei, in Polen, in Kroatien und in den baltischen Staaten. Dann gab es religiöse, vor allem katholische Kräfte, gelegentlich fundamentalistisch, gelegentlich unpolitisch-spirituell, jedenfalls für westeuropäische Sozialdemokraten ziemlich fremd. Als eigentliche Bündnispartner erschienen mutige, oft verzweifelte, unter ständiger Demütigung lebende Frauen und Männer, die zwischen grünen, reformkommunistischen, sozialdemokratischen und linksliberalen Optionen hin- und hergingen – Leute wie György Konrád, Jiři Dienstbier, Václav Havel, Adam Michnik, Rastko Mocnik und andere. Ihnen gegenüber haben wir oft genug versagt, weil wir falsch beraten waren oder auf »Reformfraktionen« in den kommunistischen Parteien setzten oder die Kraft zur beständigen Hakelei mit den Regierenden nicht aufbrachten. So verlor die Ostpolitik – vor allem in den späten achtziger Jahren – da und dort an Tiefenschärfe und Biß. Das gilt vor allem für die Politik der deutschen Sozialdemokraten gegenüber Polen. Die Idee aber, daß die prinzipielle Alternative zur Ostpolitik den Einsturz des sowjetischen Reiches hätte beschleunigen können, ist eine Kateridee. Diese Alternative gab es ja – die »Menschenrechtspolitik« Zbigniew Brzezinskis. Sie ist ziemlich kläglich gescheitert.

6.

Der Honeckerprozeß, um zu ihm zurückzukommen, zeigt die Weltfremdheit der politischen Eliten Deutschlands. Die alte Welt zerfällt – die politische Union der EG scheitert, im Osten entsteht eine Milchstraße kaum lebensfähiger Kleinstaaten, Nationalismus und wirtschaftliche Not treiben sich gegenseitig hoch, Europa fällt bei strategischen Technologien zurück –, und die Deutschen bohren ebenso ungeschickt wie lustvoll in ihrer Vergangenheit herum. Der rachsüchtige Teil des deutschen Bürgertums (den es bezeichnenderweise nicht nur im Osten, wo es verständlich wäre, sondern auch im Westen gibt), zwei Schock APO-Veteranen und eine Fraktion ostdeutscher Dissidenten bestärken sich bei einer Übung namens »Vergangenheitsbewältigung« – wenn wir das Gros der Nazi-Eliten schon weiterbeschäftigt haben, müssen wir jetzt wenigstens die deutschen Kommunisten kalt erwischen. Der Rechtsstaat verlangt's, hier stehen wir, wir können gar nicht anders.

Die Spanier haben anders gekonnt. Das Franco-Regime war brutaler als das von Honecker. Trotzdem setzte man auf eine igelartige Vorsicht im Umgang miteinander. Von unterschiedlichen Stellen aus stabilisierten König Juan Carlos und Felipe Gonzales das schwankende Boot der spanischen Demokratie. Es hat inzwischen Fahrt gewonnen.

Wenn man dieses Beispiel in Deutschland erwähnt, bekommt man von unvorsichtigen Gesprächspartnern eine prompte Antwort: »In Spanien hatte die Rechte Macht, man mußte auf sie Rücksicht nehmen.« Diese Feststellung ist ganz richtig. Sie ist sogar realistisch. Aber sie zeigt auch, daß die wiedervereinigten Deutschen eine Spur forscher sind, als sie sein sollten. Denn Mitteleuropa schaut (teils sehnsüchtig, teils wütend, teils erwartungsvoll) auf diese Deutschen. Und die mitteleuropäischen Demokratien sind zumeist noch erheblich labiler als die spanische vor einem Jahrzehnt. Die Deutschen schießen wieder einmal mit der falschen Leuchtspurmunition.

»Nur das Weiche ist unüberwindlich«, sagt der österreichische Schriftsteller Heimito von Doderer. Die deutschen Brüder bevorzugen wieder einmal die harte Tour.

Game over

Fünf Indizien für eine Staatskrise

Für Deutschland gilt heute der Satz: Die Stimmung ist besser als die Lage. Nur in den neuen Bundesländern, in denen in manchen Gegenden 50 Prozent der Erwerbstätigen arbeitslos sind, hat das »business as usual« der politischen Klasse keine Chance mehr. Dort wird ein Leichtgewicht wie Wirtschaftsminister Rexrodt, wenn er mit erhobenem Köpfchen das »Pochen des Aufschwungs« vernimmt, nicht einmal mehr ausgelacht, sondern nur noch verachtet. Im Westen aber wird Rexrodts Zweckoptimismus mit Einverständnis zitiert. Die Kommentatoren haben die alte Weisheit im Sinn, daß die Konjunktur zur Hälfte Psychologie sei. Daß die Republik aber nicht einfach in einer konjunkturellen Krise steckt, aus der sie durch den ansteckenden Optimismus dicker, fröhlicher Menschen (wie Erhard und Kohl) erlöst werden könnte, wird verdrängt. Die deutschen Führungseliten sind heute etwa so realistisch wie die österreichisch-ungarischen in den Jahren 1911 bis 1914 – nur daß kein Krieg bevorsteht, sondern ein Absturz. Während sich die Helden noch aufpumpen und – die Wiedervereinigung im Rücken – ...»mehr Verantwortung übernehmen« wollen, entwickelt sich eine Staatskrise. Die Deutschen werden, wenn sie so weitermachen wie bisher, noch in den 90er Jahren das erleben, was Engländern und Franzosen 1945 passierte: der Wechsel aus der Bundes- in die Amateurliga.

Fünf Indizien lassen es als gerechtfertigt erscheinen, das pompöse Wort von der Staatskrise zu verwenden:

1.

Deutschland fällt im japanisch-amerikanischen Wettlauf auf den neuen Hochtechnologiemärkten immer erbarmungsloser zurück. Wir dürften das 21. Jahrhundert ohne wettbewerbsfähige Halbleiterindustrie betreten; bei der Computerindustrie wird es nicht viel besser sein. Halbleiter und Computer aber sind die Basis für die übrigen informationstechnischen Industrien: Telekommunikation, Unterhaltungselektronik, Autoelektronik, Werkzeugmaschinen, Industrieautomatisierung, Medizin-Elektronik.

Zugegeben, die Franzosen sind nicht besser dran als wir, und die Engländer sind inzwischen ein Flugzeugträger der Japaner. Die Selbstvergessenheit aber, mit der die Deutschen in den Aktenbergen des Pfarrers Gauck blättern, während ihnen die höchstbezahlten und interessantesten Arbeitsplätze wegbrechen, ist einzigartig!

2.

Deutschland ist dabei, sich an der Wiedervereinigung zu verschlucken. Selbst ein Mann wie Helmut Schmidt, der nationalen Unzuverlässigkeit nicht verdächtig, spricht unverblümt von der »Einigungskrise«. Was sollte er auch anderes tun, wenn einerseits noch für eine ganze Reihe von Jahren rund 200 Milliarden Mark jährlich von West nach Ost transferiert werden müssen, bei der Mehrheit der westdeutschen Bevölkerung aber nicht einmal der Ansatz zu der Bereitschaft erkennbar wäre, 3000 Mark pro Kopf und Jahr für die ostdeutschen Schwestern und Brüder abzugeben? Zins und Tilgung verschlingen im Jahr 1993 so viel wie der Verteidigungsetat; trotzdem fühlte sich die Regierung in der Lage, 17 Milliarden Mark zur Bezahlung des Golfkriegs 1991 nach

Washington zu überweisen, während man heute durch Sozialstreichereien in Höhe von 20 Milliarden Mark die Gefahr heraufbeschwört, sich im Kreislauf krankzusparen. Die Lage der Deutschen wird durch eine einzige Zahl klar: Wenn im gewogenen Durchschnitt der großen Industriestaaten die Lohnkosten je Produkteinheit bei 100 liegen, liegen sie in Westdeutschland bei 105, in Ostdeutschland bei 175. In der alten Bundesrepublik war das Geld Schmiermittel, mit dem soziale Konflikte moderiert wurden. Im neuen Deutschland entsteht derzeit im unteren Drittel der Bevölkerung eine Art von Armut, die zum Resonanzboden für Radikalismus werden könnte.

3.

Zugleich verlieren die Staatsorgane an Autorität. Was immer bei der unsäglichen Affäre um die Ergreifung des RAF-Mannes Grams noch herauskommen wird: daß unterschiedliche Teile der Bevölkerung zum Gedenken an den getöteten Terroristen und den getöteten GSG-9-Beamten unterschiedlich große Demonstrationen veranstalten, signalisiert eine bedenkliche Segmentierung der Gesellschaft. Man fragt sich beklommen, wie die deutsche Politik heute eine Herausforderung wie den Mord an einer großen Establishment-Figur wie Schleyer bestehen würde. Die Gewaltbereitschaft nimmt zu; die Organisationsfähigkeit des Staates nimmt ab. Einer der Gründe dafür ist verächtliche Klientelwirtschaft.

4.

Dieser unsicher gewordene, auch technokratisch unzulängliche Staat wird nun massiv herausgefordert. Noch sind die politischen Halbfabrikate nicht zusammengefügt: die ordinäre Xenophobie in der Unterschicht, die alte romantische Unrast des deutschen Geistes (wie bei Botho Strauß mit seinem »anschwellenden Bockgesang«) und die nationalistischen und vitalistischen Theorien des neuen Rechtsradikalismus (Armin Mohler, Hans-Dietrich Sander, Robert Hepp). Schönhuber ist gerissen, intelligent, aber auch verbittert und ein alter Mann. Seine Partei könnte ins Parlament kommen. Ob er aber diese auseinanderliegenden Enden zusammenbringt, ob er aus den verstreut herumliegenden Theoriestükken ein logisches Programm formulieren kann, ist offen. Das ist Kohls Glück – und unseres auch.

5.

Natürlich klammern sich die Regierenden an die Hoffnung, man könne die innenpolitische Misere außenpolitisch kompensieren. Das ist in Deutschland nicht anders als in Amerika. Statt das Land vorsichtig aus Krisen herauszuhalten, die man weder verschuldet hat noch ändern kann, entwickeln unsere meist nicht sehr weltläufigen Protagonisten einen seltsamen Verantwortungsimperialismus. Friedrich der Große ist, wenn einer regiert. Weltpolitik ist, wenn der schwäbische Jurist Klaus Kinkel dem kroatischen Cuadillo Franjo Tudjman erklärt, was die KSZE von Minderheitenrechten hält. Nur besteht stündlich die Gefahr, daß die Komik in Tragik umkippt. Der deutsche Dilettantismus in der Balkanpolitik hat den bosnischen Krieg angeheizt – und aus dem schlecht überlegten somalischen Abenteuer werden die UN geschwächt, nicht gestärkt hervorgehen. Es wird keine Siege in fernen Ländern geben, mit denen man die Wunden der heimischen Niederlagen kühlen könnte.

Die deutsche Politik braucht, heißt das, einen Roosevelt-

Ruck – nicht nur einen Stimmungswechsel wie bei Kennedy, sondern einen Politikwechsel wie bei de Gaulle oder Brandt. Die Bonner Republik ist tot, ihre Normalität überholt, ihr fintenreicher, scheinaggressiver, großsprecherischer, im Kern aber gutmütiger Politikstil abgetan. Game over. Es beginnt ein neuer Abschnitt in der deutschen Geschichte, und die Frage wird sein, ob das deutsche Volk über das für diese Phase notwendige Personal verfügt.

Quellenhinweise

Die vorveröffentlichten Texte dieses Buches erschienen in den folgenden Zeitungen und Zeitschriften:

Deutscher Sonderweg?
Aus dem Wörterbuch des wiedervereinigten Deutschland
Neue Gesellschaft/Frankfurter Hefte, 9/1991

Die Bewaffnung mit Identität
Eine ethnologische Analyse des deutschen Normalisierungs-Nationalismus am Beispiel Hans-Jürgen Syberbergs
Frankfurter Rundschau, 22./23. 1. 1994

Freunde, es wird ernst
Botho Strauß als Symptom der nationalen Wiedergeburt oder Wird die neue Rechte salonfähig?
Wochenpost, 23. 2. 1993

Der Kroate als Kunstprodukt
Eine Polemik gegen Alain Finkielkraut
Neue Gesellschaft/Frankfurter Hefte, 1/1994

Kohls Kulturkampf
Die Zeit, 8/93

Deutschland mutiert im Kern oder Abschied von der Bonner Republik
Die jungkonservative Wende und die drohende Veränderung im Parteiensystem
Frankfurter Rundschau, 9. 10. 1993

Nationen sind Kopfgeburten
Du, 5/1993

Wider den Feuilletonnationalismus
Deutschlands intellektuelle Rechte beschwört eine gefährliche Normalität
Die Zeit, 19. 4. 1991

Der Mannbarkeits-Test
Deutschland als Zivil- oder Militärmacht
Der Spiegel, 3/1993

Die Schlachtbank Europas
Über die Notwendigkeit einer neuen Südosteuropapolitik der Europäischen Gemeinschaft
Die Zeit, 14. 1. 1993

Demnächst im Kosovo
Über den Mechanismus ethnisch-nationalistischer Kriege
Wochenpost, 20. 1. 1994

Die deutsche Lesart
Vorläufige Bemerkungen über Krieg und Medien am Beispiel der bosnischen Tragödie
TAZ, 22. 8. 1992

Der Wahrheit eine Waffe
Plädoyer für eine Medienintervention in den jugoslawischen Kriegen
Die Zeit, 10. 9. 1993

Im Zangengriff der Krieger
Eine Koalition aus Gesinnungsethikern und Normalisierern ruft nach Interventionen der Bundeswehr im Ausland
Die Woche, 22. 4. 93.

Rokokosaalpolitik
Notizen zur deutschen Außenpolitik nach 1989
Neue Gesellschaft/Frankfurter Hefte, 8/93

Gesamteuropa – Skizze für einen schwierigen Weg
Europa-Archiv, 2/90

Achtung Europa!
Deutschland und Europa nach der mitteleuropäischen Revolution
Revue d'Allemagne, 19. 4. 1991

Europa der Regionen
Über große und kleine Vaterländer. Ein offener Brief an Ralf Dahrendorf
Neue Gesellschaft/Frankfurter Hefte, 10/91

Europa am Scheideweg
Maastricht: Mehr Ende als Anfang
Europa-Archiv, 18/92

Integration und Eigensinn. Kommunikationsraum Europa – eine Chimäre?
Vortrag vor der Gesellschaft für Publizistik und Kommunikationswissenschaft, Berlin 1993

Die Lateinamerikanisierung Europas
Melancholische Notiz nach Maastricht
Focus, 24. 1. 1994

Der Geist von Potsdam
Sehnsucht nach der Staatsidee?
Spiegel Spezial, 2/93

Ein Nachruf auf Bonn
Aufstieg und Fall eines Regierungssitzes
Hessischer Rundfunk, 24. 6. 1991

Wir Komplizen
Über die Prozesse gegen Erich Honecker und die Ostpolitik
Kursbuch, Februar 1993

Game over
Fünf Indizien für eine Staatskrise
Die Woche, 22. 7. 1993

Politik- und Rechtswissenschaft
in der edition suhrkamp

Abelshauser, Werner: Wirtschaftsgeschichte der Bundesrepublik Deutschland 1945-1980. NHB. es 1241

Abendroth, Wolfgang: Die Aktualität der Arbeiterbewegung. Beiträge zu ihrer Theorie und Geschichte. Herausgegeben von Joachim Perels. es 1310

Adam, Heribert / Kogila Moodley: Südafrika ohne Apartheid? es 1369

Alter, Peter: Nationalismus. NHB. es 1250

Anatomie des politischen Skandals. Herausgegeben von Rolf Ebbighausen und Sighard Neckel. es 1548

Angriff auf das Herz des Staates. Band 1. es 1490

Angriff auf das Herz des Staates. Band 2. es 1491

Autonome Gesellschaft und libertäre Demokratie. Herausgegeben von Ulrich Rödel. es 1573

Bäcker, Gerhard / Walter Hanesch: Spaltung in der Einheit. Sozialstaat Deutschland im Umbruch. es 1875

Baumgarten, Helga: Palästina: Befreiung in den Staat. es 1616

Beck, Ulrich: Die Erfindung des Politischen. Zu einer Theorie reflexiver Modernisierung. es 1780

– Gegengifte. Die organisierte Unverantwortlichkeit. es 1468

– Risikogesellschaft. Auf dem Weg in eine andere Moderne. es 1365

Benard, Cheryl / Zal Khalilzad: Gott in Teheran. Irans Islamische Republik. es 1327

Berghahn, Volker: Unternehmer und Politik in der Bundesrepublik. NHB. es 1265

Beyme, Klaus von: Hauptstadtsuche. es 1709

Blasius, Dirk: Geschichte der politischen Kriminalität in Deutschland 1800-1980. Eine Studie zu Justiz und Staatsverbrechen. NHB. es 1242

BRD – ade! Vierzig Jahre in Rück-Ansichten. Herausgegeben von Otthein Rammstedt und Gert Schmidt. es 1773

Brünneck, Alexander von: Politische Justiz gegen Kommunisten in der Bundesrepublik Deutschland 1949-1968. Vorwort von Erhard Denninger. es 944

Der bürgerliche Rechtsstaat. Herausgegeben von Mehdi Tohidupur. es 901

Busch, Klaus: Die multinationalen Konzerne. Zur Analyse der Weltmarktbewegung des Kapitals. es 741

Dazwischen. Ostmitteleuropäische Reflexionen. Herausgegeben von Frank Herterich und Christian Semler. es 1560

Demokratischer Umbruch in Osteuropa. Herausgegeben von Rainer Deppe, Helmut Dubiel, Ulrich Rödel. es 1636

Politik- und Rechtswissenschaft
in der edition suhrkamp

Derrida, Jacques: Gesetzeskraft. Aus dem Französischen von Alexander G. Düttmann. es 1645

Dobb, Maurice: Wert- und Verteilungstheorien seit Adam Smith. Eine nationalökonomische Dogmengeschichte. Aus dem Englischen von Cora Stephan. es 765

Dubiel, Helmut: Ungewißheit und Politik. es 1891

Eppler, Erhard: Kavalleriepferde beim Hornsignal. Über Sprache in der Politik. es 1788

Esser, Josef / Wolfgang Fach / Werner Väth: Krisenregulierung. Zur politischen Durchsetzung ökonomischer Zwänge. es 1176

Esser, Josef / Gilbert Ziebura: Europa im Niedergang? es 1431

Eßer, Klaus: Lateinamerika. Industrialisierungsstrategien und Entwicklung. es 942

Euchner, Walter: Egoismus und Gemeinwohl. Studien zur Geschichte der bürgerlichen Philosophie. es 614

Europa im Krieg. Die Debatte über den Krieg im ehemaligen Jugoslawien. es 1809

Ewald, François: Der Vorsorgestaat. Aus dem Französischen von Hermann Kocyba. Mit einem Essay von Ulrich Beck. es 1676

Farouk-Sluglett, Marion / Peter Sluglett: Irak seit 1958: Von der Revolution zur Diktatur. Aus dem Englischen von Gisela Bock. es 1661

Fletcher, George P.: Notwehr als Verbrechen. Der U-Bahn-Fall Goetz. Aus dem Amerikanischen von Cornelius Nestler-Tremel. Mit einem Nachwort von Klaus Lüderssen. es 1648

Fortschritte der Naturzerstörung. Herausgegeben von Rolf Peter Sieferle. es 1489

Freiheitssicherung durch Datenschutz. Herausgegeben von Harald Hohmann. es 1420

Die vergessene Dimension internationaler Konflikte: Subjektivität. Friedensanalysen Bd. 24. Redaktion: Reiner Steinweg und Christian Wellmann. es 1617

Von der Kritik zur Friedensforschung. Redaktion: Berthold Meyer. es 1770

Deutschlands Einheit und Europas Zukunft. Friedensanalysen Bd. 26. Redaktion: Bruno Schoch. es 1783

Umweltzerstörung als Kriegsfolge und Kriegsursache. Redaktion: Berthold Meyer. es 1774

Fundamentalismus in der Welt. Herausgegeben von Thomas Meyer. es 1526

Gemeinschaften. Positionen zu einer Philosophie des Politischen. Herausgegeben von Joseph Vogl. es 1881

Politik- und Rechtswissenschaft
in der edition suhrkamp

Gewalt und Gerechtigkeit. Derrida und Benjamin. Herausgegeben von Anselm Haverkamp. es 1706

Die Gleichzeitigkeit des Ungleichzeitigen. Studien zur Geschichte Italiens. Beiträge von Giulio Carlo Argan, Maurizio Fagiolo, Lucio Gambi, Carlo Ginzburg, Ruggiero Romano, Corrado Vivanti. Herausgegeben und aus dem Italienischen übersetzt von Eva Maek-Gérard. es 991

Grassmuck, Volker / Christian Unverzagt: Das Müll-System. es 1652

Grimm, Dieter: Deutsche Verfassungsgeschichte 1776-1866. NHB. es 1271

Grundrechte als Fundament der Demokratie. Herausgegeben von Joachim Perels. Mit Beiträgen von Hans-Peter Schneider, Adalbert Podlech, Joachim Perels, Gode Hartmann, Sieghart Ott, Jürgen Seifert, Rainer Keßler, Alexander von Brünneck, Wolfgang Abendroth. es 951

Günther, Horst: Versuche, europäisch zu denken. Deutschland und Frankreich. es 1621

Guilhaumou, Jacques: Sprache und Politik in der Französischen Revolution. Aus dem Französischen von Kathrina Menke. Mit einem Vorwort von Brigitte Schlieben-Lange und Rolf Reichardt. es 1519

Guldimann, Tim: Moral und Herrschaft in der Sowjetunion. Erlebnis und Theorie. es 1240

Habermas, Jürgen: Eine Art Schadensabwicklung. Kleine Politische Schriften VI. es 1453

– Legitimationsprobleme im Spätkapitalismus. es 623

– Die nachholende Revolution. Kleine politische Schriften VII. es 1633

– Die Neue Unübersichtlichkeit. Kleine Politische Schriften V. es 1321

Hanf, Theodor: Libanon. es 1476

Heimann, Eduard: Soziale Theorie des Kapitalismus. Theorie der Sozialpolitik. Mit einem Vorwort von Bernhard Badura. es 1052

Held, Karl / Theo Ebel: Krieg und Frieden. Politische Ökonomie des Weltfriedens. es 1149

Hennig, Eike: Bürgerliche Gesellschaft und Faschismus in Deutschland. Ein Forschungsbericht. es 875

– Die Republikaner im Schatten Deutschlands. Zur Organisation der mentalen Provinz. Eine Studie von Eike Hennig. In Zusammenarbeit mit Manfred Kieserling und Rolf Kirchner. es 1605

Henrich, Dieter: Nach dem Ende der Teilung. Über Identitäten und Intellektualität in Deutschland. es 1813

Hentschel, Volker: Geschichte der deutschen Sozialpolitik 1880-1980. Soziale Sicherung und kollektives Arbeitsrecht. NHB. es 1247

Politik- und Rechtswissenschaft
in der edition suhrkamp

Hobsbawm, Eric J. / Giorgio Napolitano: Auf dem Weg zum ›historischen Kompromiß‹. Ein Gespräch über Entwicklung und Programmatik der KPI. Aus dem Italienischen übersetzt von Sophie G. Alf. es 851

Huffschmid, Jörg: Die Politik des Kapitals. Konzentration und Wirtschaftspolitik in der Bundesrepublik. es 313

Rumänien. Geschichte, Wirtschaft, Politik 1944-1990. Aus dem Ungarischen von Anna Bak. es 1673

Im Schatten des Siegers: JAPAN. Band 1: Kultur und Gesellschaft. Herausgegeben von Ulrich Menzel. es 1495

Im Schatten des Siegers: JAPAN. Band 2: Staat und Gesellschaft. Herausgegeben von Ulrich Menzel. es 1496

Im Schatten des Siegers: JAPAN. Band 3: Ökonomie und Politik. Herausgegeben von Ulrich Menzel. es 1497

Im Schatten des Siegers: JAPAN. Band 4: Weltwirtschaft und Weltpolitik. Herausgegeben von Ulrich Menzel. es 1498

Jackson, Gabriel: Annäherung an Spanien. 1898-1975. Aus dem Englischen von Hildegard Janssen und Hartmut Bernauer. es 1108

Jaeger, Hans: Geschichte der Wirtschaftsordnung in Deutschland. NHB. es 1529

Jugend und Kriminalität. Kriminologische Beiträge zur kriminalpolitischen Diskussion. Herausgegeben von Horst Schüler-Springorum. es 1201

Kantowsky, Detlef: Indien. Gesellschaft und Entwicklung. es 1424

Kiesewetter, Hubert: Industrielle Revolution in Deutschland 1815-1914. NHB. es 1539

Kirchheimer, Otto: Funktionen des Staats und der Verfassung. Zehn Analysen. es 548
– Politik und Verfassung. es 95
– Politische Herrschaft. Fünf Beiträge zur Lehre vom Staat. es 220
– Von der Weimarer Republik zum Faschismus: Die Auflösung der demokratischen Rechtsordnung. Herausgegeben von Wolfgang Luthardt. es 821

Kluxen, Kurt: Geschichte und Problematik des Parlamentarismus. NHB. es 1243

Knieper, Rolf: Weltmarkt, Wirtschaftsrecht und Nationalstaat. es 828

Konrád, György: Antipolitik. Mitteleuropäische Meditationen. Aus dem Ungarischen von Hans-Henning Paetzke. es 1293
– Die Melancholie der Wiedergeburt. es 1720
– Stimmungsbericht. Aus dem Ungarischen von Hans-Henning Paetzke. es 1394

Politik- und Rechtswissenschaft
in der edition suhrkamp

Konservatismus in der Strukturkrise. Herausgegeben von Thomas Kreuder und Hanno Loewy. es 1330

Krippendorff, Ekkehart: Politische Interpretationen. Shakespeare, Stendhal, Balzac, Wagner, Hašek, Kafka, Kraus. es 1576

– Staat und Krieg. Die historische Logik politischer Vernunft. es 1305

– »Wie die Großen mit den Menschen spielen.« Goethes Politik. es 1486

Der lange Marsch durch die Krise. Aus dem Italienischen übersetzt, herausgegeben und eingeleitet von Burkhart Kroeber. es 823

Langewiesche, Dieter: Deutscher Liberalismus. NHB. es 1286

Lüderssen, Klaus: Der Staat geht unter – das Unrecht bleibt? Regierungskriminalität in der ehemaligen DDR. es 1810

Mäding, Klaus: Strafrecht und Massenerziehung in der Volksrepublik China. es 978

Maeffert, Uwe: Bruchstellen. Eine Prozeßgeschichte. es 1387

Mandel, Ernest: Der Spätkapitalismus. Versuch einer marxistischen Erklärung. es 521

Menzel, Ulrich: Auswege aus der Abhängigkeit. Die entwicklungspolitische Aktualität Europas. es 1312

– Das Ende der Dritten Welt und das Scheitern der Großen Theorie. es 1718

Menzel, Ulrich / Dieter Senghaas: Europas Entwicklung und die Dritte Welt. Eine Bestandsaufnahme. es 1393

Meuschel, Sigrid: Legitimation und Parteiherrschaft in der DDR. es 1688

Meyer, Thomas: Die Inszenierung des Scheins. Essay-Montage. es 1666

Moser, Tilmann: Verstehen, Urteilen, Verurteilen. Psychoanalytische Gruppendynamik mit Jurastudenten. es 880

Nachdenken über China. Herausgegeben von Ulrich Menzel. es 1602

Narr, Wolf-Dieter / Alexander Schubert: Weltmarkt und Politik. es 1892

Negt, Oskar: Keine Demokratie ohne Sozialismus. Über den Zusammenhang von Politik, Geschichte und Moral. es 812

Neumann, Franz L.: Wirtschaft, Staat, Demokratie. Aufsätze 1930-1954. Herausgegeben von Alfons Söllner. Die Übersetzung der in diesem Band enthaltenen englisch geschriebenen Aufsätze haben Sabine Gwinner und Alfons Söllner besorgt. es 892

Offe, Claus: Berufsbildungsreform. Eine Fallstudie über Reformpolitik. es 761

Oz, Amos: Politische Essays. Aus dem Englischen von Christoph Groffy. es 1876

Paetzke, Hans-Henning: Andersdenkende in Ungarn. es 1379

Politik- und Rechtswissenschaft
in der edition suhrkamp

Paetzke, Hans-Henning: Ungarn: Ein System wird zu Grabe getragen. Vom kommunistischen Widerstand zur Republik Ungarn. es 1620

Pankoke, Eckart: Die Arbeitsfrage. Arbeitsmoral, Beschäftigungskrisen und Wohlfahrtspolitik im Industriezeitalter. NHB. es 1538

Perestrojka: Zwischenbilanz. Herausgegeben von Jurij N. Afanasjew und Klaus Segbers. es 1629

Piven, Frances Fox / Richard A. Cloward: Aufstand der Armen. Aus dem Amerikanischen von Ulf Damann und Peter Tergeist. es 1184

Politik der Armut und Die Spaltung des Sozialstaats. Herausgegeben von Stephan Leibfried und Florian Tennstedt. es 1233

Politik ohne Projekt? Nachdenken über Deutschland. Herausgegeben von Siegfried Unseld. es 1812

Populismus und Aufklärung. Herausgegeben von Helmut Dubiel. es 1376

Preuß, Ulrich K.: Legalität und Pluralismus. Beiträge zum Verfassungsrecht der Bundesrepublik Deutschland. es 626

Radkau, Joachim: Technik in Deutschland. Vom 18. Jahrhundert bis zur Gegenwart. NHB. es 1536

Rechtsalltag von Frauen. Herausgegeben von Ute Gerhard und Jutta Limbach. es 1423

Ribeiro, Darcy: Unterentwicklung, Kultur und Zivilisation. Ungewöhnliche Versuche. Aus dem brasilianischen Portugiesisch von Manfred Wöhlcke. es 1018

Rodinson, Maxime: Die Araber. Aus dem Französischen von Ursula Assaf-Nowak und Maurice Saliba. es 1051

Rödel, Ulrich / Helmut Dubiel / Günter Frankenberg: Die demokratische Frage. es 1572

Rohe, Karl: Wahlen und Wählertraditionen in Deutschland. Kulturelle Grundlagen deutscher Parteien und Parteiensysteme im 19. und 20. Jahrhundert. es 1544

Ronge, Volker: Bankpolitik im Spätkapitalismus. Politische Selbstverwaltung des Kapitals? Von Volker Ronge unter Mitarbeit von Peter J. Ronge. es 996

Rossanda, Rossana: Über die Dialektik von Kontinuität und Bruch. Zur Kritik revolutionärer Erfahrungen – Italien, Frankreich, Sowjetunion, Polen, China, Chile. Ins Deutsche übersetzt von Burkhart Kroeber. es 687

Rüpke, Giselher: Schwangerschaftsabbruch und Grundgesetz. Eine Antwort auf das in der Entscheidung des Bundesverfassungsgerichts vom 25. 2. 1975 ungelöste Verfassungsproblem. Nachwort von Peter Schneider. es 815

Politik- und Rechtswissenschaft
in der edition suhrkamp

Saage, Richard: Rückkehr zum starken Staat? Studien über Konservatismus, Faschismus und Demokratie. es 1133

Der Schock der Freiheit. Ungarn auf dem Weg zur Demokratie. Herausgegeben von József Bayer und Rainer Deppe. es 1868

Schüler-Springorum, Horst: Kriminalpolitik für Menschen. es 1651

Senghaas, Dieter: Europa 2000. Ein Friedensplan. es 1632

– Friedensprojekt: Europa. es 1717

– Konfliktformationen im internationalen System. es 1509

– Weltwirtschaftsordnung und Entwicklungspolitik. Plädoyer für Dissoziation. es 856

– Die Zukunft Europas. Probleme der Friedensgestaltung. es 1339

Solidargemeinschaft und Klassenkampf. Politische Konzeptionen der Sozialdemokratie zwischen den Weltkriegen. Herausgegeben von Richard Saage. es 1363

Der Spanische Bürgerkrieg. Eine Bestandsaufnahme fünfzig Jahre danach. Manuel Tuñón de Lara, Julio Aróstegui, Angel Viñas, Gabriel Cardona, Joseph M. Bricall. es 1401

Strukturveränderungen in der kapitalistischen Weltwirtschaft. Margaret Fay, Ernest Feder, André Gunder Frank, Folker Fröbel, Jürgen Heinrichs, Otto Kreye, Anne-Marie Münster, Barbara Stuckey. Starnberger Studien. es 982

Strukturwandel der Sozialpolitik. Herausgegeben von Georg Vobruba. es 1569

Sweezy, Paul M.: Theorie der kapitalistischen Entwicklung. Eine analytische Studie über die Prinzipien der Marxschen Sozialökonomie. Aus dem Amerikanischen von Gertrud Rittig-Baumhaus. Herausgegeben von Gisbert Rittig. es 433

Taktische Kernwaffen. Die fragmentierte Abschreckung. Herausgegeben von Philippe Blanchard, Reinhart Koselleck und Ludwig Streit. es 1195

Todorov, Tzvetan: Die Eroberung Amerikas. Das Problem des Anderen. Aus dem Französischen von Wilfried Böhringer. es 1213

Tugendhat, Ernst: Ethik und Politik. es 1714

Ullmann, Hans-Peter: Interessenverbände in Deutschland. NHB. es 1283

V-Leute. Die Falle im Rechtsstaat. Herausgegeben von Klaus Lüderssen. es 1222

Verdeckte Gewalt. Herausgegeben von Peter-Alexis Albrecht und Otto Backes. es 1656

Verfassung, Verfassungsgerichtsbarkeit, Politik. Zur verfassungsrechtlichen und politischen Stellung und Funktion des Bundesverfassungsgerichts. Herausgegeben von Mehdi Tohidipur. es 822

Politik- und Rechtswissenschaft
in der edition suhrkamp

Vobruba, Georg: Jenseits der sozialen Fragen. es 1699
- Politik mit dem Wohlfahrtsstaat. Mit einem Vorwort von Claus Offe. es 1181

Wehler, Hans-Ulrich: Grundzüge der amerikanischen Außenpolitik 1750-1900. Von den englischen Küstenkolonien zur amerikanischen Weltmacht. NHB. es 1254

Wie sicher ist die soziale Sicherung? Herausgegeben von Barbara Riedmüller und Marianne Rodenstein. es 1568

Wippermann, Wolfgang: Europäischer Faschismus im Vergleich 1922-1982. NHB. es 1245

Wirz, Albert: Sklaverei und kapitalistisches Weltsystem. NHB. es 1256

Wunder, Bernd: Geschichte der Bürokratie in Deutschland. NHB. es 1281

Ziebura, Gilbert: Weltwirtschaft und Weltpolitik 1922/24-1931. Zwischen Rekonstruktion und Zusammenbruch. NHB. es 1261

Ziviler Ungehorsam im Rechtsstaat. Herausgegeben von Peter Glotz. es 1214

Zurückforderung der Zukunft. Macht und Opposition in den nachrevolutionären Gesellschaften. Beiträge von Rossana Rossanda u. a. Aus dem Italienischen übersetzt von Max Looser. es 962

Der Zusammenbruch der DDR. Herausgegeben von Hans Joas und Martin Kohli. es 1777

Geschichte
in der edition suhrkamp

Abendroth, Wolfgang: Ein Leben in der Arbeiterbewegung. Gespräche, aufgezeichnet und herausgegeben von Barbara Dietrich und Joachim Perels. es 820
- Sozialgeschichte der europäischen Arbeiterbewegung. es 106

Aron, Jean-Paul / Roger Kempf: Der sittliche Verfall. Bourgeoisie und Sexualität in Frankreich. Aus dem Französischen von Agnes Bucaille-Euler, Birgit Spielmann und Gerhard Mahlberg. es 1116

Aus der Zeit der Verzweiflung. Zur Genese und Aktualität des Hexenbildes. Beiträge von Gabriele Becker, Silvia Bovenschen, Helmut Brackert, Sigrid Brauner, Ines Brenner, Gisela Morgenthal, Klaus Schneller, Angelika Tümmler. es 840

Beyme, Klaus von: Hauptstadtsuche. es 1709

Böhme, Helmut: Prolegomena zu einer Sozial- und Wirtschaftsgeschichte Deutschlands im 19. und 20. Jahrhundert. es 253

Brackert, Helmut: Bauernkrieg und Literatur. es 782

BRD – ade! Vierzig Jahre in Rück-Ansichten. Herausgegeben von Otthein Rammstedt und Gert Schmidt. es 1773

Dalos, György: Ungarn – Vom Roten Stern zur Stephanskrone. Aus dem Ungarischen von György Dalos und Elsbeth Zylla. es 1687

Determinanten der westdeutschen Restauration 1945-1949. Autorenkollektiv: Ernst-Ulrich Huster, Gerhard Kraiker, Burkhard Scherer, Friedrich-Karl Schlotmann, Marianne Welteke. es 575

Deutschland und Frankreich im Zeitalter der Französischen Revolution. Herausgegeben von Helmut Berding, Etienne François und Hans-Peter Ullmann. es 1521

Eisner, Freya: Kurt Eisner: Die Politik des libertären Sozialismus. es 422

Eisner, Kurt: Sozialismus als Aktion. Ausgewählte Aufsätze und Reden. Herausgegeben von Freya Eisner. es 773

Europa im Krieg. Die Debatte über den Krieg im ehemaligen Jugoslawien. es 1809

Evans, Richard J.: Im Schatten Hitlers? Historikerstreit und Vergangenheitsbewältigung in der Bundesrepublik. Aus dem Englischen von Jürgen Blasius. es 1637

Farge, Arlette / Michel Foucault: Familiäre Konflikte: Die »Lettres de cachet«. Aus dem Französischen von Albert Gier und Chris Paschold. es 1520

Farouk-Sluglett, Marion / Peter Sluglett: Irak seit 1958: Von der Revolution zur Diktatur. Aus dem Englischen von Gisela Bock. es 1661

Folgen der Französischen Revolution. Herausgegeben von Henning Krauß. es 1579

Geschichte
in der edition suhrkamp

Geburt der bürgerlichen Gesellschaft: 1789. Beiträge von Ernest Labrousse, Georges Lefebvre, Albert Soboul, Maurice Dommanget, Michelle Vovelle. Herausgegeben von Irmgard A. Hartig. Aus dem Französischen übersetzt von Klaus Voigt. es 937

Gerhard, Ute: Verhältnisse und Verhinderungen. Frauenarbeit, Familie und Rechte der Frauen im 19. Jahrhundert. Mit Dokumenten. es 933

Guilhaumou, Jacques: Sprache und Politik in der Französischen Revolution. Aus dem Französischen von Kathrina Menke. Mit einem Vorwort von Brigitte Schlieben-Lange und Rolf Reichardt. es 1519

Heinsohn, Gunnar / Rolf Knieper / Otto Steiger: Menschenproduktion. Allgemeine Bevölkerungstheorie der Neuzeit. es 914

Hennig, Eike: Bürgerliche Gesellschaft und Faschismus in Deutschland. Ein Forschungsbericht. es 875

– Thesen zur deutschen Sozial- und Wirtschaftsgeschichte 1933 bis 1938. es 662

Die Hexen der Neuzeit. Studien zur Sozialgeschichte eines kulturellen Deutungsmusters. Herausgegeben von Claudia Honegger. es 743

Hobsbawm, Eric J.: Industrie und Empire 1. Britische Wirtschaftsgeschichte seit 1750. Aus dem Englischen übersetzt von Ursula Margetts. es 315

Rumänien. Geschichte, Wirtschaft, Politik 1944-1990. Aus dem Ungarischen von Anna Bak. es 1673

Jarusch, Konrad H.: Die eilige Einheit. Ein historischer Versuch. es 1877

Judentum im deutschen Sprachraum. Herausgegeben von Karl E. Grözinger. es 1613

Ketzer, Zauberer, Hexen. Die Anfänge der europäischen Hexenverfolgungen. Herausgegeben von Andreas Blauert. es 1577

Kritisches Wörterbuch der Französischen Revolution. 5 Bde. Herausgegeben von François Furet und Mona Ozouf. es 1522

Leroi-Gourhan, André: Die Religionen der Vorgeschichte. Paläolithikum. Aus dem Französischen von Michael Bischoff. es 1073

Lottes, Günther: Sozialgeschichte Englands. es 1546

Meier, Christian: Die Ohnmacht des allmächtigen Diktators Caesar. Drei biographische Skizzen. es 1038

Meuschel, Sigrid: Legitimation und Parteiherrschaft in der DDR. es 1688

»Mit uns zieht die neue Zeit«. Der Mythos der Jugend. Herausgegeben von Thomas Koebner, Rolf-Peter Janz und Frank Trommler. es 1229

Negt, Oskar / Alexander Kluge: Geschichte und Eigensinn. Gewalt des Zusammenhangs. 3 Bände. Mit zahlreichen Abbildungen. es 1700

Geschichte
in der edition suhrkamp

Pruss-Kaddatz, Ulla: Worterergreifung. Zur Entstehung einer Arbeiterkultur in Frankreich. es 1115

Schrift und Materie der Geschichte. Vorschläge zur systematischen Aneignung historischer Prozesse. Herausgegeben von Claudia Honegger. es 814

Soboul, Albert: Französische Revolution und Volksbewegung: die Sansculotten. Die Sektionen von Paris im Jahre II. Bearbeitet und herausgegeben von Walter Markov. Die Übersetzung aus dem Französischen besorgte Claus Werner. es 960

Sozialdemokratische Arbeiterbewegung und Weimarer Republik. Materialien zur gesellschaftlichen Entwicklung 1927-1933. 1. Band. Herausgegeben von Wolfgang Luthardt. es 923

Der Spanische Bürgerkrieg. Eine Bestandsaufnahme fünfzig Jahre danach. Manuel Tuññón de Lara, Julio Aróstegui, Angel Viñas, Gabriel Cardona, Joseph M. Bricall. es 1401

Theorie der modernen Geschichtsschreibung. Herausgegeben von Pietro Rossi. es 1390

Thompson, Edward P.: Die Entstehung der englischen Arbeiterklasse. 2 Bde. Aus dem Englischen von Lotte Eidenbenz, Mathias Eidenbenz, Christoph Groffy, Thomas Lindenberger, Gabriele Mischkowsky, Ray Mary Rosdale. es 1170

Trotzki, Leo: Denkzettel. Politische Erfahrungen im Zeitalter der permanenten Revolution. Herausgegeben von Isaac Deutscher, George Novack und Helmut Dahmer. Übersetzungen aus dem Englischen von Harry Maòr. es 896

Umwälzung einer Gesellschaft. Zur Sozialgeschichte der chinesischen Revolution (1911-1949). Herausgegeben von Richard Lorenz. es 870

Veyne, Paul: Foucault: Die Revolutionierung der Geschichte. Aus dem Französischen von Gustav Roßler. es 1702

– Geschichtsschreibung. Was sie nicht ist. Aus dem Französischen von Gustav Roßler. es 1472

Von deutscher Republik 1775-1795. Texte radikaler Demokraten. Herausgegeben von Jost Hermand. es 793

Vossler, Otto: Die Revolution von 1848 in Deutschland. es 210

Wahrnehmungsformen und Protestverhalten. Studien zur Lage der Unterschichten im 18. und 19. Jahrhundert. Mit Beiträgen von Edward P. Thompson, Rainer Wirtz, Pierre Caspard, Josef Ehmer, Detlev Puls, Patrick Fridenson, Douglas A. Reid, W. R. Lambert, Gareth Stedman Jones. Herausgegeben von Detlev Puls. es 948

Der Zusammenbruch der DDR. Herausgegeben von Hans Joas und Martin Kohli. es 1777

Neue Historische Bibliothek
in der edition suhrkamp

»Hans-Ulrich Wehlers fast aus dem Nichts entstandene ›Neue Historische Bibliothek‹ ist (...) nicht nur ein forschungsinternes, sondern auch ein kulturelles Ereignis.« Frankfurter Allgemeine Zeitung

Abelshauser, Werner: Wirtschaftsgeschichte der Bundesrepublik Deutschland 1945-1980. NHB. es 1241

Alter, Peter: Nationalismus. NHB. es 1250

Berding, Helmut: Moderner Antisemitismus in Deutschland. NHB. es 1257

Berghahn, Volker: Unternehmer und Politik in der Bundesrepublik. NHB. es 1265

Bernecker, Walther L.: Sozialgeschichte Spaniens im 19. und 20. Jahrhundert. NHB. es 1540

Blasius, Dirk: Geschichte der politischen Kriminalität in Deutschland 1800-1980. Eine Studie zu Justiz und Staatsverbrechen. NHB. es 1242

Botzenhart, Manfred: Reform, Restauration, Krise. Deutschland 1789-1847. NHB. es 1252

Burkhardt, Johannes: Der Dreißigjährige Krieg 1618-1648. NHB. es 1542

Carsten, Francis L.: Geschichte der preußischen Junker. NHB. es 1273

Dippel, Horst: Die Amerikanische Revolution 1763-1787. NHB. es 1263

Dipper, Christof: Deutschland 1648-1789. NHB. es 1253

Ehmer, Josef: Sozialgeschichte des Alters. NHB. es 1541

Frevert, Ute: Frauen-Geschichte. Zwischen bürgerlicher Verbesserung und Neuer Weiblichkeit. NHB. es 1284

Geiss, Imanuel: Geschichte des Rassismus. NHB. es 1530

Geyer, Michael: Deutsche Rüstungspolitik 1860-1980. NHB. es 1246

Grimm, Dieter: Deutsche Verfassungsgeschichte 1776-1866. NHB. es 1271

Hentschel, Volker: Geschichte der deutschen Sozialpolitik 1880-1980. Soziale Sicherung und kollektives Arbeitsrecht. NHB. es 1247

Hildermeier, Manfred: Die Russische Revolution. 1905-1921. NHB. es 1534

Holl, Karl: Pazifismus in Deutschland. NHB. es 1533

Jaeger, Hans: Geschichte der Wirtschaftsordnung in Deutschland. NHB. es 1529

Jarausch, Konrad H.: Deutsche Studenten 1800-1970. NHB. es 1258

Jasper, Gotthard: Die gescheiterte Zähmung. Wege zur Machtergreifung Hitlers 1930-1934. NHB. es 1270

Kiesewetter, Hubert: Industrielle Revolution in Deutschland 1815-1914. NHB. es 1539

Neue Historische Bibliothek
in der edition suhrkamp

Kluge, Ulrich: Die deutsche Revolution 1918/1919. Staat, Politik und Gesellschaft zwischen Weltkrieg und Kapp-Putsch. NHB. es 1262

Kluxen, Kurt: Geschichte und Problematik des Parlamentarismus. NHB. es 1243

Kraul, Margret: Das deutsche Gymnasium 1780-1980. NHB. es 1251

Langewiesche, Dieter: Deutscher Liberalismus. NHB. es 1286

Lehnert, Detlef: Sozialdemokratie zwischen Protestbewegung und Regierungspartei 1848-1983. NHB. es 1248

Lenger, Friedrich: Sozialgeschichte der deutschen Handwerker seit 1800. NHB. es 1532

Lönne, Karl-Egon: Politischer Katholizismus im 19. und 20. Jahrhundert. NHB. es 1264

Lottes, Günther: Sozialgeschichte Englands. es 1546

Marschalck, Peter: Bevölkerungsgeschichte Deutschlands im 19. und 20. Jahrhundert. NHB. es 1244

Mitterauer, Michael: Sozialgeschichte der Jugend. NHB. es 1278

Möller, Horst: Vernunft und Kritik. Deutsche Aufklärung im 17. und 18. Jahrhundert. NHB. es 1269

Pankoke, Eckart: Die Arbeitsfrage. Arbeitsmoral, Beschäftigungskrisen und Wohlfahrtpolitik im Industriezeitalter. NHB. es 1538

Peukert, Detlev J.K.: Die Weimarer Republik. NHB. es 1282

Radkau, Joachim: Technik in Deutschland. Vom 18. Jahrhundert bis zur Gegenwart. NHB. es 1536

Reulecke, Jürgen: Geschichte der Urbanisierung in Deutschland. NHB. es 1249

Rohe, Karl: Wahlen und Wählertraditionen in Deutschland. Kulturelle Grundlagen deutscher Parteien und Parteiensysteme im 19. und 20. Jahrhundert. es 1544

Schönhoven, Klaus: Die deutschen Gewerkschaften. NHB. es 1287

Schröder, Hans-Christoph: Die Revolutionen Englands im 17. Jahrhundert. NHB. es 1279

Schulze, Winfried: Deutsche Geschichte im 16. Jahrhundert. NHB. es 1268

Sieder, Reinhard: Sozialgeschichte der Familie. NHB. es 1276

Siemann, Wolfram: Die deutsche Revolution von 1848/49. NHB. es 1266

– Gesellschaft im Aufbruch. Deutschland 1849-1871. NHB. es 1537

Staritz, Dietrich: Geschichte der DDR 1949-1985. NHB. es 1260

Thränhardt, Dietrich: Geschichte der Bundesrepublik Deutschland. NHB. es 1267

Neue Historische Bibliothek
in der edition suhrkamp

Ullmann, Hans-Peter: Interessenverbände in Deutschland. NHB. es 1283

Wehler, Hans-Ulrich: Grundzüge der amerikanischen Außenpolitik 1750-1900. Von den englischen Küstenkolonien zur amerikanischen Weltmacht. NHB. es 1254

Wippermann, Wolfgang: Europäischer Faschismus im Vergleich 1922-1982. NHB. es 1245

Wirz, Albert: Sklaverei und kapitalistisches Weltsystem. NHB. es 1256

Wunder, Bernd: Geschichte der Bürokratie in Deutschland. NHB. es 1281

Ziebura, Gilbert: Weltwirtschaft und Weltpolitik 1922/24-1931. Zwischen Rekonstruktion und Zusammenbruch. NHB. es 1261